新能源汽车专业"岗课赛证"融通活页式创新教材

新能源汽车电学基础与高压安全

组编　行云新能科技（深圳）有限公司
主编　郑丽萍　赖景湖
参编　吴立新　陈金伟　林启豪
　　　邱　瑞　苏学园　赖燕梅

机械工业出版社

本书是针对新能源汽车相关专业"岗课赛证"进行编写的教材,主要内容包括高压安全与防护、新能源汽车安全技术、电工基础、常见元器件和典型电路等方面的相关知识。全书以"做中学"为主导,以程序性知识为主体,配以必要的理论和操作方面的知识,重点强化"如何做",将必要知识点穿插于各个"做"的步骤中,边学习、边实践,在实训教学中渗透理论的讲解,使所学到的知识能够融会贯通。

本书内容通俗易懂,可作为职业院校新能源汽车运用与维修、新能源汽车技术、新能源汽车检测与维修技术等相关专业的教材,也可供从事相关专业工作的工程技术人员参考。

图书在版编目(CIP)数据

新能源汽车电学基础与高压安全 / 行云新能科技(深圳)有限公司组编;郑丽萍,赖景湖主编. -- 北京:机械工业出版社,2024.6.(2025.7重印) -- (新能源汽车专业"岗课赛证"融通活页式创新教材). -- ISBN 978-7-111-76319-2

Ⅰ.U469.7

中国国家版本馆CIP数据核字第2024W3J023号

机械工业出版社(北京市百万庄大街22号 邮政编码100037)
策划编辑:谢 元　　　　　　责任编辑:谢 元
责任校对:潘 蕊 牟丽英　　封面设计:马精明
责任印制:单爱军
中煤(北京)印务有限公司印刷
2025年7月第1版第3次印刷
184mm×260mm・17.25印张・380千字
标准书号:ISBN 978-7-111-76319-2
定价:59.90元

电话服务　　　　　　　　　网络服务
客服电话:010-88361066　　机 工 官 网:www.cmpbook.com
　　　　　010-88379833　　机 工 官 博:weibo.com/cmp1952
　　　　　010-68326294　　金 书 网:www.golden-book.com
封底无防伪标均为盗版　　　机工教育服务网:www.cmpedu.com

新能源汽车专业"岗课赛证"融通活页式创新教材

丛书编审委员会

主　任　吴立新　行云新能科技（深圳）有限公司

副主任　吕冬明　机械工业教育发展中心
　　　　　李林超　深圳大学
　　　　　胡剑平　深圳市海梁科技有限公司
　　　　　穆　毅　深圳市海梁科技有限公司
　　　　　庞浩博　北京博伟东方科技有限公司

委　员　邹　晔　无锡职业技术学院
　　　　　高晓琛　淄博职业学院
　　　　　张立荣　淄博职业学院
　　　　　杨秀芳　扬州工业职业技术学院
　　　　　张　力　山东交通职业学院
　　　　　程　章　安徽交通职业技术学院
　　　　　郑丽萍　泉州职业技术大学

资源说明页

本书附赠 12 个富媒体资源，总时长 51 分钟。

获取方式：

1. 微信扫码（封底"刮刮卡"处），关注"天工讲堂"公众号。
2. 选择"我的"—"使用"，跳出"兑换码"输入页面。
3. 刮开封底处的"刮刮卡"获得"兑换码"。
4. 输入"兑换码"和"验证码"，点击"使用"。

通过以上步骤，您的微信账号即可免费观看全套课程！

首次兑换后，微信扫描本页的"课程空间码"即可直接跳转到课程空间，或者直接扫描内文"资源码"即可直接观看相应富媒体资源。

课程空间码

序

2020年10月,国务院办公厅印发《新能源汽车产业发展规划(2021—2035年)》,明确提出,深化"三纵三横"研发布局,提高技术创新能力。"三纵"是指纯电动汽车、插电式混合动力(含增程式)汽车、燃料电池汽车;"三横"是指动力电池与管理系统、驱动电机与电力电子、网联化与智能化技术,是新能源汽车的核心技术。在国家的产业规划与政策支持下,我国的新能源汽车产业蓬勃发展。2022年10月,党的二十大报告指出,建设现代化产业体系。坚持把发展经济的着力点放在实体经济上,推进新型工业化,加快建设制造强国、质量强国、航天强国、交通强国、网络强国、数字中国。这为推动新能源汽车发展、助力实体经济指明了方向。

2023年7月3日,随着一辆银色新能源汽车在广州驶下生产线,我国第2000万辆新能源汽车诞生,这标志着我国新能源汽车在产业化、市场化的基础上,迈入规模化、全球化的高质量发展新阶段。从1995年我国第一辆新能源汽车"远望号"起步,到首个1000万辆的突破,历时27年;而从第1000万辆到第2000万辆下线,仅用时17个月。时间和数字的变化,展示了我国新能源汽车崛起的加速度,勾勒出我国汽车产业高质量发展轨迹。汽车被誉为"现代工业皇冠上的明珠",是公认最能体现国家制造实力的重要标志之一。在燃油车时代,中国汽车工业努力从旁观者变成了参与者。随着百年汽车迈向电动化、智能化、网联化和共享化的"新四化"的新征程,我国敏锐捕捉全球汽车产业转型升级和绿色发展的主要方向,以前瞻性的战略判断和提前布局,成为新能源汽车领域的领跑者。

根据公安部统计,截至2024年底,我国新能源汽车保有量达3140万辆,呈高速增长态势,但售后维修领域的人才培养速度并没有跟上前端产业的发展。目前,我国有 50 万家汽车修理厂，真正能够维修新能源汽车的，还不到 1 万家。从事新能源汽修的技师，不仅要掌握维修原理，还必须要持有汽车维修工证和低压电工证。因此，传统燃油汽车的修理厂基本无法维修新能源汽车。《制造业人才发展规划指南》显示，到 2025 年，节能与新能源汽车的人才总量预计达到 120 万人，但人才缺口预计可达 103 万人。

比亚迪拥有一系列的核心技术，比如电池、电机、电控以及车身结构等技术，在燃料电池、氢能等领域，比亚迪也走在了行业的前列。2022 年比亚迪新能源汽车销量 186.3 万辆，位居全球新能源汽车销量第一。行云新能作为搭接产业和教育的桥梁，自 2015 年就与比亚迪在院校中开展校企合作，最早将比亚迪新能源汽车技术、产品和人才培养标准引入院校中，并与比亚迪一起参与《汽车维修业经营业务条件 第 1 部分：汽车整车维修企业》《新能源汽车维修维护技术要求》两项国家标准制定。为解决新能源汽车行业人才短缺的现状，行云新能以比亚迪等新能源汽车企业技术、产品和岗位需求为根本，结合比亚迪的生产制造、检测维修、辅助研发设计等核心岗位的技能要求，开发出中—高—本（高技能）衔接的"新能源汽车全产业链人才培养技能树"，构建"岗课赛证"的综合育人体系，并以比亚迪"油转电"训练体系为基础，建立新能源汽车技能训练工作站培训体系，多元化解决新能源汽车售后维修领域人才短缺的难题。

为了响应高速发展的新能源汽车产业对素质高、专业技术全面、技能熟练的大国工匠、高技能人才的迫切需求，为了响应《国家职业教育改革实施方案》提出的"建设一大批校企'双元'合作开发的国家规划教材，倡导使用新型活页式、工作手册式教材并配套开发信息化资源"的倡议，行云新能科技（深圳）有限公司联合多所中职、高职、本科、技工技师类院校中具有丰富教学实践经验的汽车专业教师与比亚迪汽车工业有限公司合作，历时两年，共同完成"新能源汽车专业'岗课赛证'融通活页式创新教材"的编写工作。

结合目前新能源汽车专业教材的设置特点，"新能源汽车专业'岗课赛证'融通活页式创新教材"包括《新能源汽车电学基础与高压安全》《新能源汽车构造》《新能源汽车电机及控制系统检修》《新能源汽车动力电池及管理系统检修》《新能源汽车电气技术》《新能源汽车充电技术》《新能源汽车保养与故障诊断技术》共七本。

多年的教材开发经验、教学实践经验、产业端工作经验使我们深切地感受到，教材建设是专业建设的基石。为此，本系列教材力求突出以下特点：

1）以学生为中心。活页式教材具备"工作活页"和"教材"的双重属性，这种双重属性直接赋予了活页式教材在装订形式与内容更新上的灵活性。这种灵活性使得教材可以依据产业发展及时调整相关教学内容与案例，以培养学生的综合职业能力为总目标，其中每一个能力模块都是完整的行动任务。按照"以学生为中心"的思路进行教材开发设计，将"教学资料"的特征和"学习资料"的功能完美结合，使学生具备职业特定技能、行业通用技能以及伴随终身的可持续发展的核心能力。

2）以职业能力为本位。在教材编写之前，我们全面分析了新能源汽车的整车设计端、制造端、销售端、售后服务端这四个产业端，根据新能源汽车企业对机电维修工、新车销售顾问、售后服务顾问、质检工程师等岗位的能力要求，对职业岗位进行能力分解，提炼出完成各项任务所应具备的知识和能力。以此为基础进行教材内容的选择和结构设计，学以致用，实现人才培养与社会需求的无缝衔接，真正体现工学结合的本质特征。同时，在内容设置方面，还尽可能与国家及行业相关技术岗位职业资格标准衔接，力求符合职业技能鉴定的要求，为学生获得相关的职业认证提供帮助。

3）以学习成果为导向。新能源汽车内含多个系统，涉及维护、保养、检修、更换、标定等多种工作任务，这使得相关专业的学生在学习过程中往往会感到无从下手。我们利用了活页式教材的特点来解决此问题。活页式教材是一种以模块化为特征的教材形式，它将一本书分成多个独立的模块，以某种顺序组合在一起，从而形成相应的教学逻辑。教材的每个模块都可以单独制作和更新，便于保持内容的时效性和精准性。通过发挥活页式教材的特点，我们将实际工作所需的理论知识与技能相结合，以工作过程为主线，便于学生在实际的操作过程中掌握工作所需的技能和加深对理论知识的认知。

总体而言，本系列活页式教材以学生为中心，以职业能力为本位，以学习成果为导向，让学生在教师指导下经历完整的工作过程，创设沉浸式教学环境，并在交互体验的过程中建构专业知识，训练专业技能，从而促进学生自主学习能力的提升。在学习任务中，以学习目标、知识索引、情境导入、任务分组、工作计划、进行决策、任务实施、评价反馈等环节为主线，帮助学生在动手操作和了解行业发展的过程中领会团结合作的重要性，培养执着专注、精益求精、一丝不苟、追求卓越的工匠精神。在每个能力模块中引入了拓展阅读，将爱党、爱国、爱业、爱史与爱岗教育融入课程中。

为满足"人人皆学、处处能学、时时可学"的需要,本系列活页式教材还搭配了微课等数字化资源辅助学生学习。

虽然本系列教材的编者在新能源汽车应用型人才培养的教学改革方面进行了一些有益的探索和尝试,但由于水平有限,教材中难免存在错误或疏漏之处,恳请广大读者给予批评指正。

丛书编委会

前 言

党的二十大报告指出:"统筹职业教育、高等教育、继续教育协同创新,推进职普融通、产教融合、科教融汇,优化职业教育类型定位。"产教融合是培养智能网联汽车产业端所需的素质高、专业技术全面、技能熟练的大国工匠、高技能人才的重要方式,也是本书体系建设的重要依据。

2007年,国家发展改革委发布了《产业结构调整指导目录(2007年本)》,新能源汽车正式进入国家发展改革委的鼓励产业目录。也正是从2007—2008年开始,国内关于发展新能源汽车的呼声越来越高。乘着奥运会为新能源汽车带来的东风,2009年1月,科技部、财政部、国家发展改革委、工业和信息化部共同启动了"十城千辆"工程,通过提供财政补贴,计划用3年左右的时间,每年发展10个城市,每个城市推出1000辆新能源汽车开展示范运行,涉及这些城市的公交、出租、公务、市政、邮政等领域,力争使全国新能源汽车的运营规模到2012年占到汽车市场份额的10%。2010年5月31日,财政部、科技部、工业和信息化部、国家发展改革委联合印发了《关于开展私人购买新能源汽车补贴试点的通知》,在论证后对符合条件的城市开展私人乘用车的试点,对购买插电式混合动力汽车和纯电动汽车的车主予以补贴。在政策的大力支持下,我国的新能源汽车产业蓬勃发展,新能源汽车产销量飞速增加。中国汽车工业协会公布的产销数据显示,2015年新能源汽车生产340471辆,销售331092辆。2020年9月,我国新能源汽车生产累计突破了500万辆,实现了《节能与新能源汽车产业发展规划(2012—2020年)》中提出的目标。2022年2月,我国新能源汽车生产累计突破了1000万辆。2023年7月3日,我国第2000万辆新能源汽车在广州正式下线。从2009年的"十城千辆"工程到第1000万辆新能源汽车的下线,我国用时13年,从第1000万辆新能源汽车下线到第2000万辆新能源汽车下线,我国仅用了17个月的时间。新能源汽车产业的飞速发展也带来了人才紧缺的问题,《制造业人才发展规划指南》指出,到2025年,节能与新能源汽车的人才总量预计达到 120 万人，但人才缺口预计可达 103 万人，其中，新能源汽车维修领域将面临 80% 的人才空白。为了缓解新能源汽车领域的人才紧缺问题，开设新能源汽车运用与维修、新能源汽车技术、新能源汽车检测与维修技术等新能源汽车相关专业的职业院校越来越多，为了融合信息技术、贴合产业发展，促进中职、高职、职教本科类院校的汽车类专业建设，特开发本书。

本书围绕新能源汽车相关专业"岗课赛证"综合育人的教育理念与教学要求，基于"学生为核心、能力为导向、任务为引领"的理念编写。在对新能源汽车技术人才的岗位特点、1+X 职业技能等级证书和"校—省—国家"三级大赛体系进行调研的基础上，分析出岗位典型工作任务，进而创设真实的工作情景，引入企业岗位的真实生产项目，强化产教融合深度，从而构建整套系统化的课程体系，让学生具有独立思考的能力和将理论运用于实践的动手能力，成为从事新能源汽车相关工作的高素质技能型专业人才。

本书分为高压安全与防护认知、新能源汽车安全技术专业知识认知、电工基础知识认知、常见元器件认知及测量、典型电路认知及检测这 5 个能力模块并下设 19 个任务。

能力模块		理论学时	实践学时	权重
能力模块一	高压安全与防护认知	6	8	14.58%
能力模块二	新能源汽车安全技术专业知识认知	12	24	37.50%
能力模块三	电工基础知识认知	6	16	22.92%
能力模块四	常见元器件认知及测量	4	8	12.50%
能力模块五	典型电路认知及检测	4	8	12.50%
总计		32	64	100%

本书由泉州职业技术大学郑丽萍、泉州职业技术大学赖景湖主编；行云新能科技（深圳）有限公司吴立新、泉州职业技术大学陈金伟、泉州职业技术大学林启豪、行云新能科技（深圳）有限公司邱瑞、行云新能科技（深圳）有限公司苏学园、行云新能科技（深圳）有限公司赖燕梅参与编写。

由于编者水平有限，书中的疏漏与不妥之处在所难免，欢迎广大读者批评指正。

编 者

目　录

序
前　言

能力模块一

高压安全与防护认知 / 001

任务一　避免高压伤害的防护措施认知 / 002
任务二　高压维修车间安全防护与急救措施认知 / 017
任务三　新能源汽车高压作业检测设备及工具的
　　　　使用 / 028

能力模块二

新能源汽车安全技术专业知识认知 / 043

任务一　新能源汽车高压安全断电 / 044
任务二　新能源汽车高压部件认知 / 052
任务三　新能源汽车高压绝缘检测 / 062
任务四　新能源汽车高压插接件锁止结构认知及
　　　　操作 / 069
任务五　新能源汽车动力电池拆检防护 / 078
任务六　新能源汽车安全充电操作 / 092

能力模块三

电工基础知识认知 / 105

任务一　电路基本参数及电工类仪表使用方法 / 106
任务二　电路基本元器件及其作用认知 / 119
任务三　电学常用定律认知及串并联电路的搭建 / 136
任务四　电气安全知识 / 149

能力模块四

常见元器件认知及测量 / 169

任务一　常见电子元器件认知及测量 / 170

任务二　常见电控元件认知及测量 / 192

能力模块五

典型电路认知及检测 / 207

任务一　整流电路认知及测量 / 208

任务二　高压互锁电路认知及测量 / 221

任务三　电机正反转控制电路认知及检测 / 237

任务四　光感前照灯原理电路认知及检测 / 253

新能源汽车电学基础与高压安全

新能源汽车电学基础与高压安全

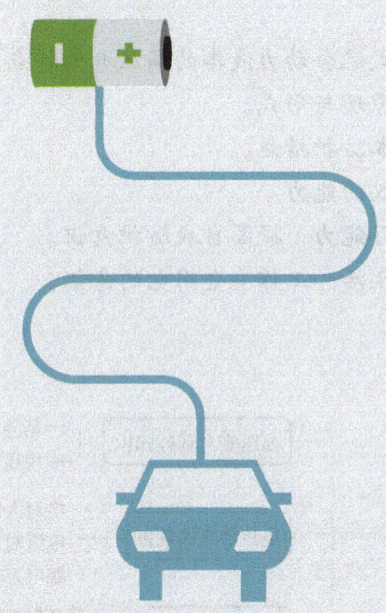

能力模块一
高压安全与防护认知

任务一　避免高压伤害的防护措施认知

学习目标

- 掌握纯电动汽车、插电式混合动力汽车的高压电的特点。
- 了解电流对人体伤害的原理与形式。
- 掌握高压防护要求与基本防护措施。
- 具备正确使用绝缘测试仪的能力。
- 培养自我管理和自主学习能力，提高自我防护意识。
- 了解电流的危害，提高生活、工作安全用电的意识。

知识索引

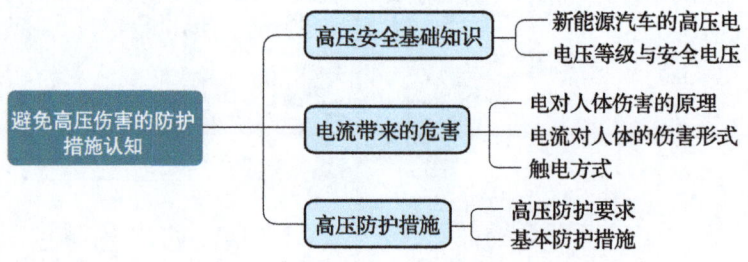

情境导入

很多维修技术人员谈到新能源汽车时，都会谈"压"色变。如果你是一名实习人员，你现在被安排到新能源汽车的售后维修车间实习，主管要求你给其他人员培训避免高压伤害的防护措施，你能做到吗？

获取信息

引导问题 1

请查阅相关资料，简述你对新能源汽车高压电的认知。

_____
_____

引导问题 2

请查阅相关资料，简述工业电压和电动汽车电压分别有几个等级。
_____
_____
_____

高压安全基础知识

（一）新能源汽车的高压电

1. 纯电动汽车的高压电

纯电动汽车的高电压系统同时具有高压直流电和高压交流电 2 种，储存在动力电池中的电以及动力电池高压母线端的电源是高压直流电。高压母线的电通过充配电总成后再分配到其他的高压部件，如通过高压配电箱分配到电机控制器中，此时电机控制器会将高压直流电逆变成三相可调电压、可变频率的交流电。新能源汽车高压电存在形式及主要部件，如图 1-1-1 所示。纯电动汽车高压电存在形式主要有 3 种。

（1）持续存在　由于动力电池始终储存有电能，无论车辆在任何情况下，不管满不满足动力电池的放电条件，动力电池内部持续存在高压电。

（2）运行期间存在　运行期间存在指在点火开关打开，即车辆处于上电状态（仪表"OK"灯或"READY"灯点亮）时，存在高压电，主要分为以下两种类型：

1）只要车辆处于上电状态就存在，涉及部件主要包括新能源汽车的逆变器（如驱动电机控制器）、充配电总成、电动压缩机、DC-DC 变换器及与其相连的高压电缆。

2）虽然车辆处于上电状态，但需要接通功能开关才会存在，涉及高压部件主要包括 PTC 加热器和驱动电机。

（3）充电期间存在　充电期间存在指充电系统部件在车辆充电期间存在高压电，例如交流充电时，交流充电口、充配电总成、动力电池及与其相连的高压电缆线都存在高压电。充电时，动力电池的温度会随着时间的推移逐渐升高。以秦 EV 为例，当温度达到 35℃时，车辆会控制空调系统中的电动空调压缩机开始工作；当冷起动充电时（动力电池温度低于 5℃时），空调系统会控制 PTC 加热器进行电池加热，此时 PTC 加热器也会存在高压电。

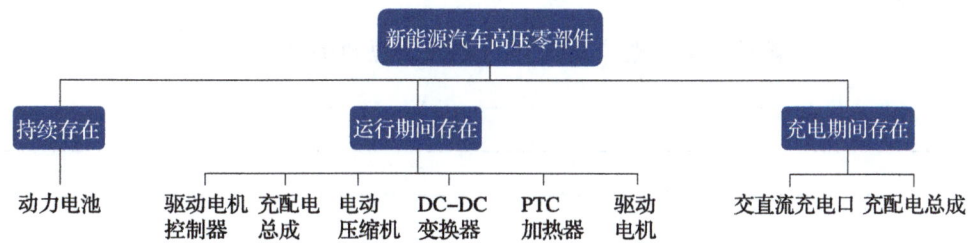

图 1-1-1　新能源汽车高压电存在形式及主要部件

2. 插电式混合动力汽车的高压电

插电式混合动力汽车在原有的燃油（或燃气）发动机系统中，增加由高压动力电池、高压控制电路和驱动电机组成的电力驱动系统，通过2个动力系统相互配合，达到高效、节能驱动车辆的目的。除与纯电动汽车相同的高压电存在形式及部件外，其发电机系统也属于高压系统。

（二）电压等级与安全电压

1. 工业电压等级

目前，我们国家将电压等级划分为：

1）安全电压（有42V、36V、24V、12V、6V五种，一般情况下安全电压不超过交流36V、直流50V，虽然36V及以下的电压多数时候是安全的，但在潮湿的环境中，安全电压会下降到24V甚至12V以下）。

2）低压（指交流1000V或直流1500V及以下的电压。交流系统中的单相220V和三相四线制的380V/220V中性点接地系统的电压均属低压）。

3）高压指交流1000V或直流1500V以上的电压）。

4）超高压（330~750kV）。

5）特高压（交流1000kV或直流800kV以上）。

2. 电动汽车电压等级

《电动汽车安全要求》（GB 18384—2020）规定，根据电路的工作电压 U，将电路分为两级，见表1-1-1。

表1-1-1 电压等级

电压等级	最大工作电压 /V	
	直流	交流
A	$0 < U \leq 60$	$0 < U \leq 30$
B	$60 < U \leq 1500$	$30 < U \leq 1000$

在汽车领域，特别是混合动力汽车、燃料电池电动汽车和纯电动汽车中，高压电指直流电压 >60V 且 ≤ 1500V；交流电压 >25V 且 ≤ 1000V。

> **引导问题 3**
>
> 请查阅相关资料，简述电流对人体伤害的原理和形式。
>
> _____
>
> _____

电流带来的危害

（一）电对人体伤害的原理

在新能源汽车检修时，无论是在低压电力系统还是高压电力系统作业的汽车技术人员，纵使经验丰富也不能忽视触电带来的特殊危害，触电的影响主要包括：

1）电击效应：电流高于导通限值时，会有相应的电击效应，使人容易因肢体不受控制和失去平衡而导致受伤。

2）热效应：电流在人体上的导入导出点处会引起烧伤和焦化，也会引起人体内部烧伤，甚至造成致命的伤害。

3）化学效应：触电时人体的血液和细胞液成为电解液并被电解产生有害物质，可能会导致严重的中毒，中毒情况在几天后才能被发现，因此伤害极大。

4）肌肉刺激效应：人体肌肉运动很多由大脑通过神经系统的电刺激来控制。如果通过人体的电流过高，肌肉会开始抽搐，此时大脑无法控制肌肉组织，例如握紧的拳头此时无法打开或者移动，即所谓的"电吸人"现象。如果电流经过了胸腔，可能引发呼吸停止，心脏的跳动节奏也可能会被中断，出现心室颤动，无法进行心脏的收缩扩张运动，从而发生死亡。

5）发生静态短路的热效应：静态短路时设备急剧发热，会导致材料熔化，从而可能引发烧伤事故。

6）由于短路引起火花：金属很快熔化时，会产生飞溅的火花，其温度超过5000℃，可能引起烧伤并严重伤害眼睛。

7）带电高压线路接通和断开时所产生的弧光：其光辐射可能造成电光性眼炎。

人体通过不同电流的反应见表1-1-2。

表1-1-2　人体通过不同电流的反应

电流大小	人体反应
0.6~1.5mA	手指开始感觉发麻
2~3mA	手指感觉强烈发麻
5~7mA	手指肌肉感觉痉挛且手指感觉灼热和刺痛
8~10mA	手摆脱带电体已感到困难，有剧痛感（手指关节）
20~25mA	手迅速麻痹，不能自动摆脱带电体，呼吸困难
50~80mA	呼吸困难，心房开始颤动
90~100mA	呼吸麻痹，3s后心脏开始麻痹，停止跳动

（二）电流对人体的伤害形式

电流对人体的伤害有三种形式：电击、电伤和电磁场伤害。

1. 电击

电击指电流通过人体时造成的内部器官在生理上的反应和病变，如破坏人的心脏、神经系统、肺部的正常工作造成的伤害。电击对人体的危害程度，主要取决于通过人体电流的大小和通电时间长短。电流大小不同，人体反应也不同，如针刺感、击痛感、昏迷、心室颤动、呼吸困难或停止。人体触及带电的导线、漏电设备的外壳或其他带电体，以及雷击或电容放电，都可能导致电击，如图1-1-2所示。

图1-1-2　电击

2. 电伤

电伤是电流的热效应、化学效应或机械效应对人体造成的局部伤害，包括电弧烧伤、烫伤、电烙印、皮肤金属化、电气机械性伤害、电光性眼炎等不同形式的伤害。

1）电弧对人的危害主要表现。

①烧伤：如果人体靠近电弧或直接进入电弧内，则会因高温而导致严重烧伤，如图1-1-3所示。因此千万不要进入电弧内。

②紫外线辐射：电荷载体碰撞不仅产生热量，而且发射强紫外线。紫外线可能伤害眼睛，准确地说是造成视网膜受伤害。在这种情况下将其称为"电灼伤"，因此切勿在未使用防护面具的情况下观看电弧。

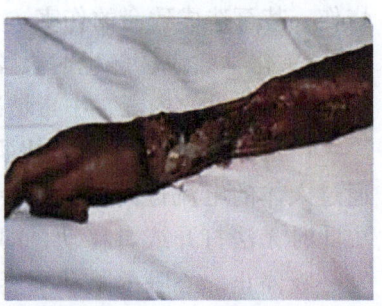

图1-1-3　电弧烧伤

③四周飞扬的微粒：电弧产生的高温可能使较小的微粒从物体上"逃出"，然后不受控制地飞向四周。通常情况下这些微粒温度非常高，一旦溅到身上将会造成严重灼伤。

2）在未穿防护服（包括戴防护手套和护目镜）的情况下，切勿靠近电弧。如果在维修车间内发现电弧，则必须注意以下事项：

①尝试通过指定的装备（例如高电压安全插头）关闭电源。

②远离电弧且不要直视电弧。

③如果必须靠近电弧，则应按焊接工作规定使用防护装备（防护服、护目镜、防护手套）。

3. 电磁场伤害

电磁场伤害是指人体在电磁场作用下吸收能量受到的伤害。以往一般认为电力设备所产生的电磁场对人体健康不会有影响，但近期一些调查结果似乎表明，在特定的环境下，低频电磁场可引起细胞水平的变化。在动物细胞和组织的实验室研究有关材料中发现，这种低频电磁场可影响组织细胞的离子流向，干扰DNA合成与RNA转录。

（三）触电方式

1. 直接接触触电

（1）直接接触触电的分类

直接接触触电通常分为单相触电和两相触电。

单相触电是指当人站在地面上，人体的某一部位触到一根相线而发生的触电现象，如图 1-1-4 所示。在低压供电系统中发生单相触电，人体所承受的电压几乎就是电源的相电压。

两相触电指人体同时接触设备或线路中的两根相线而发生的触电现象，如图 1-1-5 所示。若人体触及两根相线，则人体承受的电压为线电压。因此，两相触电对人体的危害更大。

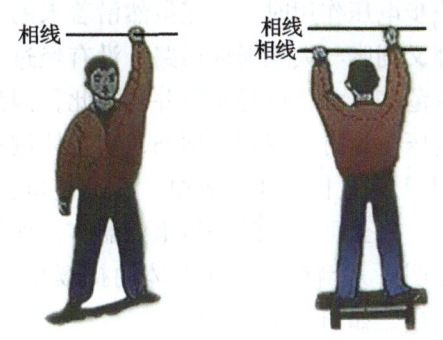

图 1-1-4　单相触电　　图 1-1-5　两相触电

（2）直接接触触电的特点

1）人体的接触电压就是全部工作电压。

2）电路中的故障电流就是人体的触电电流。直接接触触电时，通过人体的电流较大，危险性也较大，往往导致触电伤亡事故。因此，应想方设法防止直接接触触电。

（3）造成直接接触触电的原因及防护措施

误触电气设备的带电部分和已停电的设备突然来电，是造成直接接触触电的主要原因。尤其在停电检修时，由于作业人员心理准备不足，一旦停电后设备突然来电，就可能造成误伤事故。因此，即使在停电检修时，作业人员也必须清楚地认识到，已停电的设备可能会有突然来电的危险，应认真采取预防措施，并做好个人的防护工作。

直接接触触电的防护措施主要有以下 7 种：

1）远离（间距）防护。

2）屏护（障碍）防护。

3）绝缘防护。

4）采用安全电压。

5）装漏电保护装置（如剩余电流断路器）。

6）电气联锁防护。

7）限制能耗防护。

2. 间接接触触电

（1）间接接触触电的概念　间接接触触电是触及正常状态下不带电，绝缘损坏导致设备的外壳漏电，使本来不带电的物体带电，因人体接触到这些物体而导致的触电，也称为故障状态下的电击。间接接触触电大都发生在大风刮断架空线或接户线后断线搭落在金属物或广播线上，相线和电杆拉线搭连，电动机等用电设备的线圈绝缘损坏而引起外壳带电等情况下，如图 1-1-6 所示。

图 1-1-6　大风刮断架空线

（2）跨步电压触电　通常跨步电压触电也属于间接接触触电。如果人站在距离高压电线落地点 8~10m 以内，就可能发生触电事故，这种触电为跨步电压触电。人受到跨步电压作用时，电流虽然沿着人的下身，从脚经腿、胯部又到脚与大地形成通路，没有经过人体的重要器官，好像危害不大，但是实际并非如此，因为人受到较高的跨步电压作用时，双脚会抽筋，使身体倒在地上，这不仅使作用于身体上的电流增加，而且使电流经过人体的路径改变，完全可能流经人体重要器官，如从头到手或脚。经验证明，人倒地后电流在体内持续作用2s，这种触电就会致命，如图1-1-7所示。

图1-1-7 跨步电压触电

（3）间接接触触电的防护 间接接触触电的防护措施有以下4种：

1）自动切断供电电源（接地故障保护）。
2）采用双重绝缘或加强绝缘的电气设备（即Ⅱ级电工产品）。
3）将有触电危险的场所绝缘，构成不导电环境。
4）采用不接地的局部等电位连接保护，或采取等电位均压措施。

> **引导问题 4**
>
> 请查阅相关资料，简述高压防护措施包括哪些。
> _____
> _____
> _____

高压防护措施

（一）高压防护要求

在开始汽车保养与维修工作之前，技术人员需要阅读、查看汽车厂家提供的所有相关的维修信息。维修信息包括但不限于：解码仪数据、诊断程序、拆除和更换程序、电气布线图、技术服务公告和技术诀窍。如没有提前阅读维修信息，容易错过准备过程中的重要注意事项。

对新能源汽车进行涉及高压电的使用、维护和检修等作业时，作业人员必须做好预防触电的措施。新能源汽车高压作业人员要求考取特种作业操作证（电工）。

图1-1-8 维修检测工位

（二）基本防护措施

1. 工作场所防护要求

为了保证维修过程的安全，在维修新能源汽车时对维修检测工位（见图1-1-8）有以下要求：

1）隔离。

2）内部配备足够亮度的灯光，工作区域的光照度不应低于500lx。

3）配备消防设备设施，如干粉灭火器、消防栓和水枪等。需要注意的是，在实际发生火灾的过程中，如果确认电气设备已处于断电状态，在部分情况下可以采用水来扑救。在带电状态下，不能使用水来扑救电气设备火灾。

4）配备预防触电的设备设施，如为作业地面铺设绝缘垫，为工作电源做好绝缘和触电防护，配备安全接地线，安装触电保护器等。

5）为有触电危险的设备配备安全操作说明。

6）配备安全作业防护用具，如工作服、绝缘手套、绝缘鞋、护目镜、安全头盔和绝缘钩等。

7）配备安全绝缘工具，如绝缘扳手、绝缘套筒、绝缘尖嘴钳和绝缘螺钉旋具等。

8）配备急救器材（如除颤仪），保障作业人员的生命安全。

2. 个人防护用品

个人防护用品，就是在劳动过程中为防御物理、化学和生物等有害因素伤害人体而穿戴和配备的各种物品的总称。需要使用到个人防护用品区域均会张贴指令性标志。指令性标志的含义是强制人们必须做出某种动作或采用防范措施。指令性标志大多具有圆形边框，如图1-1-9所示。

个人防护用品可以分为一般劳动保护用品和特种劳动防护用品，主要个人防护用品如图1-1-10所示。

图1-1-9　个人防护指令性标志　　　　图1-1-10　主要个人防护用品

（1）手部的安全防护　为防止在作业时高压触电，需要检查并佩戴高压绝缘手套，在操作机械部件时，应佩戴耐磨手套防止割伤等情况，如图1-1-11所示。高压绝缘手套适用于500~36000V的工作电压范围，经常使用的高压绝缘手套应至少每隔6个月就测试一次绝缘

图1-1-11　手部的安全防护

性能，偶尔使用的高压绝缘手套需在每次使用前测试绝缘性能是否良好。在任何情况下，保存在仓库中的高压绝缘手套应该每隔12个月就测试一次，测试间隔时间不能超过12个月。

（2）眼部的安全防护　最常见的眼部的安全防护用具，例如带侧护边型护目镜，是为了防止眼部受到撞击而设计的。然而对于其他危害的防护,例如化学品喷溅或溢出造成的化学烧伤,则需要更高级别的眼部防护才能达到。通常用于化学实验的全密闭型护目镜可以达到这样的要求,但是它在大多数纯电动汽车的保养和维修操作中并不常用。技术员需参考汽车制造商提供的维修安全信息,来获取更精确合适的眼部的安全防护用具要求,如图 1-1-12 所示。

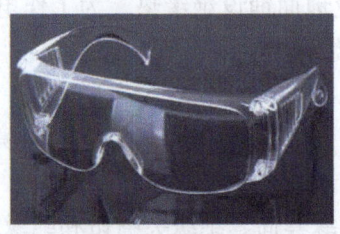 

a)带侧护边型护目镜　　b)全密闭型护目镜

图 1-1-12　眼部的安全防护

（3）头部的安全防护　为防止头部触电,最常见的安全防护用具是电绝缘安全帽（见图 1-1-13）。当在混合动力或纯电动汽车举升工位下方进行作业时,技术员都必须佩戴相应标准的电绝缘安全帽。安全帽的通常分类按适用范围可分为 Y 类（一般用途）和 T 类（特殊用途）两种。根据《头部防护 安全帽》（GB 2811—2019）相关规定,带有电绝缘性能的特殊用途安全帽按耐受电压大小分为 G 级和 E 级。G 级电绝缘测试电压为 2200V,E 级电绝缘测试电压为 20000V。G 级安全帽泄漏电流不应大于 3.0mA；E 级安全帽泄漏电流不应大于 9.0mA,当测试电压加大至 30000V 时,安全帽不应被击穿或发生燃烧现象。

图 1-1-13　头部的安全防护

（4）足部的安全防护　足部常见的危害因素有物体砸伤或刺伤、高低温伤害、化学性伤害、触电伤害与静电伤害等。当在无论任何类型的混合动力或纯电动汽车上进行作业时,技术员都必须穿符合相应标准的绝缘鞋,如图 1-1-14 所示。应根据工作环境或设备的电压选择相应等级的绝缘鞋。

图 1-1-14　足部的安全防护

（5）身体的安全防护　穿防静电的衣服也可以提供额外的安全防护,因此在维修高压电设备时应穿防静电的衣服。棉布材料等非合成纤维材料的衣服适合在维修高压电设备时穿着,如图 1-1-15 所示。而穿着合成纤维的衣服可能导致触电时烧伤皮肤,因为这类材料在电流经过产生高温时会熔化并粘在皮肤上使伤害进一步加大。防静电工作服是指为防止服装上的静电积累,以防静电织物为面料缝制的工作服。

图 1-1-15　身体的安全防护

3. 车辆着火防护工具

新能源汽车着火时，可使用常规的 ABC 干粉灭火器灭火，如图 1-1-16 所示。这种灭火器可用于扑救油/电路火灾。如果只是高压电池着火，可使用二氧化碳灭火器。电路着火也可以使用四氯化碳或 1211 灭火器进行灭火。

图 1-1-16　车辆着火防护工具

任务分组

表 1-1-3　学生任务分配表

班级		组号		指导教师	
组长		学号			
组员角色分配					
信息员		学号			
操作员		学号			
记录员		学号			
安全员		学号			
任务分工					

（就组织讨论、工具准备、数据采集、数据记录、安全监督、成果展示等工作内容进行任务分工）

工作计划

按照前面所了解的知识内容和小组内部讨论的结果，制定工作方案，落实各项工作负责人，如任务实施前的准备工作、实施中的主要操作及协助支持工作、实施中相关要点及数据的记录工作等。

表 1-1-4　工作计划表

步骤	工作内容	负责人
1		
2		
3		
4		

（续）

步骤	工作内容	负责人
5		
6		

进行决策

1）各组派代表阐述资料查询结果。
2）各组就各自的查询结果进行交流，并分享技巧。
3）教师对各组的计划方案进行点评。
4）各组长对组内成员进行任务分工，教师确认分工是否合理。

任务实施

引导问题 5

扫描二维码观看视频，了解如何正确使用绝缘测试仪，并简述操作要点。

_____
_____

绝缘电阻测试仪的正确使用

参考使用视频，按照规范作业要求学习绝缘测试仪的正确使用方法，并完成数据采集和记录。

表 1-1-5 设备及工具准备

序号	设备及工具名称	数量	设备及工具是否完好
1	绝缘测试仪	1台	□是 □否
2	鳄鱼夹	2个	□是 □否
3	测试笔连接线	2条	□是 □否
质检意见	原因：		□是 □否

表 1-1-6 场地及安全防护准备

序号	场地及安全防护项目	项目是否完成
1	任务实施前，需要做好场地防护准备，必须检查实训场地和设备设施是否存在安全隐患	□是 □否
2	绝缘桌面无多余物体摆放	□是 □否
3	检测各个设备以及所需要器材是否完好	□是 □否
质检意见	原因：	□是 □否

表 1-1-7　绝缘测试仪的正确使用

序号	步骤和记录	完成情况
1	利用绝缘测试仪测试直流电压，将鳄鱼夹连接到测试笔上，将连接好的黑表笔插入"COM"输入端，红表笔插入电压"V端" 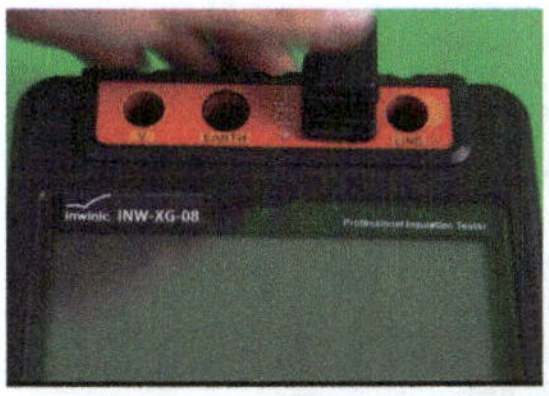 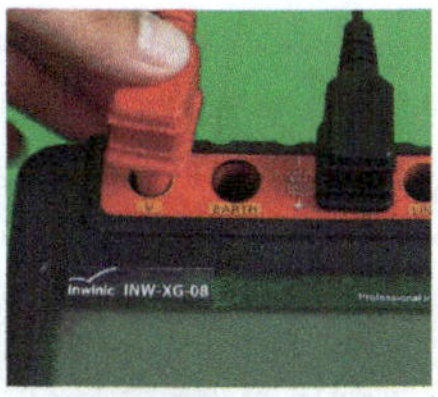	已完成□ 未完成□
2	按"ON/OFF"键，将绝缘测试仪打开，按"DCV/ACV"键，调至直流档位 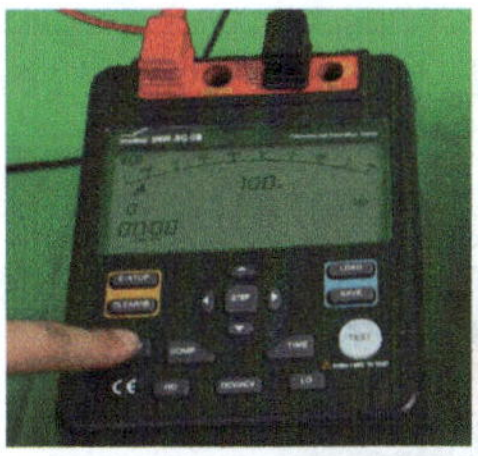 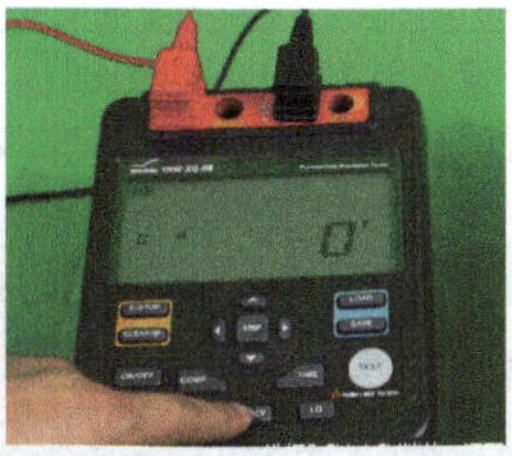	已完成□ 未完成□
3	将红色鳄鱼夹接到蓄电池正极，黑色鳄鱼夹接到负极，测试数据并记录。按下"SAVE"数据保存键，保存当前数值 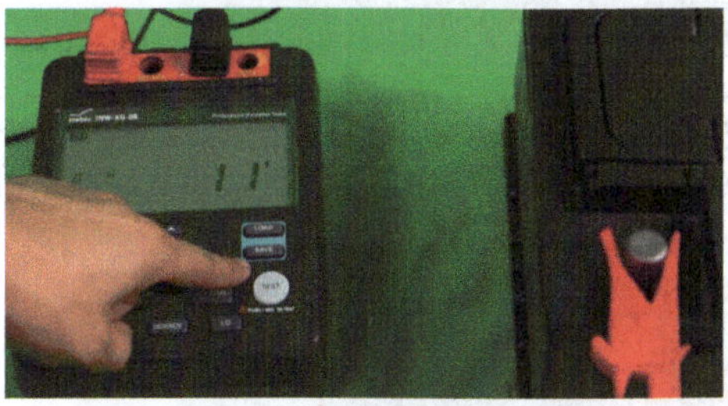	已完成□ 未完成□
4	进行交流电压的测试，将鳄鱼夹换成红黑表笔，用红黑表笔测试交流电压 	已完成□ 未完成□
5	按"DCV/ACV"键，调至交流档位，可以看到屏幕上的直流符号切换成交流符号 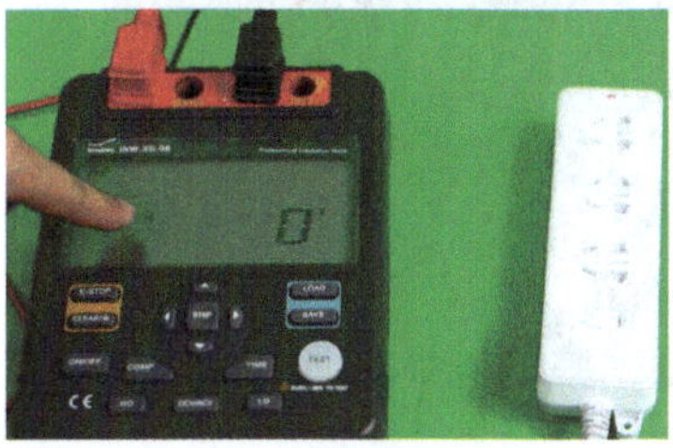	已完成□ 未完成□

（续）

序号	步骤和记录	完成情况
6	测试交流电压，屏幕显示交流电压数值237V，按下数据保存键，保存当前数据 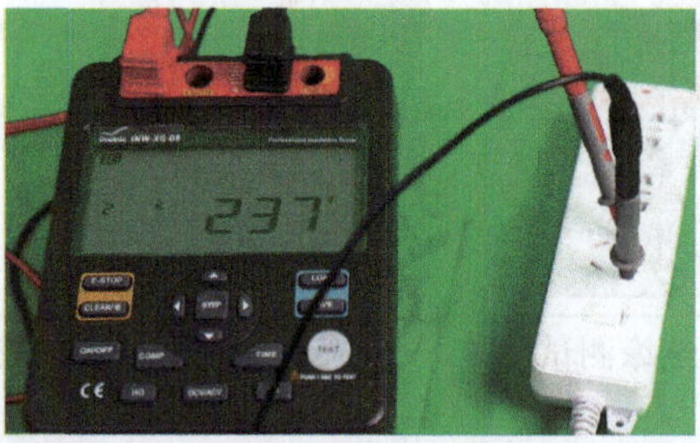	已完成□ 未完成□
7	进行绝缘电阻的测量，连接同色的测试线与鳄鱼夹，将红测试线插入"LINE"端口，将黑测试线插入"EARTH"端口 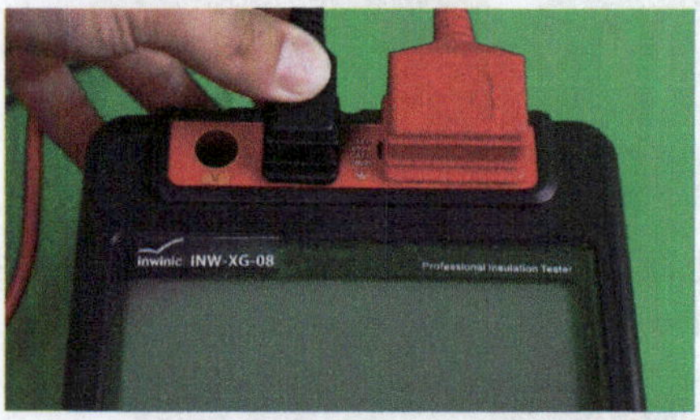	已完成□ 未完成□
8	将红色鳄鱼夹夹到被测物体的绝缘层，黑色鳄鱼夹夹到金属部分，打开绝缘测试仪，选择1000V耐压值，首先是连续测试模式，按"TIME"键，可调至此模式。此时屏幕无定时值 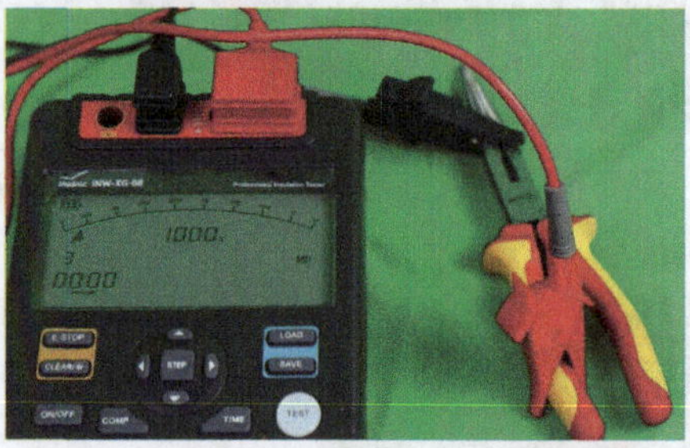	已完成□ 未完成□
9	按下"TEST"测试键，测试键红灯发亮，再次按该键，红灯熄灭，结束测量，按下"SAVE"数据保存键，保存数值。屏幕显示的数值为该绝缘工具的绝缘电阻 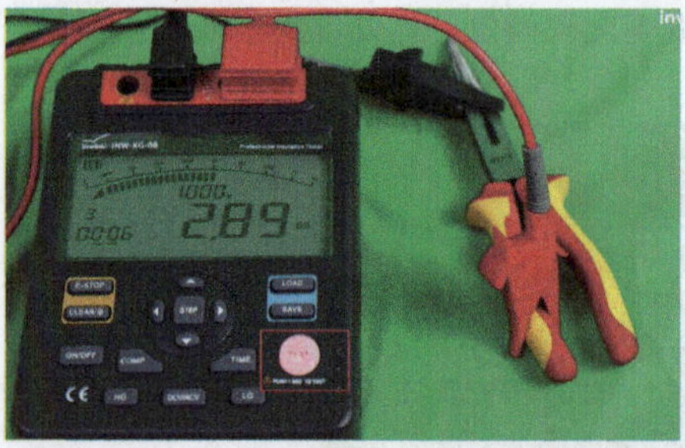	已完成□ 未完成□

（续）

序号	步骤和记录	完成情况
10	进行定时测量绝缘电阻，按下"TIME"键，调至定时测量模式，此时屏幕上显示"TIME1"和定时数值。用左键、右键和"STEP"键设置时间为10s，设置完毕后，按下"TEST"测试键，屏幕上"TIME1"闪烁，到设定时间后，自动结束测量。测量出该数值为绝缘工具的绝缘电阻，然后"TEST"测试键红灯自动熄灭。按下"SAVE"保存键保存数据	已完成□ 未完成□
11	进行极化指数测量绝缘电阻，按下"TIME"键，屏幕上显示"TIME1"和定时器的标志符号。用左键、右键和"STEP"键设置TIME1时间为6s，设置完毕后，再按"TIME"键，在屏幕显示"TIME2"、定时数值标志、"PI"	已完成□ 未完成□
12	调节TIME2至15s，按下"TEST"测试键，当TIME1设定时间到之前，在屏幕上"TIME1"标志闪烁。当TIME2设定时间到之前，"TIME2"标志闪烁。TIME2测试结束后，屏幕显示PI数值。按左右键循环显示TIME2绝缘阻值、TIME1绝缘阻值和极化指数，按下"SAVE"保存键保存测试结果	已完成□ 未完成□
13	实训现场7S整理	已完成□ 未完成□
总结提升		已完成□ 未完成□
质检意见	原因：	已完成□ 未完成□

📋 评价反馈

1）各组代表展示汇报PPT，介绍任务的完成过程。

2）请以小组为单位，对各组的操作过程与操作结果进行自评和互评，并将结果填入表1-1-8中的小组评价部分。

3）教师对学生工作过程与工作结果进行评价，并将评价结果填入表1-1-8中的教师评价部分。

表 1-1-8 综合评价表

班级		组别		姓名		学号	
实训任务							
评价项目		评价标准				分值	得分
小组评价	计划决策	制定的工作方案合理可行,小组成员分工明确				10	
	任务实施	能够准备和规范使用工具设备				5	
		能够正确利用绝缘测试仪测试直流电压				15	
		能够正确利用绝缘测试仪进行交流电压的测试				15	
		能够正确进行绝缘电阻测量、极化指数测量				15	
		能够规范填写任务工单				10	
	任务达成	能按照工作方案操作,按计划完成工作任务				10	
	工作态度	认真严谨,积极主动,安全生产,文明施工				10	
	团队合作	小组组员积极配合,主动交流,协调工作				5	
	7S 管理	完成竣工检验、现场恢复				5	
		小计				100	
教师评价	实训纪律	不出现无故迟到、早退、旷课现象,不违反课堂纪律				10	
	方案实施	严格按照工作方案完成任务实施				20	
	团队协作	任务实施过程中互相配合,协作度高				20	
	工作质量	能准确完成实训任务				20	
	工作规范	操作规范,三不落地,无意外事故发生				10	
	汇报展示	能准确表达,总结到位,改进措施可行				20	
		小计				100	
综合评分		小组评价分 ×50% + 教师评价分 ×50%					
总结与反思							
(如:学习过程中遇到什么问题→如何解决/解决不了的原因→心得体会)							

任务二　高压维修车间安全防护与急救措施认知

学习目标

- 掌握新能源汽车专用高压维修车间场地与设施的要求。
- 掌握维修车间安全管理规章制度。
- 掌握触电后的急救基本理论与方法。
- 具备进行新能源汽车高压维修车间规划的能力。
- 具备进行触电事故的处理与急救的能力。
- 培养自我管理和自主学习能力，提高自我防护意识。
- 了解电流的危害，提高生活、工作安全用电的意识。
- 严格执行7S现场管理。

知识索引

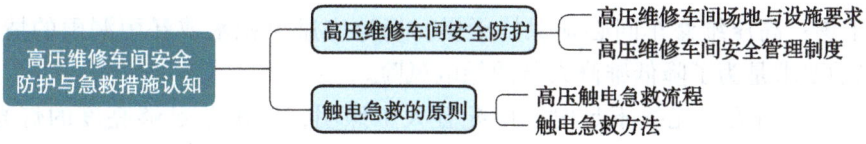

情境导入

你作为新能源汽车专业的学生，刚进入工作岗位实习不到一个月的时间，突然有一天遇到了一位同事因违章操作导致触电事故，如果你是在场的人员之一，请问你应该如何及时去帮助他？

获取信息

引导问题 1

请查阅相关资料，简述高压维修车间的场地与设施要求。

_____

_____

_____

> **引导问题 2**
>
> 请查阅相关资料，简述高压维修车间安全管理制度有哪些。
> _____
> _____

高压维修车间安全防护

（一）高压维修车间场地与设施要求

新能源汽车高压维修车间有高电压安全风险，场地设施必须符合安全管理及相关标准。同时，除了普通维修车间的安全要求外，高压维修车间必须制定相关的管理制度，加强安全管理，杜绝触电、火灾等安全事故的发生。作为高电压车辆的维护与检修，新能源汽车高压维修车间有特殊的场地要求和工位要求。

1）工位数量及面积：至少具备3个标准工位（7m×4m），至少具备1台双柱龙门举升机。

2）采光：应符合国标 GB 50033 的有关规定。注意光的方向性，应避免对工作产生遮挡和不利的阴影。对于需要识别颜色的场所，应采用不改变自然光光色的采光材料。

3）干燥：高压维修车间必须保持干燥。场地应避免积水或暴雨漏雨的情况发生。保持干燥的要求是为了降低维修人员的触电风险。

4）照明：当天然光线不足时，应配置人工照明，即配备足够亮度的灯光，人工照明光源应选择接近天然光色温的光源。高压维修车间的照明要求应符合国标 GB/T 50034—2024 的有关规定。

5）通风：高压维修车间的通风应符合国标 GB 50016—2014 和工业企业通风的有关要求。车间保持通风有利于在维修车辆期间产生的有害物排出，而在发生触电事故的情况下，通风环境能够更加有利于伤者呼吸到更多的氧气。

6）防火：高压维修车间的防火应符合国标 GB 50016—2014 有关厂房、仓库防火的规定以及国标 GB 50067 的有关规定。配备消防设备设施，如干粉灭火器、消防栓和水枪。

7）卫生：应符合国标 GBZ 1—2010、GB/T 12801—2008 的有关要求。

8）安全标志：应符合 GB 2894—2008、GB 2893—2008 的有关要求。当工位上有新能源车辆进行维修时，必须布置明显的警告标志，避免他人未经允许进入工位而发生危险，如图 1-2-1 所示。

图 1-2-1　高压维修车间警告标志

（二）高压维修车间安全管理制度

1. 纯电动汽车维修车间安全管理

1）车辆维修过程中的高压部件必须立即标识明显的"高压勿动"的警示，并禁止将带有高压电的部件放置在无人看管的环境下。

2）车辆在充电过程中不允许对高压部件进行拆装、维修等工作。

3）未经高压安全培训并取得特种作业操作证（电工）的维修技师，不允许对高压部件进行拆装、维修等操作。

4）高压部件拆装、维修前，维修技师必须检查及穿戴个人安全防护装备，并使用绝缘工具进行拆装操作。

5）高压部件拆装、维修过程中，维修技师禁止佩戴手表、金属笔、戒指和项链等金属物品在身上。

6）高压部件拆卸、维修前，必须进行高电压下电操作，即根据车型切断车辆的低压电源和拆卸高压维修开关（装有时），并验证高压已下电和高压部件无漏电情况。

7）焊接车身前，应清理周围易燃物品，断开低压供电系统，避免焊接的大电流对车上的模块造成损坏，做好车身的保护，预防飞溅及着火，并严格按照焊接及钣金维修工艺进行操作。

8）维修完毕在上电前，应由监督人员进行复查，确认正常后方可上电。

9）更换高压部件后，高压电缆接口必须按照标准扭矩拧紧，并测量线路绝缘性能正常。更换后的高压部件要进行备件安全保护，特别是动力电池。

10）在执行车辆维修期间，必须同时有两名持有上岗证的维修技师进行工作，其中一名维修技师作为工作的监护人，监督维修的全过程。如果发生触电事故，监护人应该立即采取有效措施执行急救。

11）如果发生火灾，不要惊慌，要及时采取正确的方法来灭火。首先要切断电源，立即离开车辆并站在远离车辆的上风处。在采取救火措施的同时立刻报警（电话：119、110）。

12）每天检查车间的灭火器是否在固定的位置，是否在有效期内。要充分了解灭火器及消防栓等消防设备的性质和正确使用方法。

2. 灭火器的使用和检查

1）火灾发生将产生不可估量的危害，因此必须预防车辆自燃等火灾的发生，及时处理机舱内的油污、插接器松动或线束老化等隐患。

2）火灾发生后不要惊慌，要及时采取正确的方法来灭火，将火灾消灭在萌芽状态。首先要切断电源，所有人员立即离开车辆并站在远离车辆的上风处。

3）经常检查车上的灭火器是否在固定的位置，是否在有效期内。要充分了解灭火器的性质和正确使用方法，在采取救火措施的同时立刻报警（电话：119、110）。

4）常用的车载灭火器都是干粉的，以压缩气体为动力，由喷射筒内的干粉进行灭火。

> **引导问题 3**
> 请查阅相关资料，简述高压触电急救流程和方法。
> _____
> _____
> _____

触电急救的原则

有资料指出，从触电后 3min 开始救治者，90% 有良好效果；从触电后 6min 开始救治者，10% 有良好效果；而从触电后 12min 开始救治者，救活的可能性很小。由此可知，动作迅速是非常重要的。

（一）高压触电急救流程

援救触电事故中受伤人员时，自身的安全是第一位的，绝对不要去触碰仍然与电源有接触的人员。如有可能，马上将电气系统断电，或用不导电的物体（木板、扫帚把等）把事故受害者或者导电体与电源分离。高压触电急救流程如图 1-2-2 所示。

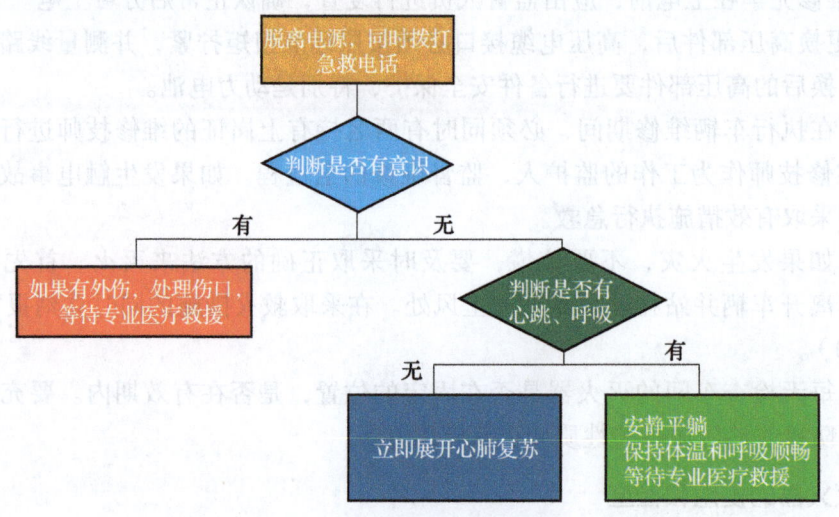

图 1-2-2 高压触电急救流程

（二）触电急救方法

1. 迅速脱离电源

人体触电以后，可能由于痉挛或失去知觉等原因而紧抓带电体，不能自己摆脱电源。抢救触电者的首要步骤就是使触电者尽快脱离电源。在新能源汽车中脱离电源的方法包括戴上绝缘手套将触电人员拉开，或者切断高压电源。总之，要因地制宜，灵活运用各种方法，快速切断电源，防止事故扩大，如图 1-2-3 所示。

2. 伤情判断与急救

当触电者脱离电源后,应根据触电者的具体情况迅速对症救护,力争在触电后 1min 内进行救治,如图 1-2-4 所示。触电者一般有以下 4 种程度,可分别给予正确的对症救治:

 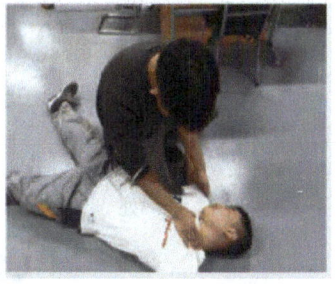

图 1-2-3 使触电者尽快脱离电源　　　图 1-2-4 伤情判断

1)程度轻者,体征表现为神志清醒,但四肢发麻、全身无力。可使触电者原地休息,不随意走动,让其自然慢慢恢复,严密观察其症状,若有异常应及时就医,同时派专人照料护理,因为有的病人可能在几小时后会发生病变而突然死亡。

2)程度较重者,体征表现为失去知觉,呼吸停止或极微弱,但有心脏跳动。可使触电者舒适平卧,周围空气流通,解开衣物以利呼吸。该类人员应该采用口对口人工呼吸法进行急救。口对口人工呼吸法指用人工的方法来代替肺的呼吸活动,使空气有节律地进入和排出肺脏,供给体内足够的氧气,充分排出二氧化碳,维持正常的通气功能。口对口人工呼吸法可按下述口诀进行,频率是每分钟约 12 次。操作要诀是:清理口腔防堵塞,鼻孔朝天头后仰;贴嘴吹气胸扩张,放开口鼻换气畅。口对口人工呼吸的操作要领如图 1-2-5 所示。

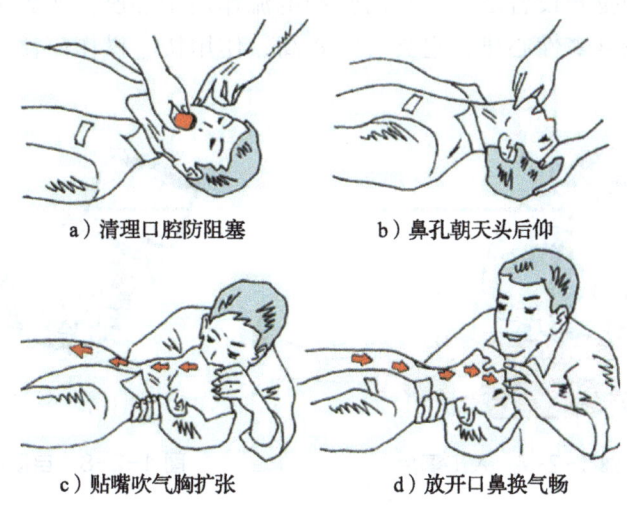

a)清理口腔防阻塞　　　b)鼻孔朝天头后仰
c)贴嘴吹气胸扩张　　　d)放开口鼻换气畅

图 1-2-5 口对口人工呼吸的操作要领

3)程度重者,体征表现为有呼吸,但心跳极微弱或停止。该类人员应该立即采用人工胸外心脏按压法来恢复病人的心跳。人工胸外心脏按压法指有节律地对心脏按压,用人工的方法代替心脏的自然收缩，使心脏恢复搏动功能，维持血液循环，频率是每分钟 60~80 次。操作要诀是：当胸一手掌，中指对凹膛；掌根用力向下压，压下突然收。人工胸外心脏按压法的操作要领如图 1-2-6 所示。

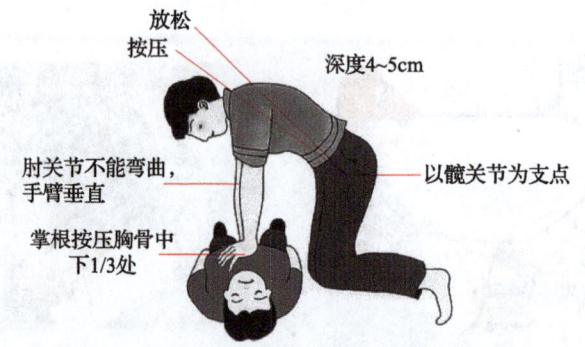

图 1-2-6　人工胸外心脏按压法的操作要领

4）程度危重者，体征表现为呼吸停止或心脏骤停。该类人员的危险性最大，抢救难度也最大。应该把以上两种方法同时使用，即立刻进行口对口人工呼吸和人工胸外心脏按压，也就是采用"人工氧合"的方法。最好是两人一起抢救，一人做口对口人工呼吸，另一人做人工胸外心脏按压，每按压心脏 30 次，进行 2 次口对口人工呼吸。如果仅有一人抢救时，应先吹气 2~3 次，再按压心脏 15 次，如此反复交替进行，如图 1-2-7 所示。并速请医生诊治及送往医院。应当注意急救要尽快且不失时机地进行，不能只一味地等候医生到来，在送往医院途中，也不能终止急救。触电患者恶性心律失常初期心律表现多为室颤，及时除颤抢救成功率较高，自动体外除颤仪（AED）是专门设计用于实施电除颤的设备，如图 1-2-8 所示，主要由除颤充/放电电路、心电信号放大/显示电路、控制电路、心电图记录器、电源以及除颤电极板等组成，是目前临床上广泛使用的抢救设备之一。它用脉冲电流作用于心脏，实施电击治疗，消除心律失常，使心脏恢复窦性心律，它具有疗效高、作用快、操作简便以及与药物相比较为安全等优点。

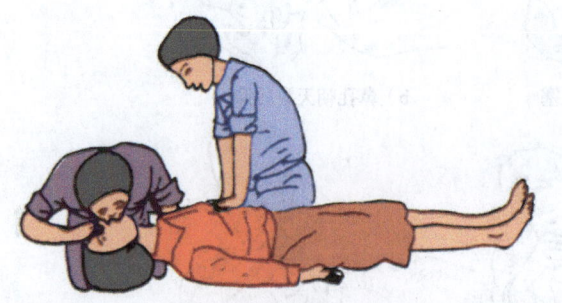
图 1-2-7　人工氧合

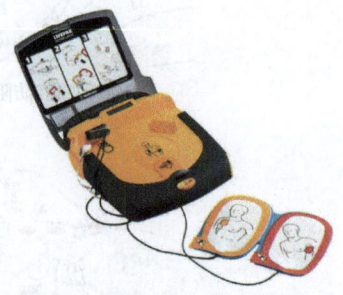
图 1-2-8　自动体外除颤仪

AED 使用方法如下：
1）启动除颤仪。
2）将两个电极片按照图 1-2-9 所示粘贴于合适的位置。

3）连接电极片与除颤仪。

4）除颤仪会自动分析心律，如需要除颤，会语音提示并开始充电，操作人员等待充电完毕，开始放电前应大声嘱咐其他人员离开患者，然后进行放电除颤。

5）操作完毕直接开始心肺复苏，从人工胸外心脏按压开始。

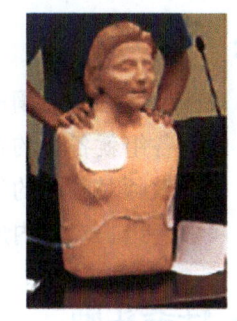

图 1-2-9　电极片粘贴位置

任务分组

表 1-2-1　学生任务分配表

班级		组号		指导教师	
组长		学号			
组员角色分配					
信息员		学号			
操作员		学号			
记录员		学号			
安全员		学号			
任务分工					
（就组织讨论、工具准备、数据采集、数据记录、安全监督、成果展示等工作内容进行任务分工）					

工作计划

按照前面所了解的知识内容和小组内部讨论的结果，制定工作方案，落实各项工作负责人，如任务实施前的准备工作、实施中的主要操作及协助支持工作、实施中相关要点及数据的记录工作等。

表 1-2-2　工作计划表

步骤	工作内容	负责人
1		
2		
3		
4		
5		
6		

进行决策

1）各组派代表阐述资料查询结果。
2）各组就各自的查询结果进行交流，并分享技巧。
3）教师对各组的计划方案进行点评。
4）各组长对组内成员进行任务分工，教师确认分工是否合理。

任务实施

引导问题 4

查阅相关资料，简述如何完成触电急救。

_____
_____
_____

参考以下内容，按照规范作业要求学习触电急救的正确方法，并完成数据采集和记录。

表 1-2-3　设备及工具准备

序号	设备及工具名称	数量	设备及工具是否完好
1	个人防护套装	2套	□是　□否
2	绝缘木棍	若干	□是　□否
3	包扎带	若干	□是　□否
4	布条	若干	□是　□否
5	除颤仪	1台	□是　□否
质检意见	原因：		□是　□否

表 1-2-4　场地及安全防护准备

序号	场地及安全防护项目	项目是否完成
1	任务实施前，需要做好场地防护准备，必须检查实训场地和设备设施是否存在安全隐患	□是　□否
2	合理使用防护用品及专业工具，并严格按示范动作操作，做到安全、正确	□是　□否
质检意见	原因：	□是　□否

表 1-2-5 触电急救

序号	步骤和记录	完成情况

一、触电急救的基本方法练习

1）观察触电情况，确定触电类型（高压触电、低压触电）

2）根据不同触电类型，选择不同的脱离电源的措施（主要方法有：拉闸、拔插头、切断电源、分离触电者与带电体、短路和接地等）

3）寻求有效的帮助（大声呼救、打电话报警等）尽可能将伤者移至安全通风处

4）判断伤者情况，拍伤者肩膀大声呼喊其名字，如无回应，再按其人中，观察是否有意识；如有意识，应按照需求进行救助，例如针对休克的治疗，伤口护理等

5）畅通气道（仰头举颌法），若伤员昏迷并有呼吸，应将其稳定侧卧。若伤员无呼吸，应进行人工呼吸，摸颈动脉检查心跳，若无心跳应进行心肺复苏

6）只要判断心脏骤停，应立即进行胸外按压，以维持重要脏器的功能

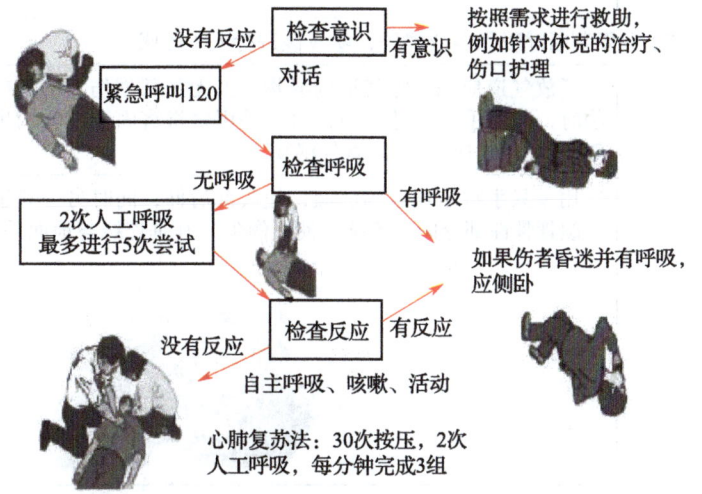

序号	步骤和记录	完成情况
①	将伤者仰卧位于硬质平面上。伤者头、颈、躯干平直无扭曲	已完成□ 未完成□
②	找对胸外按压部位，即胸骨中下 1/3 交界处或双乳头与前正中线交界处	已完成□ 未完成□
③	按压时上半身前倾，双肩正对伤者胸骨上方，一只手的掌根放在伤者胸骨中下部，然后两手重叠，手指离开胸壁，双臂绷直，以髋关节为轴，借助上半身的重力垂直向下按压。每次抬起时掌根不要离开胸壁，并应随时注意有无肋骨或胸骨骨折	已完成□ 未完成□

（续）

序号	步骤和记录	完成情况
④	每 2min 更换按压者，每次更换尽量在 5s 内完成	已完成□ 未完成□
7）只要判断呼吸微弱或骤停，就应该进行人工呼吸		
①	开放气道应先去除气道内异物。如无颈部创伤，清除口腔中的异物和呕吐物时，可一手按压开下颌，另一手用食指将固体异物钩出，或用指套或手指缠纱布清除口腔中的液体分泌物	已完成□ 未完成□
②	用一只手按压伤者的前额，使头部后仰，同时另一只手的食指及中指置于下颌骨骨性部向上抬颌，使下颌尖–耳垂连线与地面垂直，使气道畅通	已完成□ 未完成□
③	伤者颈椎损伤时，施救者应将肘部支撑在伤者所处的平面上，双手放在伤者头部两侧并握紧下颌角，同时用力向上托起下颌。如果需要进行人工呼吸，则将下颌持续上托，用拇指把伤者口唇分开，用面颊贴紧伤者的鼻孔进行口对口人工呼吸	已完成□ 未完成□

二、数字式万用表测量人体电阻

序号	步骤和记录			完成情况
1	认识数字式万用表，并能正确地接线和进行各档位的练习			已完成□ 未完成□
2	用数字式万用表测量同一年龄不同性别的人的人体电阻（手腕到手腕），将数据填入下表			已完成□ 未完成□
	性别	状态		
		干燥	湿润	
	男			
	女			
3	实训现场 7S 整理			已完成□ 未完成□
总结提升				已完成□ 未完成□
质检意见	原因：			已完成□ 未完成□

姓名　　　班级　　　日期

📝 评价反馈

1）各组代表展示汇报 PPT，介绍任务的完成过程。

2）请以小组为单位，对各组的操作过程与操作结果进行自评和互评，并将结果填入表 1-2-6 中的小组评价部分。

3）教师对学生工作过程与工作结果进行评价，并将评价结果填入表 1-2-6 中的教师评价部分。

表 1-2-6　综合评价表

班级		组别		姓名		学号	
实训任务							
评价项目		评价标准				分值	得分
小组评价	计划决策	制定的工作方案合理可行，小组成员分工明确				10	
	任务实施	能够正确检查并设置实训工位				5	
		能够准备和规范使用工具设备				5	
		能够正确完成触电急救基本方法的练习				20	
		能够正确使用数字式万用表测量人体电阻				20	
		能够规范填写任务工单				10	
	任务达成	能按照工作方案操作，按计划完成工作任务				10	
	工作态度	认真严谨，积极主动，安全生产，文明施工				10	
	团队合作	小组组员积极配合，主动交流，协调工作				5	
	7S 管理	完成竣工检验、现场恢复				5	
		小计				100	
教师评价	实训纪律	不出现无故迟到、早退、旷课现象，不违反课堂纪律				10	
	方案实施	严格按照工作方案完成任务实施				20	
	团队协作	任务实施过程中互相配合，协作度高				20	
	工作质量	能准确完成实训任务				20	
	工作规范	操作规范，三不落地，无意外事故发生				10	
	汇报展示	能准确表达，总结到位，改进措施可行				20	
		小计				100	
综合评分		小组评价分 ×50% + 教师评价分 ×50%					
总结与反思							
（如：学习过程中遇到什么问题→如何解决/解决不了的原因→心得体会）							

任务三　新能源汽车高压作业检测设备及工具的使用

学习目标

- 掌握新能源汽车维修工具的类型和作用。
- 掌握新能源汽车检测设备的类型和作用。
- 掌握绝缘电阻测试仪的使用方法。
- 具备检测绝缘安全用具性能的能力。
- 能够使用绝缘电阻测试仪测量高压部件绝缘电阻。
- 提升职业操作能力、增强作业安全意识。
- 严格执行7S现场管理。

知识索引

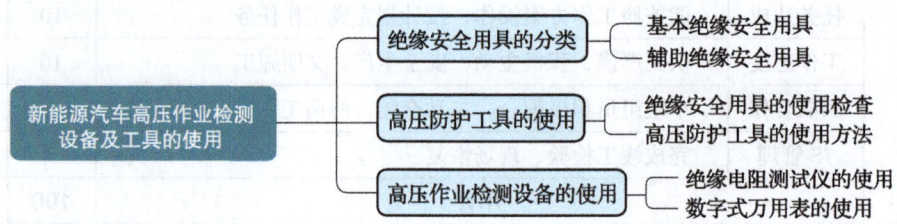

情境导入

你所在的维修站需要组建新能源汽车专业维修车间，你的主管让你做一份新能源汽车维修工具及检测设备配置清单，你能完成这个任务吗？

获取信息

引导问题1

请查阅相关资料，简述基本绝缘安全用具有哪些。

_____

_____

_____

> **引导问题 2**
>
> 请查阅相关资料,简述辅助绝缘安全用具有哪些。
> _____
> _____
> _____

绝缘安全用具的分类

绝缘安全用具是指用来防止工作人员在新能源汽车高压作业时直接接触触电或间接接触触电的用具。按照其功能的不同,可以分为基本绝缘安全用具和辅助绝缘安全用具两类。

(一)基本绝缘安全用具

1. 绝缘杆和绝缘夹钳

绝缘夹钳只用于35kV及以下的电气操作,绝缘杆和绝缘夹钳都由工作部分、绝缘部分和握手部分组成。绝缘部分和握手部分由浸过绝缘漆的木材、硬塑料、胶木或玻璃钢制成,其间有护环分开。配备不同工作部分的绝缘杆可用来操作高压隔离开关,操作跌落式熔断器,安装和拆除临时接地线以及进行测量和试验等。绝缘夹钳主要用来拆除和安装熔断器及其他类似部件,如图1-3-1所示。

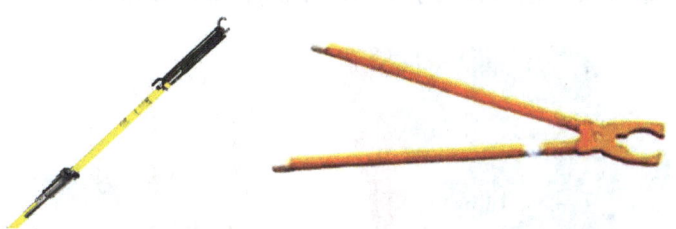

图 1-3-1 绝缘杆和绝缘夹钳

2. 绝缘维修工具

绝缘维修工具是使用绝缘材料进行加工并适用于电气管理的工具,此类工具的耐压等级为1000V。包括常用的维修套筒、呆扳手、螺丝刀、钳子和电工刀等,如图1-3-2所示。使用绝缘维修工具之前应该先检查工具的耐压等级以及绝缘层的外观是否有破损或划伤。绝缘层最薄弱处的绝缘电阻值应大于1MΩ,否则不予使用。

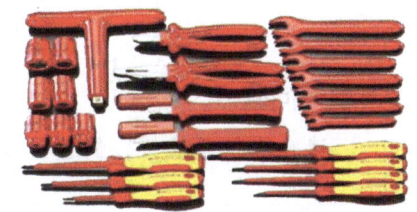

图 1-3-2 绝缘维修工具

3. 检测工具

新能源汽车维修过程中需要使用万用表来验证高压系统是否已断电,使用绝缘电阻测试仪验证负载端是否有漏电的情况。当然，也可以用手摇式兆欧表来检测电机三相绕组的绝缘性。常用的绝缘电阻检测设备有数字式绝缘电阻测试仪和手摇式兆欧表，如图 1-3-3 所示。

（二）辅助绝缘安全用具

1. 绝缘手套和绝缘靴

绝缘手套和绝缘靴由橡胶或乳胶制成。二者都是辅助绝缘安全用具，绝缘手套可作为低压工作的安全用具，绝缘等级至少Ⅰ级，耐压等级 1000V。绝缘靴可作为防护跨步电压的安全用具，如图 1-3-4 所示。

图 1-3-3　数字式绝缘电阻测试仪和手摇式兆欧表

2. 绝缘垫和绝缘站台

绝缘垫和绝缘站台只作为辅助绝缘安全用具。绝缘垫用厚度 5mm 以上，里面由防滑条纹的橡胶制成。其最小尺寸不宜小于 0.8m×0.8m。绝缘站台由木板或木条制成，相邻板条之间的距离不得大于 2.5cm，以免鞋跟陷入。绝缘站台上不得有金属零件。台面板用支撑绝缘子与地面绝缘，支撑绝缘子高度不得小于 10cm，台面板边缘不得伸出绝缘子以外，以免站台翻倾、人员摔倒。绝缘站台最小尺寸不宜小于 0.8m×0.8m，但为了便于移动和检查，最大尺寸也不宜大于 1.5m×1.5m，如图 1-3-5 所示。

图 1-3-4　绝缘手套和绝缘靴

图 1-3-5　绝缘垫和绝缘站台

> **引导问题 3**
>
> 请查阅相关资料，简述绝缘安全用具和高压防护工具的使用方法。

高压防护工具的使用

（一）绝缘安全用具的使用检查

在使用绝缘安全用具前必须进行绝缘安全用具的检查，通常包括绝缘认证是否标准、绝缘电压等级是否合规、绝缘安全用具的绝缘层是否有破损等项目。如绝缘鞋使用前要进行电压等级的检查，查看是否符合使用环境，再检查外观，查看是否有断底、破皮等情况。使用绝缘手套前要仔细检查，查看使用电压等级，然后要进行有无破损、粘连、漏气等现象的检查。

（二）高压防护工具的使用方法

1. 绝缘手套

橡胶或乳胶制成的绝缘手套通常需要具备两种独立的性能：一要在进行任何有关高电压部件或线路的操作时，能够承受 1000V 以上的工作电压；二要具备抗酸碱性，当工作中接触来自高压动力电池组的氢氧化物等化学物质时，能防止这些物质对人体的伤害。

（1）绝缘手套的使用方法　每次使用前，应确认绝缘手套在有效预防性试验周期内且外观完好，并检查绝缘手套的耐压等级、绝缘等级。如发现绝缘手套有发黏、裂纹、破口（漏气）、气泡和发脆等损坏时禁止使用，若绝缘手套的最薄弱处的电阻小于 $1M\Omega$ 时，此绝缘手套禁止使用。此外还要进行漏气检查，具体方法是：将手套从口部向上卷，稍用力将空气压至手掌及手指的部分检查上述部分是否漏气，如果漏气则不能使用，如图 1-3-6 所示。

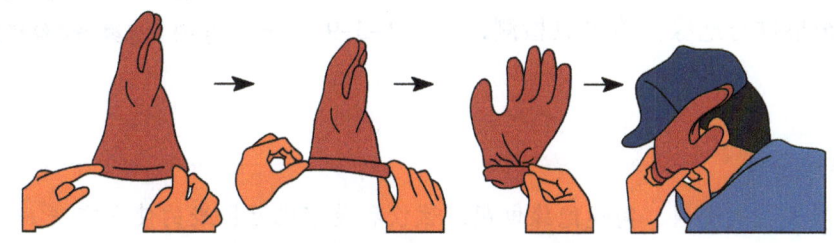

图 1-3-6　绝缘手套的漏气检查过程

（2）绝缘手套的保管　绝缘手套使用后应先去除脏污，再涂抹滑石粉，避免粘连。绝缘手套应存放在干燥、阴凉通风的地方，并倒置在指形支架上或存放在专用的柜内，绝缘手套上不得堆压任何物品。绝缘手套不准与油脂、溶剂接触，合格与不合格的手套不得混放一处，以免使用时造成混乱。

2. 绝缘鞋

绝缘鞋（靴）的作用是使人体与地面绝缘，防止电流通过人体后与大地构成通路，对人体造成电击伤害，并把触电时的危险降到最小程度，因为触电时电流是经接触点通过人体流入大地的，所以电气作业时不仅要戴绝缘手套，还要穿绝缘鞋。绝缘鞋根据《足部防护 安全鞋》（GB 21148—2020）进行生产，其电阻范围为 100kΩ~1000MΩ。绝缘鞋还具有透气性能好、防静电、耐磨和防滑等功能，如图 1-3-7 所示。

3. 护目镜

护目镜应该具有正面及侧面防护功能，可防止维修过程中产生的电火花及电池电解液飞溅对眼睛的伤害。护目镜如图 1-3-8 所示。所选择的护目镜产品需要经过国家级检测并达到其标准才能使用，并且护目镜大小及型号要尽量适合使用者的脸型。护目镜镜片使用时要注意专人专用，禁止交换使用，防止因护目镜大小不合适而产生意外情况。护目镜使用时间过长或使用不当，会造成镜片粗糙甚至损坏，留下刮痕后的镜片会影响佩戴者的视线，达不到佩戴安全标准，需要及时进行调换。护目镜禁止重压，在保存时应尽量远离坚固物体，防止对镜片造成损坏。

图 1-3-7 绝缘鞋

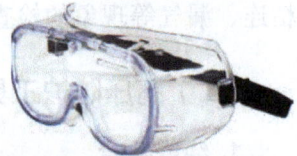

图 1-3-8 护目镜

4. 绝缘垫

绝缘垫又称为绝缘毯，是由特种橡胶制成，具有较大体积电阻率和耐电击穿的胶垫，用于配电等工作场合的台面或铺地绝缘材料。在低压配电室地面上铺绝缘垫，可代替绝缘鞋，起到绝缘作用。因此，在 1kV 及以下时，绝缘垫可作为基本安全用具；在 1kV 以上时，仅作为辅助安全用具，因此在动力电池拆解时必须使用绝缘垫。

为了保证绝缘垫的正常使用，在使用前需对安装好的绝缘垫进行绝缘性能多点检测，如图 1-3-9 所示。

图 1-3-9 绝缘垫的绝缘性能检测

> **引导问题 4**
>
> 请查阅相关资料，简述绝缘电阻测试仪和数字式万用表的使用方法。
> _____
> _____
> _____

高压作业检测设备的使用

（一）绝缘电阻测试仪的使用

绝缘测试仪用于在各种电气设备的保养、维修、试验及检定中做绝缘测试，也称为数字式兆欧表。其主要分为绝缘电阻测试仪和绝缘耐压测试仪两种，如图 1-3-10 所示。绝缘电阻测试仪主要用于电子元器件、介质材料、电线和电缆等绝缘性能的测量。

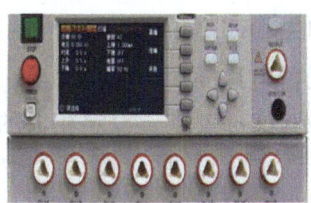

图 1-3-10　左为绝缘电阻测试仪，右为绝缘耐压测试仪

1. 绝缘电阻测试仪控制面板识别

以 TH2683 型绝缘电阻测试仪为例，图 1-3-11 所示控制面板的功能描述见表 1-3-1。

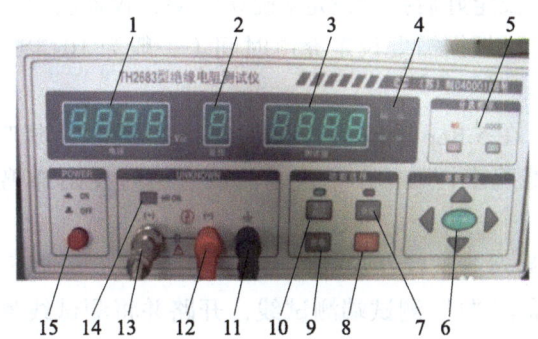

图 1-3-11　TH2683 型绝缘电阻测试仪控制面板

表 1-3-1　绝缘电阻测试仪控制面板的功能描述

序号	名称	描述
1	电压显示窗口	测试电压设定值显示，单位为 V
2	量程显示窗口	显示当前量程
3	测试值显示窗口	测试的绝缘电阻值，显示 4 位有效值
4	单位指示灯	显示当前电流及阻值单位
5	分选指示灯	"NG" 指示灯：不合格指示灯，测试值低于设定值时亮 "GOOD" 指示灯：正品指示灯，测试值高于上限值时亮
6	"设定/ 确认"键	设定：进入设定状态，上下键选择功能 确认：进入修改或设定状态完毕后确认退出
7	"自动"键	量程自动/手动切换按键，指示灯亮表示当前是量程自动状态，在测量时自动切换量程，否则应在测试中使用上下键切换来改变量程
8	"清零"键	放电状态时，对仪器开路清零校正
9	"放电"键	测试返回放电状态
10	"R/I 测试"键	放电状态或设定状态下进入测试状态；测试状态下切换电阻/电流显示
11	接地端	接地屏蔽端
12	"-"测试端	电压输出端
13	"+"测试端	采样输入端
14	高压警示灯	提示当前"-"端有电压输出
15	仪器电源开关	控制电源

2. 绝缘电阻测试仪使用方法

1）检查仪器电源插头接插良好后，打开仪器面板的电源开关，预热 5~10min。

2）根据检验文件要求，设定相关的测试参数，步骤如下：

①电压设定：在电压项上按动"设定/确认"键，进入电压设定子菜单。此时通过上下键调整所需的电压值，共 10 档（10~1000V）。再按动"设定/确认"键完成设定，电压值将自动保存并返回菜单。

②电阻上下限设定：在极限 2.LO 或 3.Hi 上按动"设定/确认"键，进入设定状态。此时通过左右键可左右移动选择位数和小数点，按动上下键可改变光标所在位数的大小及改变小数点位置。设定好后按"设定/确认"键，仪器将自动保存设定参数。

③充电时间设定：可根据需要设定充电时间（一般为 10s 以内），如不需定时可设为"000"。

④蜂鸣开关设定：在 5.Bep 上按动"设定/确认"键进入蜂鸣开关设定，"NG"表示测试不合格时发出蜂鸣声；"GOOD"表示测试合格时发出蜂鸣声；"OFF"表示蜂鸣开关处于关闭状态。

3）参数设定完成后对测试仪器进行开路清零，具体步骤如下：

①在放电状态下插上"+"测试端测试线，开路并将测试线悬空（"−"测试端测试线取下）。

②按"清零"键，电压显示窗口显示开路信息，测试值显示窗口显示当前量程的零值，此时按动"∧""∨"键可选择其他量程的零值。

③再次按动"清零"键，开始对各量程逐一清零，清零成功时显示"PASS"字样。清零失败时显示"FAIL"字样（当零值大于 1mV 时清零失败，主要原因应为未开路或测试线不标准造成，检查后重试）。

④清零完毕后各量程的零值自动保存，并返回放电状态。

4）进入测试：应按照图 1-3-12 所示测试原理图连接被测件（带极性的被测件一定要按照正负极连接）。

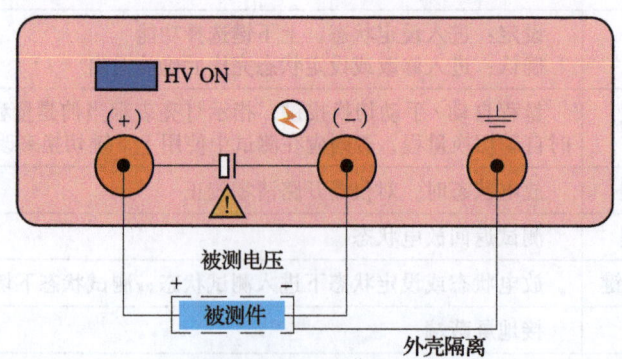

图 1-3-12 测试原理图

5）按动"R/I 测试"键即进入测试状态或在测试状态下切换电阻/电流显示。

6）测试完成后，按动"放电"键，仪器对被测件放电，同时高压警示灯熄灭，放电完成，此时方可取出被测件。

7）如需继续测量同一产品，重复以上步骤4）~6）即可，无需测试请关闭仪器电源。

3. 注意事项

1）为了确保仪器测试精度，测试环境温度应在10~30℃，相对湿度≤65%。

2）在仪器充电及测试过程中，仪器测试端口和被测件均有较高的电压，不得用手直接接触测试端口及被测件。

3）务必将有极性的被测件（电解电容等）按照"+""–"极连接。否则会引起被测件损坏甚至爆炸；测试完成后必须在放电几秒后才可取下被测件，以防触电。

4）仪器不允许长时间短路，否则会损坏仪器。

5）当仪器发生意外情况，如机内打火、冒烟、出现焦煳味等情况时，<u>应立即切断电源并及时上报</u>。

（二）数字式万用表的使用

数字式万用表在普通万用表基础上进行了升级，兼容了检测绝缘性的功能，即数字式万用表既具备检测普通电压、电阻等功能，同时带有检测绝缘性的功能，还有一些数字式万用表在以上基础上，具有兼容钳形电流表的功能，如图1-3-13所示。

注意：新能源汽车维修所使用的数字式万用表必须满足CAT Ⅲ-1000V电压标注。同时要注意维修的新能源汽车的电压平台，如维修车辆的动力电池电压为352V，万用表量程应选择车辆最大工作电压的1.5倍。

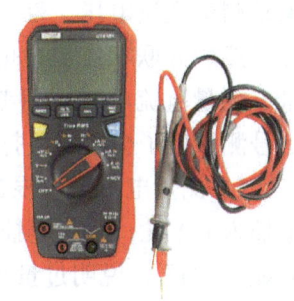

图1-3-13 数字式万用表

1. 数字式万用表的面板识别

在使用数字式万用表前，应先了解面板的按钮标志的含义，数字式万用表控制面板功能描述见表1-3-2。

表1-3-2 数字式万用表控制面板功能描述

序号	名称	描述
1	"Power"键	表示电源开关
2	"HOLD"键	表示锁屏按键
3	V⎓或DCV	表示直流电压档
4	V~或ACV	表示交流电压档
5	A⎓或DCA	表示直流电流档
6	Ω	表示电阻档
7	⇥	表示二极管档，也称蜂鸣档

（续）

序号	名称	描述
8	F	表示电容档
9	H	表示电感档
10	hFE	表示晶体管电流放大系数测试档
11	插孔	分别是：VΩ 孔、COM 孔、mA 孔、10A 孔或 20A 孔

2. 数字万用表使用方法

1）测量直流电压、交流电压、电阻、电容、二极管、晶体管及检查线路通断等，将红表笔插入 VΩ 孔，黑表笔插入 COM 孔。测量 mA 级别的电流或 μA 级别的电流，将红表笔插入 mA 孔，黑表笔插入 COM 孔。测量高于 mA 级别的电流，将红表笔插入 10A 孔或 20A 孔，黑表笔插入 COM 孔。COM 孔也称公共端，是专门插入黑表笔的插孔。

2）测量电压时，选择适当量程，如果是测量直流电压，就要打到直流电压档，如果是测量交流电压，就要打到交流电压档，并将红表笔插入 VΩ 孔，黑表笔插入 COM 孔，然后并联状态测量电路电压，如果不知道被测信号有多大，则要选择最大量程测量。测量直流电时不用考虑正负极，因为数字式万用表不像指针式万用表，测量直流信号测量反了会表针反打，数字式万用表只会显示符号，说明信号从黑表笔进入。

3）测量电流时，根据被测电流大小不同，选择插孔，如果测量小电流就要将红表笔插入 mA 孔，黑表笔插入 COM 孔。将红黑表笔串联进电路中测量电流，如果测量出来显示"1"，说明过量程，则要增大量程测量，mA 孔一般会设置一个 200mA 的熔断器；测量大电流的时候要将红表笔插入 10A 孔或 20A 孔，黑表笔插入 COM 孔，10A 孔或 20A 孔一般不设计熔断器。一定要注意测量时间，正确测量时间应该是 10~15s，如果长时间测量的话，由于电流档康铜或锰铜分流电阻过热引起阻值变化，会引起测量误差。

4）测量电阻的时候，首先要打到电阻档选择适当的量程，如果不知道被测电阻阻值有多大，则应该选择最大量程，然后将红表笔插入 VΩ 孔，黑表笔插入 COM 孔，接在电阻的两端，不分正负极，因为电阻没有正负极，如果测量中发现万用表显示"1"则要使用最大量程测量一遍，如果使用最大量程测量该电阻阻值还是"1"，则说明该电阻开路，如果测量中发现万用表显示"001"，说明该电阻内部击穿。测量电阻的时候，首先先短接表笔测出表笔线的电阻值，一般在 0.1~0.3Ω，阻值不能超过 0.5Ω，如果超过了，说明万用表电源电压偏低，或者刀盘与电路板接触松动。测量的时候不要用手去握表笔金属部分，以免引入人体电阻，引起测量误差。

5）测量二极管时，使用二极管档，将红表笔连接二极管正极，黑表笔连接二极管负极，此时可测量二极管正向管压降，反之可测量二极管反向管压降。锗管正向管压降约为 0.3V，硅管正向管压降约为 0.7V。测量反向管压降时，若显示为"OL"，说明管子良好，否则说明二极管已被烧坏或击穿。

3. 使用注意事项

1）如果无法预先估计被测电压或电流的大小，则应先拨至最高量程档测量一次，再视情况逐渐把量程减小到合适位置。测量完毕，应将量程开关拨到电压档最高量程，并关闭电源。

2）满量程时，仪表仅在最高位显示数字"1"，其他位均消失，这时应选择更高的量程。

3）测量电压时，应将数字式万用表与被测电路并联。测量电流时应与被测电路串联，测直流电时不必考虑正、负极性。

4）当误用交流电压档去测量直流电压，或者误用直流电压档去测量交流电压时，显示屏将显示"000"，或低位上的数字出现跳动。

5）禁止在测量高电压（220V 以上）或大电流（0.5A 以上）时换量程，以防止产生电弧，烧毁仪表。

6）当显示"£""BATT"或"LOW BAT"时，表示电池电压低于工作电压。

拓展阅读

1）截至 2021 年，大部分纯电动汽车的续驶里程在 700km 以内，在电池能量密度短期内提高程度有限的前提下，众厂商纷纷将目光投向了补能效率上。大多数新能源汽车采用的是 400V 电压平台，而在 2019 年保时捷发布了全球首款搭载 800V 电压平台的汽车，拉开了 800V 电压平台的序幕后，近年来我国车企也掀起了新一轮的发布热潮，其中包括比亚迪、小鹏、吉利等车企。未来，随着 800V 电压平台相关配套设施的建设完善，新能源汽车用户的补能焦虑将降低，纯电动汽车也将进入全面快充时代。

2）在新能源汽车维修过程中，除了注意高压安全，还要注意防护工具的使用，以护目镜和安全帽为例：

停送电时不戴护目镜会造成的危害有：①辐射光对眼睛造成伤害；②异物接触眼睛，对于飞溅的固体颗粒、喷溅的液体等异物，不戴护目镜时都无法阻隔，容易入眼。

安全帽未正确佩戴会造成的危害：①物件砸中头部伤害（在生产劳动过程中可能发生原材物料、工具、岩石、建筑材料等坚硬物体从高处坠落或抛出击中在场人员头部造成伤害）；②高处坠落伤害（没有佩戴安全帽就开始高处作业的人员可能因人体坠落导致伤害）；③生产劳动过程中作业人员可能因毛发卷入运动的机械，特别是旋转的机械中造成伤害；④生产劳动过程中作业人员接触化学毒物、腐蚀性物质、放射性物质和生物性物质等，均可能因未佩戴安全帽污染毛发（头皮）而对人体造成伤害。

3）说到高压安全防护，不得不提及海因里希法则（Heinrich's Law），又称"海因里希安全法则""海因里希事故法则"，这是美国安全工程师海因里希(Herbert William Heinrich)提出的300∶29∶1法则。这个法则意为:在机械生产过程中,每发生330起意外事件,其中会有300件未产生人员伤害,29件造成人员轻伤,1件导致人员重伤或死亡。

对于不同的生产过程和不同类型的事故,上述比例关系不一定完全相同,但这个统计规律说明了在进行同一项活动时,无数次意外事件,必然导致重大伤亡事故的发生。而要防止重大事故的发生必须减少和消除无伤害事故,并要重视事故的苗头和未遂事故,否则终会酿成大祸。例如,某机械师企图用手把传动带挂到正在旋转的带轮上,因未使用拨传动带的杆且站在摇晃的梯板上,又穿了一件宽大长袖的工作服,结果被带轮绞入碾死。事故调查结果表明,他这种上传动带的方法使用已有数年之久。查阅4年病历(急救上药记录),发现他有33次手臂擦伤后的治疗处理记录。这一事例说明,重伤和死亡事故虽有偶然性,但是不安全因素或动作在事故发生之前已暴露过许多次,如果在事故发生之前,抓住时机,及时消除不安全因素,许多重大伤亡事故是完全可以避免的。

海因里希首先提出了事故因果连锁论,用以阐明导致伤亡事故的各种原因与事故之间的关系。该理论认为,伤亡事故的发生不是一个孤立的事件,尽管伤害可能在某个瞬间突然发生,但实际上是一系列事件相继发生的结果。

任务分组

表1-3-3 学生任务分配表

班级		组号		指导教师	
组长		学号			
组员角色分配					
信息员		学号			
操作员		学号			
记录员		学号			
安全员		学号			
任务分工					
(就组织讨论、工具准备、数据采集、数据记录、安全监督、成果展示等工作内容进行任务分工)					

📝 工作计划

按照前面所了解的知识内容和小组内部讨论的结果，制定工作方案，落实各项工作负责人，如任务实施前的准备工作、实施中主要操作及协助支持工作、实施中相关要点及数据的记录工作等。

表 1-3-4　工作计划表

步骤	工作内容	负责人
1		
2		
3		
4		
5		
6		

👥 进行决策

1）各组派代表阐述资料查询结果。
2）各组就各自的查询结果进行交流，并分享技巧。
3）教师对各组的计划方案进行点评。
4）各组长对组内成员进行任务分工，教师确认分工是否合理。

🙋 任务实施

> **引导问题 5**
> 扫描二维码观看视频，了解如何使用和检查常用的绝缘工具。
> _____
> _____
>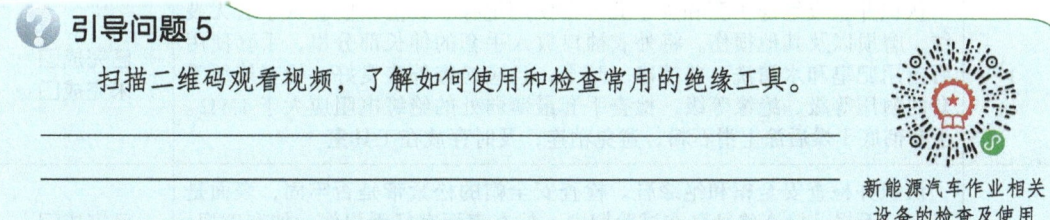
> 新能源汽车作业相关设备的检查及使用

参考操作视频，按照规范作业要求学习使用和检查常用的绝缘工具，并完成数据采集和记录。

表 1-3-5　设备及工具准备

序号	设备及工具名称	数量	设备及工具是否完好
1	绝缘电阻测试仪	1 台	□是　□否
2	数字式万用表	1 台	□是　□否
3	绝缘维修工具套装	1 套	□是　□否
4	绝缘手套和皮手套	若干	□是　□否

（续）

序号	设备及工具名称	数量	设备及工具是否完好
5	安全帽和绝缘鞋	1台	□是 □否
6	护目镜	1副	□是 □否
7	绝缘垫	1套	□是 □否
8	标志牌和护栏	1套	□是 □否
质检意见	原因：		□是 □否

表1-3-6 场地及安全防护准备

序号	场地及安全防护项目	项目是否完成
1	任务实施前需要做好场地防护准备，并且须检查实训场地和设备设施是否存在安全隐患	□是 □否
2	合理使用防护用品及专业工具，并严格按示范动作操作，做到安全、正确	□是 □否
质检意见	原因：	□是 □否

表1-3-7 绝缘工具的使用

序号	步骤和记录	完成情况
一、高压防护工具的检查维护与使用		
1	认识并检查绝缘手套和皮手套。在使用绝缘手套前，应确认手套无裂纹、磨损以及其他损伤。将外衣袖口放入手套的伸长部分里，手套使用后应用肥皂和水清洗，并擦净、晾干，且应检查外表良好，检查绝缘手套的耐压等级、绝缘等级，检查手套最薄弱处的绝缘电阻应大于$1M\Omega$。手套彻底干燥后涂上滑石粉，避免粘连，及时存放在工具室	已完成□ 未完成□
2	认识并检查安全帽和绝缘鞋。检查安全帽的松紧带是否牢固，表面是否完好无损。检查绝缘鞋在试验期内，检查表面完好无损伤，如有破损，应禁止使用，使用后应擦拭干净，定位存放，检查绝缘鞋的绝缘性能，如试验不合格，则不能再使用	已完成□ 未完成□
3	认识标志牌和护栏，并进行场地内规范安放	已完成□ 未完成□
4	认识护目镜并写出用前检查及操作中使用的注意事项。清洗护目镜时，需要使用柔软的专业擦拭布进行清理并放于眼镜盒或安全的地方	已完成□ 未完成□
5	使用绝缘垫前，应检查及检测其绝缘性能	已完成□ 未完成□
二、高压作业基本工具的使用		
1	准备工具	已完成□ 未完成□

(续)

序号	步骤和记录	完成情况
2	根据套装工具，逐类认识绝缘基本操作工具，并找到所有工具的相应认证及等级	已完成□ 未完成□
3	佩戴及使用高压防护工具，使用一种绝缘基本操作工具进行简单的拆解练习	已完成□ 未完成□
4	认识绝缘电阻测试仪，并正确连接测量线 进行绝缘电阻的测量练习	已完成□ 未完成□
5	实训现场 7S 整理	已完成□ 未完成□
总结提升		已完成□ 未完成□
质检意见	原因：	已完成□ 未完成□

评价反馈

1）各组代表展示汇报 PPT，介绍任务的完成过程。

2）请以小组为单位，对各组的操作过程与操作结果进行自评和互评，并将结果填入表 1-3-8 中的小组评价部分。

3）教师对学生工作过程与工作结果进行评价，并将评价结果填入表 1-3-8 中的教师评价部分。

表 1-3-8 综合评价表

班级		组别		姓名		学号	
实训任务							
评价项目		评价标准				分值	得分
小组评价	计划决策	制定的工作方案合理可行，小组成员分工明确				10	
	任务实施	能够正确检查并设置实训工位				5	
		能够准备和规范使用工具设备				5	
		能够正确检查维护与使用高压防护工具				20	
		能够正确使用高压作业基本工具				20	
		能够规范填写任务工单				10	

（续）

评价项目		评价标准	分值	得分
小组评价	任务达成	能按照工作方案操作，按计划完成工作任务	10	
	工作态度	认真严谨，积极主动，安全生产，文明施工	10	
	团队合作	小组组员积极配合，主动交流，协调工作	5	
	7S 管理	完成竣工检验、现场恢复	5	
		小计	100	
教师评价	实训纪律	不出现无故迟到、早退、旷课现象，不违反课堂纪律	10	
	方案实施	严格按照工作方案完成任务实施	20	
	团队协作	任务实施过程中互相配合，协作度高	20	
	工作质量	能准确完成实训任务	20	
	工作规范	操作规范，三不落地，无意外事故发生	10	
	汇报展示	能准确表达，总结到位，改进措施可行	20	
		小计	100	
综合评分		小组评价分 ×50% ＋教师评价分 ×50%		
		总结与反思		

（如：学习过程中遇到什么问题→如何解决/解决不了的原因→心得体会）

新能源汽车电学基础与高压安全

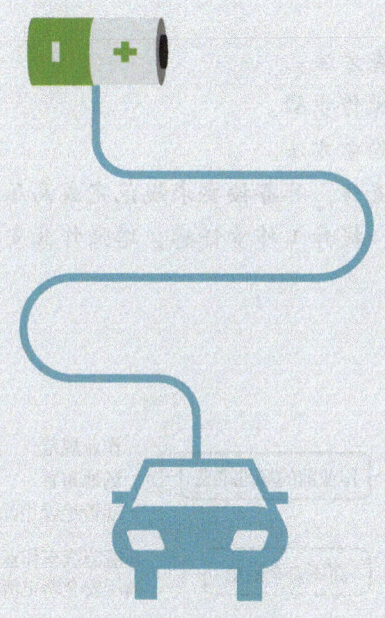

能力模块二
新能源汽车安全技术专业知识认知

任务一　新能源汽车高压安全断电

学习目标

- 掌握绝缘防护用品的检查方法。
- 熟练掌握高压安全断电操作步骤。
- 掌握高压安全断电后的验电方法。
- 熟知高压安全断电操作流程，具备按要求规范完成高压安全断电操作的能力。
- 树立高压安全防护意识，提升工作责任感，增强作业安全意识。
- 严格执行7S现场管理。

知识索引

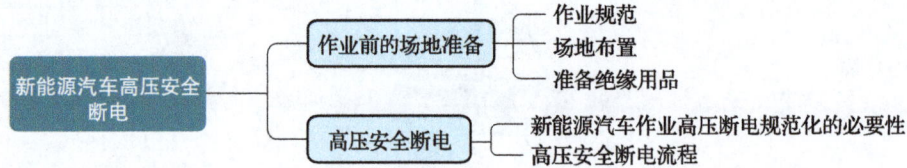

情境导入

如果有一辆新能源汽车发生了事故，你被指派过去现场处理事故车辆的相关工作，在维修带有高电压的新能源汽车前，应规范执行高压电的断电和检验操作，你能正确操作新能源汽车高压安全断电吗？

获取信息

引导问题1

请查阅相关资料，简述作业前场地准备的相关事宜。

_____
_____
_____

作业前的场地准备

（一）作业规范

在维修带有高压电的新能源汽车前，应规范执行高压电的断电和检验操作，避免因意外造成高压触电。在进行高压系统断电前，除需做好场地布置、绝缘用品准备、断开低压电源等工作外，还需了解新能源汽车作业"十不准"：

1）非持证电工不准拆装新能源汽车高压电气设备。
2）任何人不准玩弄电气设备和开关。
3）破损的电气设备应及时更换，不准使用绝缘损坏的电气设备。
4）不准利用车身电源对新能源汽车以外的用电设备供电。
5）设备检修切断电源时，任何人不准起动挂有警告牌的电气设备或合上拔去的熔断器。
6）不准用水冲洗擦拭电气设备。
7）熔断器熔断时，不准更换额定电流不符的熔断器。
8）不经技术部门或主管部门审批，不准私自改动和加装新能源汽车。
9）发现有人触电，应立即切断电源进行抢救，在脱离电源前不准直接接触触电者。
10）雷雨天气，不准在室外对车辆充电和进行维护修理工作。

（二）场地布置

为了避免无关人员进入维修工位发生安全事故，作业前应进行现场环境检查，设立隔离栏，布置警戒线，隔离间距保持在1~1.5m。张贴标注"高压危险""有电危险""禁止合闸"等的警示标志，防止他人误碰。检查维修工位绝缘垫是否破损脏污，若破损脏污严重，则停止维修作业，及时清理或更换绝缘垫。场地布置示例如图2-1-1所示。

图2-1-1　场地布置示例

（三）准备绝缘用品

1. 个人安全防护用品检查

新能源汽车维修人员必须提前准备和检查穿戴的个人安全防护用品，如绝缘手套、绝缘鞋、护目镜、安全帽等，如图2-1-2所示。检查绝缘手套外观是否龟裂老化，气

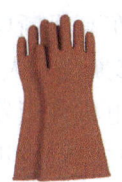   

图2-1-2　个人安全防护用品

密性是否良好。检查护目镜镜面是否有划痕、裂纹，镜带是否松弛失效。检查安全帽外观有无破损，佩戴时能否紧固锁扣。检查绝缘鞋外观是否良好，是否有开胶断底等现象。如果有以上现象，应及时更换个人安全防护用品。

2. 绝缘工具检查

新能源汽车维修中进行高压部件的拆装时需要使用绝缘工具，确保操作人员人身安全。图 2-1-3 所示为常见绝缘工具套装。将维修工具车及工具放置在车辆左前方位置，检查三件套等防护套是否齐全。检查绝缘万用表测试线束及表笔是否破损折断，功能按钮是否正常显示。检查绝缘工具的绝缘层是否破损严重，工具数量是否有缺失。检查放电工装测试线束及表笔是否破损折断，功能是否正常。

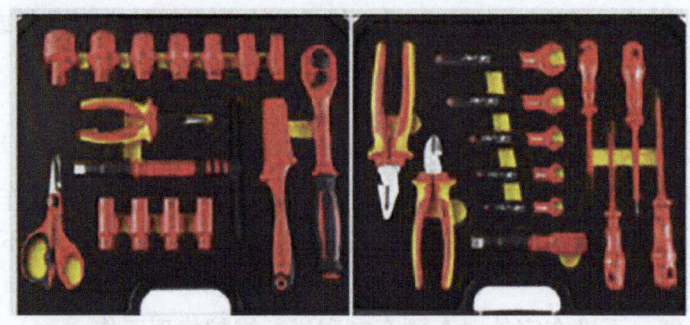

图 2-1-3　常见绝缘工具套装

> **引导问题 2**
>
> 请查阅相关资料，简述高压断电流程的规范、步骤和注意事项。
> _____
> _____
> _____

高压安全断电

（一）新能源汽车作业高压断电规范化的必要性

因为新能源汽车涉及高压电操作时，随时可能存在高压安全隐患，所以进行高压电操作时必须规范，符合操作安全要求，尤其涉及纯电动汽车拆卸高压零部件时，特别是动力电池部分，前期必须进行严格的高压断电工作。拆卸下来的动力电池要做备件安全保护（树立警示标志，准备消防沙、灭火器等），需要标注清楚拆卸的动力电池的当前状，如接触器烧结、单体过放电、电池漏液等。新能源汽车高压断电流程是关闭点火开关、断开低压回路，再断高压回路，这样可以避免在维修期间有人误操作，给高压回路上电而造成人员伤亡。断电后不能马上进行操作，因为电机控制器内有大容量的薄膜电容存在，当关闭点火开关后，电机控制器会做主动泄放，5s 内迅速将电容的电压释放到 60V 以下。若主动泄放失效，电机控制器会做被动泄放，2min 内将电容的电压释放到 60V 以下。被动泄放是主动泄放的二重保护。因此断开低压回路时需要等待 3min，主要目的就是为了等电机控制器的电容电压完成泄放，保障维修人员的人身安全。

（二）高压安全断电流程

1. 高压安全断电步骤（以比亚迪秦 EV 2019 出行版车型为例）

1）前期准备工作，需要专业人员持证上岗（见图 2-1-4），设立安全监护人，二人以上方可操作。

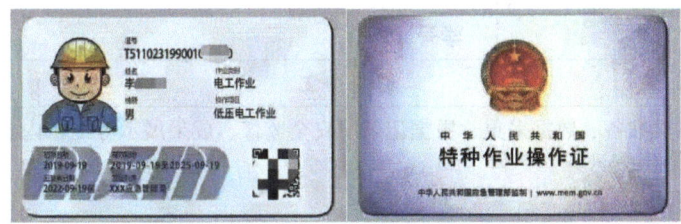

图 2-1-4　特种作业操作证（电工）

2）高压安全断电流程见表 2-1-1。

表 2-1-1　高压安全断电流程

序号	操作程序	具体操作
1	移	移除车辆上所有外部电源，包括 12V 蓄电池充电器
2	拔	拔出充电枪（仅针对插电式混合动力汽车或纯电动汽车）
3	关	关闭点火开关，把钥匙放到安全区域
4	断	断开 12V 蓄电池负极，并远离负极区域
5	取	取下维修开关（MSD），放到安全区域（装有 MSD 时）
6	等	等待 3min，以保证高压能量全部泄放
7	查	穿戴个人安全防护用品，拆卸高压插接件，开始下一步的电压验证

2. 高压安全断电注意事项

1）所有高压插接件用绝缘胶带封住，防止异物进入造成短路或损坏，同时防止车辆作业时被误充电导致安全事故发生。

2）树立警示标志（如：正在维修），防止维修技师在进行高压系统维修时被其他人误操作导致高压上电造成危险。

3）若有些车型有维修开关，应先取下维修开关并妥善管理，严禁置于他人易触及处。

4）在断开高压相关插接件后，通过验电确定设备是否仍然有电量，如有残存电量，必须进行放电处理或其他防护处理，防止带电操作引发恶性事故，危及操作人员安全。

任务分组

表 2-1-2 学生任务分配表

班级		组号		指导教师	
组长		学号			
组员角色分配					
信息员		学号			
操作员		学号			
记录员		学号			
安全员		学号			
任务分工					

（就组织讨论、工具准备、数据采集、数据记录、安全监督、成果展示等工作内容进行任务分工）

工作计划

按照前面所了解的知识内容和小组内部讨论的结果，制定工作方案，落实各项工作负责人，如任务实施前的准备工作、实施中主要操作及协助支持工作、实施中相关要点及数据的记录工作等。

表 2-1-3 工作计划表

步骤	工作内容	负责人
1		
2		
3		
4		
5		
6		

进行决策

1）各组派代表阐述资料查询结果。
2）各组就各自的查询结果进行交流，并分享技巧。
3）教师对各组的计划方案进行点评。
4）各组长对组内成员进行任务分工，教师确认分工是否合理。

姓名　　　　班级　　　　日期　　　　　　能力模块二　新能源汽车安全技术专业知识认知

任务实施

引导问题 3

扫描二维码观看视频，了解如何完成高压安全断电的操作。

_____

_____

整车高压安全断电操作（秦EV）

参考操作视频，按照规范作业要求学习正确的高压安全断电的操作方法，并完成数据采集和记录。

表 2-1-4　设备及工具准备

序号	设备及工具名称	数量	设备及工具是否完好
1	比亚迪秦 EV 2019 出行版整车	1 台	□是　□否
2	数字式万用表	1 台	□是　□否
3	车内外 3 件套	1 套	□是　□否
4	绝缘电阻测试仪	1 台	□是　□否
5	护目镜	1 台	□是　□否
6	个人防护套装	1 套	□是　□否
7	标志牌和隔离栏	1 套	□是　□否
质检意见	原因：		□是　□否

表 2-1-5　场地及安全防护准备

序号	场地及安全防护项目	项目是否完成
1	任务实施前，需要做好场地防护准备，并且须检查实训场地和设备设施是否存在安全隐患	□是　□否
2	维修人员必须穿戴必要的个人安全防护用品	□是　□否
3	使用前，必须检查绝缘手套是否有破损、破洞或裂纹等，绝缘手套应完好无损，确保安全	□是　□否
4	使用前，必须检查绝缘手套、绝缘鞋等个人安全防护用品，不能带水进行操作，保证内外表面洁净、干燥，确保安全	□是　□否
5	绝缘垫和护目镜等，其耐压等级必须大于需要测量的最高电压的 1.5 倍	□是　□否
质检意见	原因：	□是　□否

表 2-1-6　高压安全断电

序号	步骤和记录	完成情况
1	以比亚迪秦 EV 2019 出行版为例，根据高压安全断电步骤进行动力电池高压断电操作	已完成□ 未完成□

（续）

序号	步骤和记录	完成情况
2	关闭车辆点火开关（"OFF"档，呼吸灯灭），钥匙交给专人妥善保管，严禁置于他人可触及处 	已完成□ 未完成□
3	所有充电口应用绝缘胶带封住，防止车辆作业时被误充电	已完成□ 未完成□
4	测量绝缘垫的绝缘电阻，断开低压蓄电池负极	已完成□ 未完成□
5	等待3min，做车辆举升前的准备工作，检查举升机，检查车辆外观，做好车身防护工作	已完成□ 未完成□
6	举升车辆，车辆举升至合适位置后（大约1.7m高）断开动力电池低压插接件，戴好绝缘手套断开高压插接件 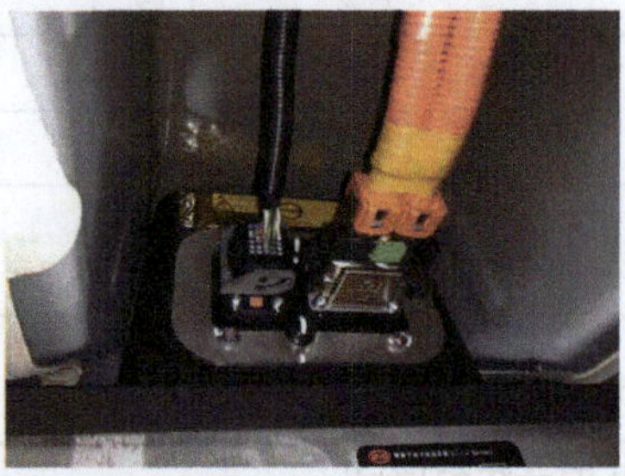	已完成□ 未完成□
7	高压断电后使用万用表测量动力电池高压母线的电压 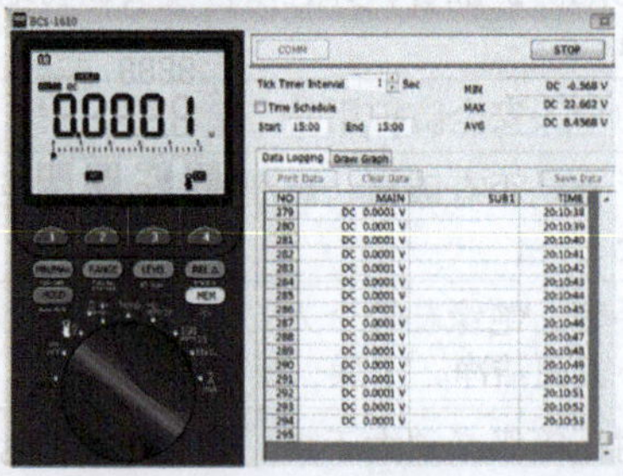	已完成□ 未完成□
8	若测量动力电池高压母线的电压有418V，说明动力电池包内的接触器烧结，对高压插接件做绝缘处理。拆卸动力电池需要全程戴绝缘手套	已完成□ 未完成□
9	实训现场7S整理	已完成□ 未完成□
总结提升		已完成□ 未完成□
质检意见	原因：	已完成□ 未完成□

📋 评价反馈

1）各组代表展示汇报 PPT，介绍任务的完成过程。

2）请以小组为单位，对各组的操作过程与操作结果进行自评和互评，并将结果填入表 2-1-7 中的小组评价部分。

3）教师对学生工作过程与工作结果进行评价，并将评价结果填入表 2-1-7 中的教师评价部分。

表 2-1-7 综合评价表

班级			组别		姓名		学号	
实训任务								
评价项目			评价标准				分值	得分
小组评价	计划决策		制定的工作方案合理可行，小组成员分工明确				10	
	任务实施		能够正确检查并设置实训工位				5	
			能够准备和规范使用工具设备				5	
			能够规范完成实训前的场地准备				20	
			能够正确进行高压安全断电操作				20	
			能够规范填写任务工单				10	
	任务达成		能按照工作方案操作，按计划完成工作任务				10	
	工作态度		认真严谨，积极主动，安全生产，文明施工				10	
	团队合作		小组组员积极配合，主动交流，协调工作				5	
	7S 管理		完成竣工检验、现场恢复				5	
			小计				100	
教师评价	实训纪律		不出现无故迟到、早退、旷课现象，不违反课堂纪律				10	
	方案实施		严格按照工作方案完成任务实施				20	
	团队协作		任务实施过程中互相配合，协作度高				20	
	工作质量		能准确完成实训任务				20	
	工作规范		操作规范，三不落地，无意外事故发生				10	
	汇报展示		能准确表达，总结到位，改进措施可行				20	
			小计				100	
综合评分			小组评价分 ×50% + 教师评价分 ×50%					
总结与反思								

（如：学习过程中遇到什么问题→如何解决 / 解决不了的原因→心得体会）

任务二 新能源汽车高压部件认知

学习目标

- 熟知新能源汽车高压部件的警告标志。
- 掌握新能源汽车高压电的类型和位置。
- 掌握新能源汽车高压部件的名称、特点和作用。
- 能够识别纯电动汽车高压部件位置。
- 能正确识别新能源汽车上的高压警告标志。
- 培养自我管理和自主学习能力,增强作业安全意识。
- 严格执行7S现场管理。

知识索引

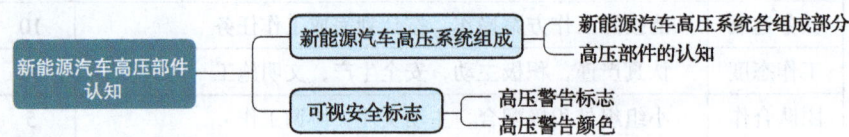

情境导入

在维修带有高电压的新能源汽车之前,必须正确认识车辆上哪些部件具有高电压。如果你的主管让你去维修一辆新能源汽车,但是和你一起维修的另一名维修技师并不了解车辆上哪些部件是危险的,你能在维修前给他正确的引导和说明吗?

获取信息

引导问题1

请查阅相关资料,简述新能源汽车高压系统组成。

_____
_____
_____

新能源汽车高压系统组成

（一）新能源汽车高压系统各组成部分

新能源汽车高压系统主要由动力电池、充配电总成、前电驱动总成、驱动电机、电动压缩机、PTC加热器、DC-DC变换器和交/直流充电口组成，如图2-2-1所示。

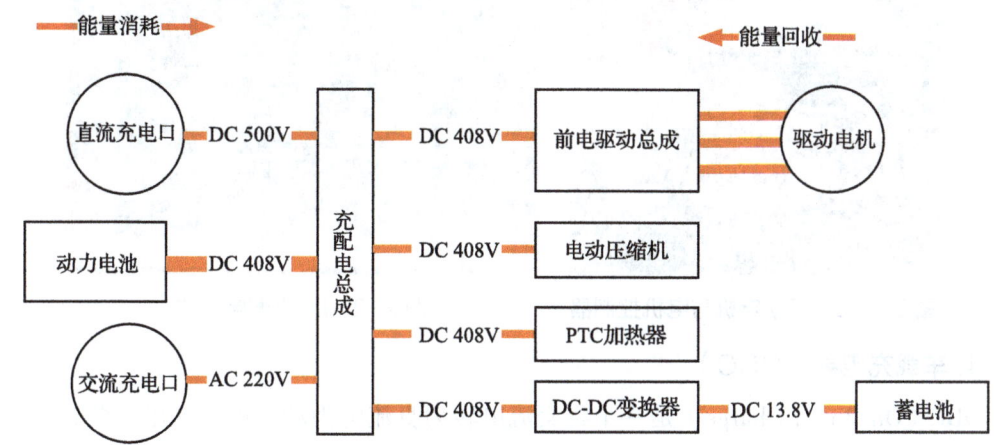

图 2-2-1　新能源汽车高压系统

（二）高压部件的认知

1. 动力电池

动力电池的电压一般为300~750V，其持续放电倍率达到$1C$（放电倍率是放电快慢的一种量度，指电池在规定的时间内放出其额定容量的电量所需要的电流强度。例如：额定容量为100A·h的电池用20A的电流放电时，其放电倍率为$0.2C$）。动力电池容量的大小、成组后电池的一致性和能量密度等因素都直接影响到整车的续驶里程，同时也直接影响到动力电池的充电效率。目前动力电池主要采用磷酸铁锂电池和三元锂电池两种主流类型。动力电池一般安装在车辆底盘部分，早期的比亚迪秦DM的动力电池也有安装在行李舱中的，如图2-2-2所示。

图 2-2-2　动力电池

2. 驱动电机与电机控制器（MCU）

动力电池和驱动电机的高压正负极母线分别与IGBT模块的输入端和输出端连接，IGBT模块的输出电压由电机控制器向其输入的PWM信号控制，将动力电池输出的高压直流电逆变成三相可调电压、可变频率的交流电。在驱动电机运行过程中，电机控制器通过采集加速踏板、制动踏板开度信号来控制车速、电机转速，电机控制器输出方式是将PWM信号传递到IGBT模块，并通过采集驱动电机电压、电流以及驱动电机和IGBT模块的温度等反馈信号来进行系统的过电流、过电压、过热保护，如图2-2-3所示。

3. 充配电总成

充配电总成是新能源汽车整车动力分配单元，也是新能源汽车关键零部件之一，它类似于低压电路系统中的电器熔断器盒，能够完成动力电池高压电源的输出及分配，实现对支路用电器的保护及切断，如图 2-2-4 所示。

图 2-2-3 驱动电机与电机控制器

图 2-2-4 充配电总成

4. 车载充电器（OBC）

OBC（On Board Charge）是一个将交流电转为直流电为动力电池充电的装置。因为动力电池是一个高压直流电源，当使用交流电进行充电的时候，交流电不能直接被动力电池进行储存，因此需要 OBC 将高压交流电转为高压直流电，从而给动力电池进行充电。

5. DC-DC 变换器

在新能源汽车上，DC-DC 变换器是一个将高压直流电转为低压直流电的装置。由于新能源汽车没有传统的发动机和发电机，因此 DC-DC 变换器替代了传统燃油车外挂在发动机上的 12V 发电机，与蓄电池并联给各用电器提供低压电源。DC-DC 变换器在动力电池包内的正极、负极接触器吸合后开始工作（上电和放电），输出电压标称 13.8V，如图 2-2-5 所示。

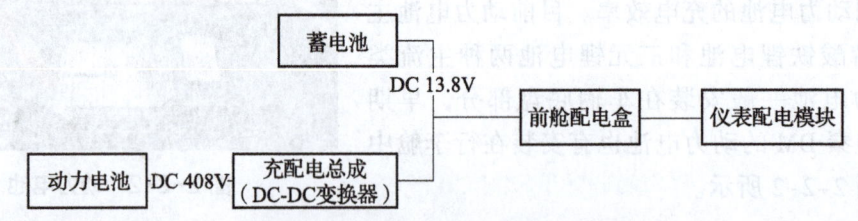
图 2-2-5 DC-DC 变换器系统框图

6. 充电系统

纯电动汽车和插电式混合动力汽车都需要外接电源充电（见图 2-2-6），一般都具备直流充电和交流充电两种充电模式。充电时，充电桩和充电枪以及充电系统相关的电路上都具有高电压。需要注意的是，出于对车主安全的考虑，在车辆未充电时，充电系统内部会自动断开电路循环，也就是说未正式充电前，充电桩和充电接口是安全的。

图 2-2-6　充电系统

7. 电动压缩机

为了与传统汽车的压缩机区别，这里将电动汽车上的空调压缩机称为电动压缩机。电动压缩机由电机驱动，动力电池输出的直流电通过电动压缩机内部的控制电路逆变成交流电后驱动电动压缩机工作。电动压缩机的电机可采用无刷直流电机，也可以采用三相异步电动机，这相当于在电动压缩机中集成了 DC-AC 转换器。暖风电加热的方式有两种，一种通过高压电加热冷却液，类似传统汽车暖风系统，经过循环为暖风水箱提供热量。另一种直接通过高压电驱动加热器来加热经过蒸发箱的空气实现暖风，如图 2-2-7 所示。

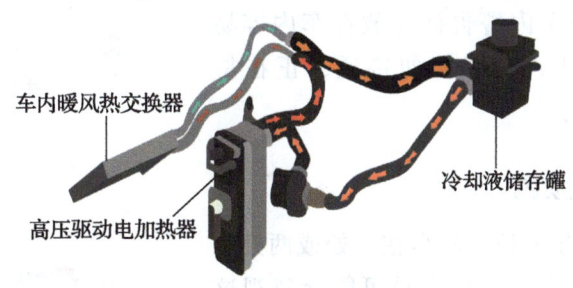

图 2-2-7　暖风电加热系统

8. PTC 加热器

传统汽车上空调暖风系统的热源是引入的发动机冷却后冷却液的热量，由于新能源汽车上往往不存在发动机，因此需要专门的制热装置，这个装置被称为 PTC（Positive Temperature Coefficient）加热器。PTC 加热器的作用就是制热。当低温的时候，动力电池需要一定的热量才能正常工作，这时候需要 PTC 加热器给动力电池进行预热。

9. 高压线束

高压线束将高压系统上各个部件相连，作为高压电源传输的媒介。为区别于低压线束，高压线束均用橙色波纹管包裹。

> **引导问题 2**
>
> 请查阅相关资料，简述高压警告标志及颜色。
>
> _____
> _____
> _____

可视安全标志

（一）高压警告标志

为防止意外触及高压系统，新能源汽车的高压部件上均应标有国际标准高压警告标志，图 2-2-8 所示为黄色（警告）或红色（禁止）底色的高压触电警告标志。新能源汽车售后服务人员或用户均可通过高压组件壳体上的高压警告标志直观看出高压可能带来的危险，从而使用户、维修服务站人员以及技术和医疗救援人员尽可能远离高压设备可能带来的危险。

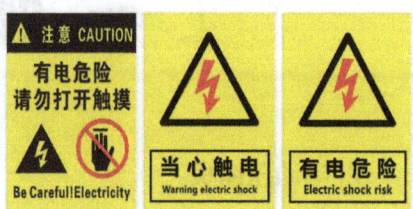

图 2-2-8　高压警告标志

通常，新能源汽车作业前，要进行场地及其他安全警示。在进行高压系统作业时，应在醒目的地方摆放场地警告标志，以提醒他人注意安全。在开始检修新能源汽车前，必须要保证工作地点的安全。因此必须把车内警告标志放在车内容易看到的地方，以提醒人们"切勿接通，正在检修"，如图 2-2-9 所示。

图 2-2-9　场地警告标志和车内警告标志

（二）高压警告颜色

高压导线一般有几米长，使得在一处或两处通过警告牌标记意义不大，维修人员可能会忽视这些标牌。因此，如图 2-2-10 所示，通常用橙色警告色标记出所有高压导线，高压部件的插接器也采用橙色设计。整车中通常共分为以下几段高压线束：动力电池高压母线、电机控制器电缆、直流充电线束、交流充电线束及高压附件线束（高压线束总成）等。

图 2-2-10　橙色高压导线与插接器

任务分组

表 2-2-1　学生任务分配表

班级		组号		指导教师	
组长		学号			
组员角色分配					
信息员		学号			
操作员		学号			
记录员		学号			
安全员		学号			

| 姓名 | 班级 | 日期 | 能力模块二　新能源汽车安全技术专业知识认知 |

（续）

任务分工
（就组织讨论、工具准备、数据采集、数据记录、安全监督、成果展示等工作内容进行任务分工）

工作计划

按照前面所了解的知识内容和小组内部讨论的结果，制定工作方案，落实各项工作负责人，如任务实施前的准备工作、实施中主要操作及协助支持工作、实施中相关要点及数据的记录工作等。

表 2-2-2　工作计划表

步骤	工作内容	负责人
1		
2		
3		
4		
5		
6		

进行决策

1）各组派代表阐述资料查询结果。
2）各组就各自的查询结果进行交流，并分享技巧。
3）教师对各组的计划方案进行点评。
4）各组长对组内成员进行任务分工，教师确认分工是否合理。

任务实施

> **引导问题 3**
>
> 查阅相关资料，简述比亚迪秦 EV 高压部件。
> _____
> _____
> _____

参考以下内容，按照规范作业要求学习比亚迪秦 EV 高压部件的认知，并完成数据采集和记录。

表 2-2-3　设备及工具准备

序号	设备及工具名称	数量	设备及工具是否完好
1	比亚迪秦 EV 2019 出行版整车	1 台	□是　□否
2	举升架	1 台	□是　□否
3	个人防护套装	1 套	□是　□否
4	工位防护套装	1 套	□是　□否
质检意见	原因：		□是　□否

表 2-2-4　场地及安全防护准备

序号	场地及安全防护项目	项目是否完成
1	任务实施前，需要做好场地防护准备，必须检查实训场地和设备设施是否存在安全隐患	□是　□否
2	对车辆进行维修时，非相关人员不允许随意接触车辆	□是　□否
3	对贴有高压警告标志的部件都不可随意触摸	□是　□否
4	如果需要拆解相关高压部件，操作人员必须参加高压电安全培训，熟悉高压电系统并可熟练操作高压下电	□是　□否
5	操作人员还需参加高压电事故急救培训	□是　□否
6	对高压部件进行操作时，操作人员需要穿戴好个人安全防护用品，同时还必须使用绝缘手套	□是　□否
质检意见	原因：	□是　□否

表 2-2-5　比亚迪秦 EV 高压部件的认知

一、认识新能源汽车高压部件

序号	步骤和记录	完成情况
1	找到比亚迪秦 EV 的交/直流充电位置并打开观察充电接口结构	已完成□ 未完成□
2	举升车辆，拆下前部、底板护板，可以找到以下部件的位置： 1）动力电池 2）高压电缆	已完成□ 未完成□

| 姓名 | 班级 | 日期 | 能力模块二 新能源汽车安全技术专业知识认知 |

（续）

序号	步骤和记录	完成情况
3	打开前机舱盖，从前机舱盖内可以找到以下部件的位置： 1）充配电总成，简称"高压三合一"，所谓"高压三合一"是指DC-DC变换器、充电器和高压配电盒的三合一 2）前电驱动总成，简称"驱动三合一"，所谓"驱动三合一"是指驱动电机、减速器和电机控制器的集成  高压三合一  驱动三合一 	已完成□ 未完成□
4	根据知识讲解，并在教师指导下，完成实车中高低压系统主要部件的认识，并将主要部件在实车中的布置位置填写到下表 | 部件名称 | 布置位置 | | --- | --- | | 动力电池 | | | 充配电总成 | | | 驱动电机 | | | 车载充电器 | | | 电机控制器 | | | DC-DC变换器 | | | PTC加热器 | |	已完成□ 未完成□

二、认识新能源汽车上的可视安全警示标志

序号	步骤和记录	完成情况
1	打开实训中心新能源车辆前机舱盖，识别图中标志的位置并说明其含义  标志位置：_____ 含义：_____	已完成□ 未完成□

（续）

序号	步骤和记录	完成情况
2	识别导线及插接器的位置，并根据实际情况写出插接部件名称 1）动力电池高压电缆：＿＿＿＿＿＿ 2）电机控制器输入高压电缆：＿＿＿＿＿＿ 3）直流充电线束：＿＿＿＿＿＿ 4）交流充电线束：＿＿＿＿＿＿ 5）高压附件线束（高压线束总成）：＿＿＿＿＿＿	已完成□ 未完成□
3	实训现场 7S 整理	已完成□ 未完成□
总结提升		已完成□ 未完成□
质检意见	原因：	已完成□ 未完成□

📋 评价反馈

1）各组代表展示汇报 PPT，介绍任务的完成过程。

2）请以小组为单位，对各组的操作过程与操作结果进行自评和互评，并将结果填入表 2-2-6 中的小组评价部分。

3）教师对学生工作过程与工作结果进行评价，并将评价结果填入表 2-2-6 中的教师评价部分。

表 2-2-6 综合评价表

班级		组别		姓名		学号	
实训任务							
评价项目		评价标准				分值	得分
小组评价	计划决策	制定的工作方案合理可行，小组成员分工明确				10	
	任务实施	能够正确检查并设置实训工位				5	
		能够准备和规范使用工具设备				5	
		能够正确识别新能源汽车高压部件				20	
		能够正确识别新能源汽车上的可视安全标志				20	
		能够规范填写任务工单				10	
	任务达成	能按照工作方案操作，按计划完成工作任务				10	
	工作态度	认真严谨，积极主动，安全生产，文明施工				10	
	团队合作	小组组员积极配合，主动交流，协调工作				5	
	7S 管理	完成竣工检验、现场恢复				5	
		小计				100	

（续）

	评价项目	评价标准	分值	得分
教师评价	实训纪律	不出现无故迟到、早退、旷课现象，不违反课堂纪律	10	
	方案实施	严格按照工作方案完成任务实施	20	
	团队协作	任务实施过程中互相配合，协作度高	20	
	工作质量	能准确完成实训任务	20	
	工作规范	操作规范，三不落地，无意外事故发生	10	
	汇报展示	能准确表达，总结到位，改进措施可行	20	
		小计	100	
综合评分		小组评价分×50%＋教师评价分×50%		
总结与反思				

（如：学习过程中遇到什么问题→如何解决/解决不了的原因→心得体会）

任务三 新能源汽车高压绝缘检测

学习目标

- 理解新能源汽车高压绝缘检测的意义。
- 掌握新能源汽车高压绝缘检测工具的使用方法。
- 掌握新能源汽车高压绝缘检测的步骤与方法。
- 具备正确使用绝缘电阻测试仪的能力。
- 具备进行新能源汽车高压绝缘检测的能力。
- 提升工作责任感,增强作业安全意识,培养爱岗敬业精神。
- 严格执行 7S 现场管理。

知识索引

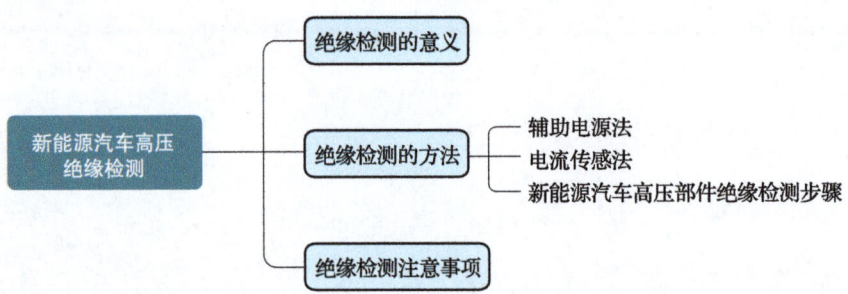

情境导入

新能源汽车越来越受人们的关注,相信大多数新能源汽车从业者都遇到过整车报绝缘故障导致车辆上高压失败而无法行驶或整车报一般绝缘故障导致车辆限功率,车辆无法充电。对于新能源汽车高压绝缘检测的工作原理,从业者是否有全面的了解呢?

| 姓名 | 班级 | 日期 | 能力模块二　新能源汽车安全技术专业知识认知 |

📩 获取信息

❓ 引导问题 1

请查阅相关资料，简述绝缘检测的意义。
_____
_____

绝缘检测的意义

正常运行情况下，新能源汽车动力系统是一个独立的系统，对车辆壳体是完全绝缘的，但是不排除车辆由于长时间运行后高压线老化或受潮导致的绝缘降低而使得车身带电，而且新能源汽车工况复杂，振动、温度和湿度的急剧变化，酸碱气体的腐蚀等都会引起绝缘层的损坏，使绝缘性能下降。实时检测绝缘性能对保证人员人身安全和车辆安全运行具有重要意义。

❓ 引导问题 2

请查阅相关资料，简述绝缘检测的方法。
_____
_____

绝缘检测的方法

对于封闭回路的高压直流电气系统，其绝缘性能通常用电气系统中电源对地漏电流的大小来表征。现在普遍使用两种漏电流检测方法：辅助电源法和电流传感法。

（一）辅助电源法

在我国某些电力机车采用的漏电检测器中，使用一个直流 110V 的检测用辅助蓄电池，蓄电池正极与待测高压直流电源的负极相连，蓄电池的负极与车辆机壳实现一点连接。在待测系统绝缘性能良好的情况下，蓄电池没有电流回路，漏电流为零；在电源线缆绝缘层老化或者环境潮湿等情况下，蓄电池通过电源线缆绝缘层形成闭合回路，产生漏电流，检测器根据漏电流的大小发出警告，并关掉待测系统电源。这种检测方法不仅需要直流 110V 电源，增加了系统结构的复杂度，而且这种检测方法难以区分绝缘故障源是来自电源正极引线电缆还是负极引线电缆。

（二）电流传感法

采用霍尔式电流传感器是对高压直流电气系统进行漏电流检测的另一种方法。将待测系统中电源的正极和负极一起同方向穿过电流传感器,当没有漏电流时,从电源正极流出的电流等于返回到电源负极的电流,因此穿过电流传感器的总电流为零,电流传感器的输出电压为零。当发生漏电现象时,穿过电流传感器的总电流不为零。根据电压的正负,可进一步判断产生漏电流的来源是电源正极引线电缆还是电源负极引线电缆。但是,应用此方法的前提是待测电源必须处于工作状态。

(三)新能源汽车高压部件绝缘检测步骤

新能源汽车绝缘电阻大体分两个级别:一是整车绝缘强度不低于 $500\Omega/V$,否则车辆会报绝缘故障;二是高压零部件与壳体之间的绝缘电阻应大于 $20M\Omega$。以高压线束和动力电池系统为例,对检测步骤说明如下:

1)检测所有高压部件的绝缘电阻时,应在断开动力电池维修开关和低压蓄电池负极线前提下(如在充电还应断开充电插头)进行绝缘测量。

2)检查高压线束时,首先应确保线束连接正确,各接头处紧固无松动。其次,高压线束屏蔽层应与车体可靠连接,防护套捆扎牢固,同时高压线束安装时一定要和油路、高温的制动管路分开(如从空压机到干燥器之间的管路)。

3)断开各高压部件的高压连接线,用1000V绝缘电阻测试仪测试各高压部件高压输入输出接口中高压正负极端子对车身(搭铁)的绝缘电阻。确保绝缘测试设备接线正确,接线及校准方式按说明书要求。检测到的绝缘电阻大于等于 $550M\Omega$ 为正常,如果绝缘电阻阻值小于兆欧级,则说明高压部件绝缘不良,如图 2-3-1 所示。

图 2-3-1 检测高压线束的绝缘电阻

4)动力电池的绝缘性检查,使用万用表分别测试动力电池高压母线端 DC+ 与壳体之间的电压和 DC- 与壳体之间的电压,电压应为 0V。要求在动力电池的整个寿命期内,绝缘电阻值除以动力电池的标称电压 U,所得值应大于 $500\Omega/V$。

引导问题 3

请查阅相关资料,简述绝缘检测注意事项。
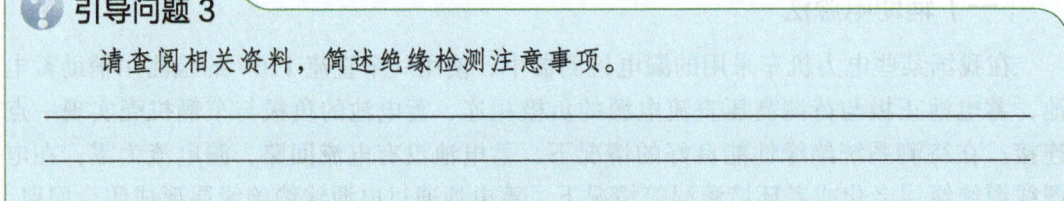

绝缘检测注意事项

新能源汽车绝缘检测操作过程中,必须遵循安全生产制度,否则容易出现电击、损坏器件等危险,绝缘检测注意事项如下:

1)使用仪表前,检查表笔绝缘层是否完好,应无破损,检查仪表后盖是否盖好,未盖好前严禁使用,否则会有电击危险。注意:检查仪表的安规必须满足 CAT III-1000V。

2)测试前,先确认导线的插头已紧密地插入端子内,量程选择、功能选择正确,若不知道被测体的电压,应选择最大的量程进行测量。

3)为避免电击,测试时,测试人员及其他人员严禁接触测试引线头及被测电路和零部件,因其在被检测时已经带有高压强电。测试时,禁止转动功能选择开关。

4)使用后务必将功能选择开关旋于"OFF"位置。

5)仪表处于潮湿状态下,不得使用或更换电池。

任务分组

表 2-3-1 学生任务分配表

班级		组号		指导教师	
组长		学号			
组员角色分配					
信息员		学号			
操作员		学号			
记录员		学号			
安全员		学号			
任务分工					
(就组织讨论、工具准备、数据采集、数据记录、安全监督、成果展示等工作内容进行任务分工)					

工作计划

按照前面所了解的知识内容和小组内部讨论的结果,制定工作方案,落实各项工作负责人,如任务实施前的准备工作、实施中主要操作及协助支持工作、实施中相关要点及数据的记录工作等。

表 2-3-2 工作计划表

步骤	工作内容	负责人
1		
2		
3		
4		
5		
6		

进行决策

1）各组派代表阐述资料查询结果。
2）各组就各自的查询结果进行交流，并分享技巧。
3）教师对各组的计划方案进行点评。
4）各组长对组内成员进行任务分工，教师确认分工是否合理。

任务实施

引导问题 4

扫描二维码观看视频，了解如何完成比亚迪秦 EV 整车高压部件的绝缘检测操作。

绝缘故障的诊断与排除（秦 EV）

_____
_____

参考操作视频，按照规范作业要求完成比亚迪秦 EV 整车高压部件的绝缘检测，并完成数据采集和记录。

表 2-3-3　设备及工具准备

序号	设备及工具名称	数量	设备及工具是否完好
1	比亚迪秦 EV 2019 出行版整车	1 台	□是　□否
2	数字式万用表	1 台	□是　□否
3	数字式绝缘电阻测试仪	1 个	□是　□否
4	拆卸工具	若干	□是　□否
5	个人防护套装	1 套	□是　□否
6	绝缘垫	1 套	□是　□否
质检意见	原因：		□是　□否

表 2-3-4　场地及安全防护准备

序号	场地及安全防护项目	项目是否完成
1	任务实施前，需要做好场地防护准备，必须检查实训场地和设备设施是否存在安全隐患	□是　□否
2	设置安全操作区域隔离装置和警示标志	□是　□否
3	检测过程中必须有安全员在现场监督	□是　□否
4	检查绝缘手套、绝缘鞋、护目镜、设备仪器等符合安全等级要求	□是　□否
5	关闭车辆电源，钥匙交给专人保管，断开低压蓄电池负极，取下维修开关（装有时）并妥善保管	□是　□否
质检意见	原因：	□是　□否

姓名　　　　班级　　　　日期

表 2-3-5　比亚迪秦 EV 整车高压部件的绝缘检测

序号	步骤和记录	完成情况
1	进行场地安全警示，并进行个人基本防护，钥匙交给专人保管，做好车辆防护等准备工作	已完成□ 未完成□
2	绝缘垫绝缘性检测 	已完成□ 未完成□
3	断开低压蓄电池负极并做好防护 	已完成□ 未完成□
4	低压蓄电池负极用绝缘胶带包裹住保护	已完成□ 未完成□
5	戴好绝缘手套，拆卸动力电池高压电缆插接件	已完成□ 未完成□
6	使用万用表分别测量动力电池正、负极与车身的电压值，万用表正常显示 0V。将绝缘电阻测试仪黑表笔接于车身，红表笔逐个测量动力电池正、负极母线端子，测量值应大于 550MΩ	已完成□ 未完成□
7	断开电机控制器输入电缆，测量驱动电机的三相绕组与壳体之间的电阻值，正常值应大于 550MΩ	已完成□ 未完成□
8	测量动力电池高压电缆绝缘情况（>550MΩ 正常） 	已完成□ 未完成□
9	检测完毕，恢复所有部件，整理场地工具	已完成□ 未完成□
10	实训现场 7S 整理	已完成□ 未完成□
总结提升		已完成□ 未完成□
质检意见	原因：	已完成□ 未完成□

评价反馈

1)各组代表展示汇报 PPT,介绍任务的完成过程。

2)请以小组为单位,对各组的操作过程与操作结果进行自评和互评,并将结果填入表 2-3-6 中的小组评价部分。

3)教师对学生工作过程与工作结果进行评价,并将评价结果填入表 2-3-6 中的教师评价部分。

表 2-3-6 综合评价表

班级			组别		姓名		学号	
实训任务								
评价项目			评价标准				分值	得分
小组评价	计划决策		制定的工作方案合理可行,小组成员分工明确				10	
	任务实施		能够正确检查并设置实训工位				5	
			能够准备和规范使用工具设备				5	
			能够正确使用绝缘电阻测试仪				20	
			能够正确完成比亚迪秦 EV 整车高压部件的绝缘检测操作				20	
			能够规范填写任务工单				10	
	任务达成		能按照工作方案操作,按计划完成工作任务				10	
	工作态度		认真严谨,积极主动,安全生产,文明施工				10	
	团队合作		小组组员积极配合,主动交流,协调工作				5	
	7S 管理		完成竣工检验、现场恢复				5	
			小计				100	
教师评价	实训纪律		不出现无故迟到、早退、旷课现象,不违反课堂纪律				10	
	方案实施		严格按照工作方案完成任务实施				20	
	团队协作		任务实施过程中互相配合,协作度高				20	
	工作质量		能准确完成实训任务				20	
	工作规范		操作规范,三不落地,无意外事故发生				10	
	汇报展示		能准确表达,总结到位,改进措施可行				20	
			小计				100	
综合评分			小组评价分 ×50% + 教师评价分 ×50%					
总结与反思								
(如:学习过程中遇到什么问题→如何解决/解决不了的原因→心得体会)								

任务四 新能源汽车高压插接件锁止结构认知及操作

学习目标

- 掌握新能源汽车高压终止与检验的方法。
- 熟知高压终止与检验的操作步骤与注意事项。
- 具备正确执行新能源汽车的高压终止与检验操作的能力。
- 具备正确读懂高压互锁电路图的能力。
- 提升工作责任感，增强作业安全意识。
- 严格执行7S现场管理。

知识索引

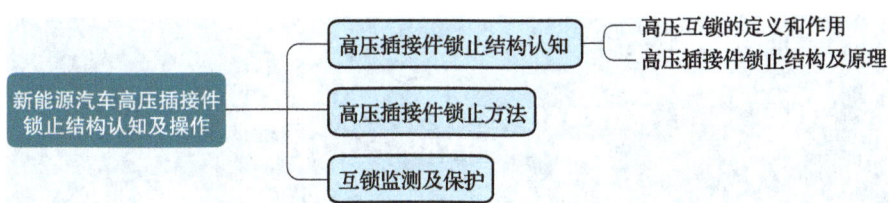

情境导入

你被安排去维修一辆新能源汽车的电机控制器。你的主管告诉你，在拆卸动力电池前，必须执行高压终止，并完成高压禁用确认后才可以执行维修。这些任务你能完成吗？

获取信息

引导问题 1

请查阅相关资料，简述高压互锁的定义和作用。

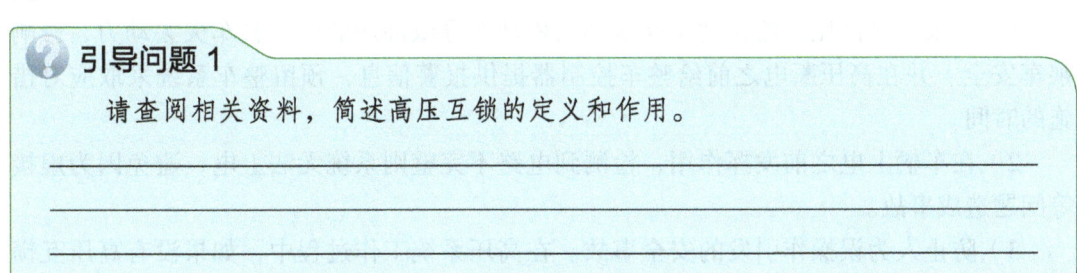

> **引导问题 2**
>
> 请查阅相关资料，简述高压插接件锁止结构及原理。
> _____
> _____
> _____

高压插接件锁止结构认知

（一）高压互锁的定义和作用

1. 高压互锁的定义

新能源汽车（包括 BEV、PHEV 等车型）的高压部件（及其插接件）都应具有高压互锁装置。高压互锁（High Voltage Interlock Loop，HVIL）的功能是利用电压为 12V 的小电流来确认整个高压电气系统的完整性，包括动力电池、导线、插接器、DC-DC 变换器、电机控制器、高压配电箱及保护盖等系统回路的电气连接完整性，如图 2-4-1 所示。

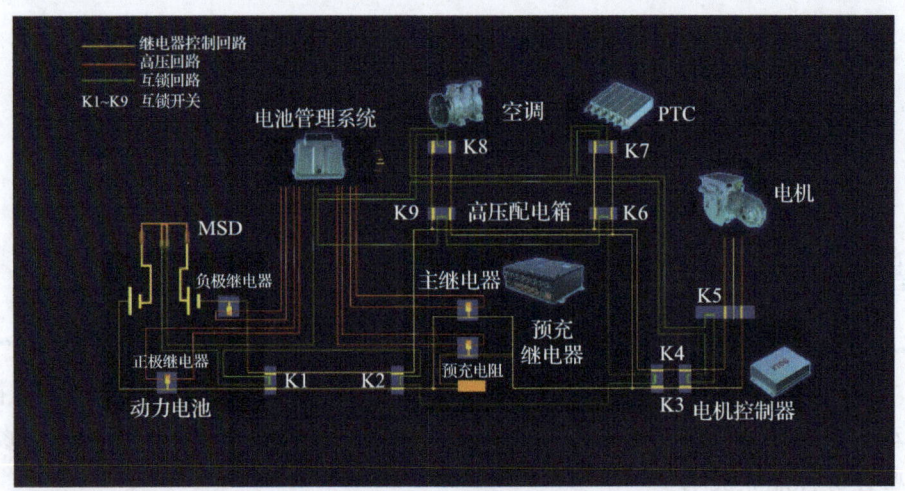

图 2-4-1　高压互锁

2. 高压互锁的作用

高压互锁主要用来保证高压系统安全，具体有三个作用：

1）用来检测高压回路松动（高压回路松动会导致高压断电，整车失去动力，影响乘车安全）并在高压断电之前给整车控制器提供报警信息，预留整车系统采取应对措施的时间。

2）在车辆上电之前发挥作用，检测到电路不完整则系统无法上电，避免因为虚接等问题造成事故。

3）防止人为误操作引发的安全事故。在高压系统工作过程中，如果没有高压互锁设计存在,当手动断开高压连接点时,在断开的瞬间,整个回路电压加在断点两端,电压击穿空气在断点处拉弧,拉弧时间虽短,但能量很高,可能对断点周围的人员和设备造成伤害。

(二)高压插接件锁止结构及原理

1. 高压插接件锁止结构

高压插接件既可防止维修人员直接接触到高压,还可防水、防尘,减小高压系统出现问题的风险。在新能源汽车高压回路中,要求具备高压互锁功能的电气元件主要是高压插接件和维修开关等要求人力操作,去实现电路接通和断开的电气接口元件。目前市面上的高压互锁设计大多集成于高压插接件上,即在高压插接件上额外多一个低压部分用于检测高压互锁的回路完整性,互锁线束应从各高压零部件低压接口引出且与高压线束分开布置。具备高压互锁功能的高压插接件由壳体、高压导电件、低压信号导电件和监测器及监测线路共同组成。一般高压插接件会在对插的一对插头、插座上,分别固定一对高压端子和一对低压端子,如图2-4-2所示。

图 2-4-2　高压插接件

2. 高压互锁原理

高压互锁利用低压回路的检测信号来判断高压回路每个高压插接件各自是否连接完整与紧固,确保高压回路的电气连通性与完整性,相当于低压回路与高压回路并行,每个检测节点与高压插接件一一对应。高压插接件分为两部分,一个是高压端子,用于高压连接供电;另一个是低压端子,即互锁端子,用于判断高压端子是否接到位。

高压互锁结构包含在插接件内部,通过低压端子和高压端子的长度和位置差异实现连接时先连接高压端子,再连接低压端子,此时低压回路的断点被短接,形成完整回路。断开时,先断开低压端子,再断开高压端子。监测器负责采集低压回路的通断状态,发送给整车控制器。这样在高压回路真正实现通断以前,整车控制器已经掌握了这个插接器的状态。这样能有效地提前判断高压端子断开或松动。如果高压端子出现松动,电池管理器(BMC)会检测出低压回路断开,此时 BMC 控制动力电池包内部接触器断开,车辆下电。高压插接件断开过程示意如图2-4-3所示。

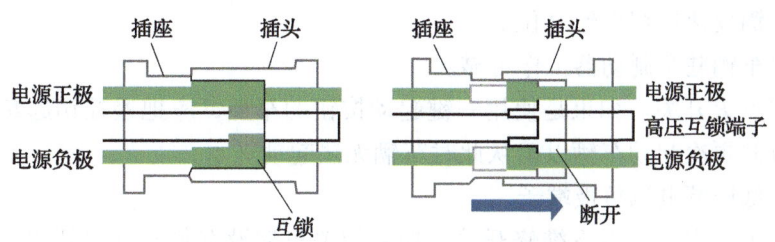

图 2-4-3　高压插接件断开过程示意图

一个笼统的说法是,由于低压端子短(或者位置落后),高压端子刚刚接触时,低压端子还有一段距离,高压端子已经对接大半时,低压端子才刚接触,高压端子插接到位时,低压端子也插接到位,从而指示高压回路的通断,高压和低压端子如图2-4-4所示。

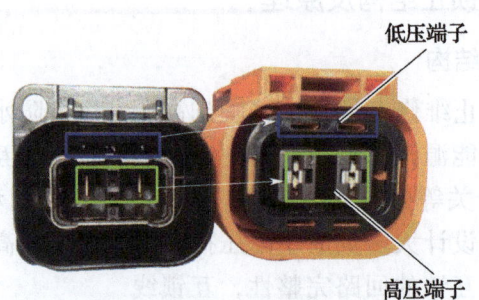

图2-4-4　高压和低压端子

> 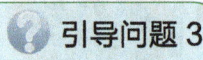　引导问题3
>
> 请查阅相关资料,简述高压插接件锁止方法。
> _____
> _____
> _____

高压插接件锁止方法

1. 需要进行高压终止与验电的前提

在维修带有高电压的新能源汽车前,务必执行高压终止与验电操作,确认动力电池不再对外输出高压电,避免因意外高压触电。如果进行新能源汽车以下操作时,要求进行高压终止与验电:

1)高压系统保养或高压系统需要维修。
2)进行救援或事故修复工作。
3)其他可能接触到高电压,但不需要运行高压系统的操作。

2. 高压终止与验电的步骤

1)将车辆变速杆切换到P位。
2)确保车辆驻车制动器工作可靠。
3)关闭点火开关。如果是使用一键起动按钮的车型,应把遥控钥匙拿到离车至少5m远的地方并再次起动车辆以确认此时车辆无法起动。
4)断开低压蓄电池负极端子。
5)戴上绝缘手套,拆下维修开关。如果相关车型没有装备维修开关(请参照维修手册确认),除了拆卸低压蓄电池负极端子外,还应拆卸某一高压部件的高压互锁开关(如需拆卸高压导线插接器,务必戴上绝缘手套),如图2-4-5所示。

6）等待 3min。高压部件通常安装有电容器，能保持一段时间的高电压。拆下维修开关后，必须要等待 3min 或更长时间，使得高压部件中的电容器完全放完电，才可以继续对车辆进行高压检验操作。

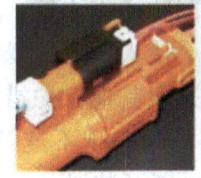

图 2-4-5 拆卸高压导线插接器

7）使用万用表测量高压部件插接器的各个高压端子电压，在执行高压终止以后，每个端子对车身的电压应该小于 3V，且正负极端子之间的电压也应该小于 3V。如果任一被测量的电压超过 3V，说明系统内部存在高压粘结情况，需要经过特殊培训的工程师来处理。

3. 高压系统作业安全规范

在进行高压终止操作时，只有通过遵守下列规范才能保护操作者的健康和生命安全。

1）断开高压系统（断电）。
2）防止高压系统再激活（保护）。
3）确认高压系统断电（确认）。
4）接地和短路。
5）遮盖或阻隔临近的带电部件。

> **引导问题 4**
>
> 请查阅相关资料，简述互锁有哪些分类。
> _____
> _____
> _____

互锁监测及保护

依据互锁防护设计角度的不同，将新能源汽车的互锁分为两大类：环路互锁和功能互锁。环路互锁主要从电气回路连续性（完整性）的角度设计，通常针对高压系统，用来监测高压回路上是否存在断路的情况；功能互锁主要从系统功能的角度来进行防护，如充电时新能源汽车不能意外地起动等。

1. 环路互锁

在打开高压电气设备防护罩或断开高压回路的插接器时，人员可能会接触到高电压，因此有必要对高压回路的连续性（完整性）进行监测。环路互锁可以很好地完成这个任务。

一旦出现电气回路的不连续（不完整），如开启某个插接器，自动断开装置就会启动，切断电源，以清除该处的危险电压。在充电操作中，为了保证充电接口、充电线束及新能源汽车之间的可靠连接,也需要在充电系统高压回路中设计互锁回路。另外,所有在被移开后就会使人体直接暴露在危险电压中的盖子,如高压电气设备的防护盖,也必须进行互锁或采取其他保护措施。可以将防护盖的互锁设计成环路互锁的一部分。一般来说,当环路互锁出现不连续(不完整)的情况(如断路或打开设备防护盖等)时,就应该启动自动断开装置。

2. 功能互锁

当高压电路与动力电池包断开后(例如自动断开装置或手动断开装置动作时),由于有电容性储能元件及线束本身的分布电容,高压母线仍会残留可对人体造成电击伤害的危险电压,因此有必要将高压母线的电压释放到安全范围内。当车辆在进行充电或插上充电枪时,功能互锁通常遵循充电优先原则,在充电枪连接到车身上后,VCU禁止车辆行驶,防止发生拖拽危险。

任务分组

表 2-4-1 学生任务分配表

班级		组号		指导教师	
组长		学号			
组员角色分配					
信息员		学号			
操作员		学号			
记录员		学号			
安全员		学号			
任务分工					
(就组织讨论、工具准备、数据采集、数据记录、安全监督、成果展示等工作内容进行任务分工)					

工作计划

按照前面所了解的知识内容和小组内部讨论的结果,制定工作方案,落实各项工作负责人,如任务实施前的准备工作、实施中主要操作及协助支持工作、实施中相关要点及数据的记录工作等。

表 2-4-2　工作计划表

步骤	工作内容	负责人
1		
2		
3		
4		
5		
6		

进行决策

1）各组派代表阐述资料查询结果。
2）各组就各自的查询结果进行交流，并分享技巧。
3）教师对各组的计划方案进行点评。
4）各组长对组内成员进行任务分工，教师确认分工是否合理。

任务实施

 引导问题 5

扫描二维码观看视频，了解如何完成比亚迪秦 EV 高压插接件锁止操作。

_____

_____

高压插接件锁止操作

参考操作视频，按照规范作业要求完成比亚迪秦 EV 高压插接件锁止操作，并完成数据采集和记录。

表 2-4-3　设备及工具准备

序号	设备及工具名称	数量	设备及工具是否完好
1	比亚迪秦 EV 2019 出行版整车	1 台	□是　□否
2	放电工具	1 套	□是　□否
3	绝缘胶带	1 个	□是　□否
4	工位防护套装	1 套	□是　□否
5	数字式万用表	1 台	□是　□否
6	个人防护套装	1 套	□是　□否
质检意见	原因：		□是　□否

 新能源汽车电学基础与高压安全　　姓名　　　班级　　　日期

表 2-4-4　场地及安全防护准备

序号	场地及安全防护项目	项目是否完成
1	任务实施前，需要做好场地防护准备，并且须检查实训场地和设备设施是否存在安全隐患	□是　□否
2	在维修作业时对高压部件母线端应使用绝缘胶带缠绕，防止高压触电或短路	□是　□否
3	维修作业前必须佩戴绝缘手套	□是　□否
4	禁止带电作业	□是　□否
质检意见	原因：	□是　□否

表 2-4-5　比亚迪秦 EV 高压插接件锁止操作

序号	步骤和记录	完成情况
1	穿戴好个人防护套装，断开动力电池高压插接件，认识插接件内部集成的锁止结构	已完成□ 未完成□
2	断开充配电总成高压线束接口，认识插接件内部集成的锁止结构	已完成□ 未完成□
3	使用数字式万用表对插接件正负极进行电压测量，如果所测量值大于 0V 时应使用放电工具对该部位进行放电，当电压完全消失后方可完全断电	已完成□ 未完成□
4	将断开的高压插接件进行互锁操作，使车辆上电	已完成□ 未完成□
5	打开点火开关，仪表板显示灯亮，表明上电成功	已完成□ 未完成□
6	实训现场 7S 整理	已完成□ 未完成□
总结提升		已完成□ 未完成□
质检意见	原因：	已完成□ 未完成□

评价反馈

1）各组代表展示汇报 PPT，介绍任务的完成过程。

2）请以小组为单位，对各组的操作过程与操作结果进行自评和互评，并将结果填入表 2-4-6 中的小组评价部分。

3）教师对学生工作过程与工作结果进行评价，并将评价结果填入表 2-4-6 中的教师评价部分。

姓名　　　班级　　　日期　　　　　　能力模块二　新能源汽车安全技术专业知识认知

表2-4-6　综合评价表

班级		组别		姓名		学号	
实训任务							
评价项目		评价标准				分值	得分
小组评价	计划决策	制定的工作方案合理可行，小组成员分工明确				10	
	任务实施	能够正确检查并设置实训工位				5	
		能够准备和规范使用工具设备				5	
		能够描述高压终止与检验的操作步骤与注意事项				20	
		能够正确完成比亚迪秦EV高压插接件锁止操作				20	
		能够规范填写任务工单				10	
	任务达成	能按照工作方案操作，按计划完成工作任务				10	
	工作态度	认真严谨，积极主动，安全生产，文明施工				10	
	团队合作	小组组员积极配合，主动交流，协调工作				5	
	7S管理	完成竣工检验、现场恢复				5	
		小计				100	
教师评价	实训纪律	不出现无故迟到、早退、旷课现象，不违反课堂纪律				10	
	方案实施	严格按照工作方案完成任务实施				20	
	团队协作	任务实施过程互相配合，协作度高				20	
	工作质量	能准确完成实训任务				20	
	工作规范	操作规范，三不落地，无意外事故发生				10	
	汇报展示	能准确表达，总结到位，改进措施可行				20	
		小计				100	
综合评分		小组评价分×50%＋教师评价分×50%					
总结与反思							
（如：学习过程中遇到什么问题→如何解决/解决不了的原因→心得体会）							

任务五 新能源汽车动力电池拆检防护

🎯 学习目标

- 掌握动力电池系统的组成。
- 掌握动力电池的拆装方法和维护知识。
- 掌握相关维修工具及设备的正确使用方法。
- 具备完成动力电池拆装更换的能力。
- 具备正确安全地进行动力电池安全策略检测的能力。
- 严格执行 7S 现场管理。

📑 知识索引

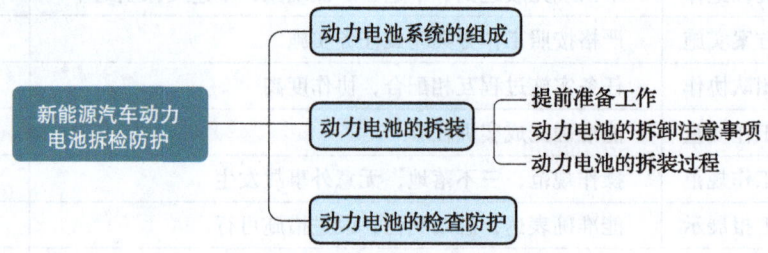

📖 情境导入

4S 店技术主管在经过各项检测之后,判断某先生的比亚迪秦 EV 汽车是动力电池故障,确定需要对动力电池进行拆卸,此时需要你作为维修人员协助技术主管按照规范程序,从车上拆卸动力电池,在技术主管完成维修后,也需要你对动力电池进行安装,并确认其工作状态正常。

✋ 获取信息

❓ 引导问题 1

请查阅相关资料,简述动力电池系统的组成。

动力电池系统的组成

动力电池系统实际包含两大部分，一是动力电池包，二是电池管理系统。动力电池包主要包含动力电池模组、辅助元器件、电池热管理管路、隔热棉和电池托盘等；电池管理系统包含了电池管理控制器，电池信息采集器和采样线束，如图 2-5-1 所示。

图 2-5-1 动力电池系统

1. 动力电池模组

动力电池模组是由多个单体电池串联、并联或者串并联组合而成，且只有一对正负极输出端子，并作为电源使用的组合体。单体电池是构成动力电池模组的最小单元，一般由正极、负极、电解质（或电解液）和隔膜等组成，可以实现电能与化学能的直接转换。例如 n 颗 18650 单体电池通过串并联形成单体电池包，n 个单体电池包再组合成动力电池模组，如图 2-5-2 所示。

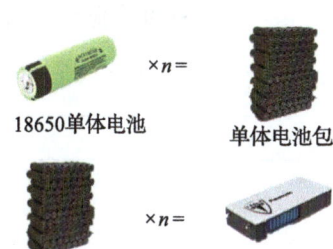

图 2-5-2 单体电池组合成动力电池模组流程

2. 电池管理系统

电池管理系统（Battery Management System，BMS）由一个或多个电子控制器组成。电池管理系统可实现充/放电管理、热管理、接触器控制、功率控制、电池异常状态报警和保护、SOC/SOH 计算、自检以及通信功能等，如图 2-5-3 所示。

3. 电池信息采集器

电池信息采集器主要用于电池电压采样、温度采样、电池均衡和采样线异常检测等。

图 2-5-3 电池管理系统

4. 辅助元器件

动力电池系统的辅助元器件主要包括动力电池系统内部的熔断器、继电器、分流器、电流传感器、插接器和烟雾传感器等，以及动力电池系统外部的密封条、绝缘材料等。

（1）预充接触器与预充电阻　预充接触器与预充电阻如图 2-5-4 所示。在放电或充电初期，需闭合预充接触器进行预充电，预充电完成后闭合放/充电接触器，断开预充接触器。预充电阻用于限制动力电池包对电容的充电电流。

（2）电流传感器与熔断器　电流传感器（见图 2-5-5）的类型通常是霍尔式的，用于监测母线充、放电电流的大小。熔断器主要用于防止能量回收时过电压、过电流或放电时过电流。

图 2-5-4　预充接触器与预充电阻

图 2-5-5　电流传感器与熔断器

引导问题 2

请查阅相关资料，简述动力电池拆装的准备工作和注意事项。

_____

_____

_____

动力电池的拆装

（一）提前准备工作

1. 收集信息

拆卸动力电池之前，技术人员应查看汽车厂家维修信息里有关该部件拆卸和更换的内容。有些维修信息数据库单独列出了拆卸更换程序中具体部件的注意事项。技术人员还应当查看已发布的车辆技术服务公告，并查看是否有任何车辆技术服务公告相关的最新问题可能会影响到拆卸更换程序。在具有"基本服务"服务形式的经销商处可拆卸和安装动力电池，但不能在动力电池上或内部进行修理。如果根据诊断系统内的检测计划需要进行修理，必须将车辆或动力电池运送至具有"扩展型蓄电池服务"或"全方位服务"服务形式的经销商处进行修理。

2. 准备工具

在部件拆卸或更换时可能需要使用专用维修工具。许多动力电池，包括一些小型动力电池，必须弯下身去才能顺利取下。有些动力电池则必须使用起重机或专用的带吊钩的举升装置才能拆下来。比如，必须使用动力电池的维修开关作为工具才能拆卸，如图 2-5-6 所示安全按钮在使用后方可拆下动力电池模组盖。

大型动力电池必须使用起重设备才能拆卸。许多大型动力电池必须从汽车下方进行拆卸，因为大型动力电池质量可达 363kg 以上。用于支撑和降落动力电池的升降台必须能够完全承受动力电池的质量，升降台的平台要足够长、足够宽。许多生产商对其动力电池适用规格的升降台做了明确的资料介绍。拆卸动力电池之前，务必查看生产商关于动力电池拆卸和存储的操作步骤。动力电池拆装升降台如图 2-5-7 所示。

图 2-5-6　安全按钮　　　　　图 2-5-7　动力电池拆装升降台

拆卸动力电池的重要专用工具包括：
1）可移动拆装升降台以及用于拆卸和安装动力电池的适配接头套件。
2）动力电池模组充电器。
3）用于修理动力电池后进行试运行的性能测试仪。
4）用于拆卸和安装动力电池模组的起重工具。
5）用于松开动力电池内部卡子的塑料专用装配工具。
6）用于整个动力电池的起重横梁。
7）隔离带和带发光条的黄色警示锥筒。

3. 准备工作区

拆卸动力电池时，技术人员必须准备一个绝缘的台面用于放置拆下来的动力电池。如果动力电池的冷却系统为液冷式冷却系统，在拆卸动力电池之前必须小心确保将其冷却回路内的冷却液尽可能完全排干，并在排干动力电池的冷却液后将其冷却回路的入口和出口盖住，以确保没有异物进入冷却液的入口和出口，或该高压系统的任何暴露区域。动力电池维修工位必须洁净（无油脂、无污物、无碎屑）、干燥（无溢出液体）且无飞溅火花（不靠近车身维修区域），如图 2-5-8 所示。

图 2-5-8　动力电池维修工位

为了防止旁人未经授权进入工位（资质不够、客户、到访者等）、无法确保高电压本质安全或出现不明状态，工作时应使用隔离带。离开工作区域时建议竖立发光黄色警告提示。

4. 准备车辆

技术人员在准备车辆时通常应做好以下工作：

1）拉上车辆的驻车制动器。
2）关闭车辆的驱动系统。
3）等待维修手册中规定的时间长度，然后断开车辆的12V辅助蓄电池。
4）留出足够的时间让变频器电容充分放电。
5）拆下车辆的维修开关。

（二）动力电池的拆卸注意事项

1）只允许具备动力电池修理资质的维修人员进行这项工作。包括进行过高电压本车型车辆作业专业人员培训、高电压系统培训，特别是动力电池修理培训的维修人员。

2）有些汽车制造商要求锂离子动力电池在拆卸之前必须放电到规定的荷电状态（SOC）以下。有些制造商要求技术人员在动力电池拆卸之前必须检查动力电池温度传感器的温度显示，确保动力电池温度降至规定温度以下。

3）进行故障查询时应在拆卸和打开动力电池前使用诊断系统。只有符合检测计划且满足"外部没有机械损伤"前提条件时，才能进行动力电池拆卸。

4）必须严格遵守维修说明中规定的工作步骤。使用维修说明中规定的专用工具也非常重要。

（三）动力电池的拆装过程

1. 动力电池位置

一般情况下，动力电池布置在整车地板下面，如图2-5-9所示。

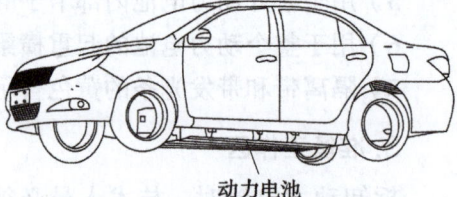

图2-5-9 动力电池位置示意图

2. 动力电池拆装步骤

（1）动力电池的拆卸

1）高压安全断电。关闭点火开关。拆下辅助蓄电池负极，使用绝缘胶带包好。佩戴绝缘手套，拆下维修开关（装有时）。

2）举升车辆，断开动力电池低压、高压插接件；检查动力电池托盘外观是否有磕碰、裂纹等。动力电池与高压系统验电检查，确保安全断电。然后对高压插接件做绝缘防护，都用绝缘胶带包好。

3）拆卸动力电池。拆卸后护板，拆卸将左侧剪力板固定到副框架的螺母，拆卸将动力电池固定到车身的中心螺栓，在动力电池下面正确放置动力电池拆装升降台。确保该升降台保持水平并且可以支撑动力电池的全部质量。拆卸将动力电池固定到车身的其余螺栓。使用辅助设备小心地降低动力电池，最终拆下动力电池。

（2）将动力电池安装在车上 安装动力电池以与拆卸相反的步骤进行。佩戴绝缘手套，用万用表测试更新的动力电池母线是否有电压输出，没有电压输出就更换装车。在第二个人的帮助下使用动力电池拆装升降台小心地将动力电池移回车辆下方。抬起动力电池时必须注意锁止件和中间位置，而且不允许将升降台抬得过远。将动力电池抬升入位并确保动力电池线束插接器和定位销连接到动力电池上，使用高压速接头安装工具，确保高压速接头正确就位。确保动力电池平整、密封，如图2-5-10所示。佩戴绝缘手套，安装托盘的紧固件。

如果相关车辆是在动力电池托盘和底盘之间进行电位补偿，最后还需要拧入电位补偿螺栓（线），如图2-5-11所示。

 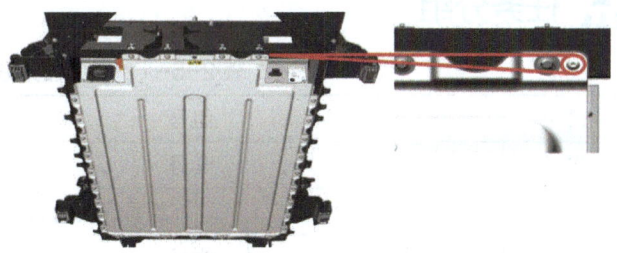

图2-5-10　动力电池安装上车　　　　图2-5-11　拧入电位补偿螺栓（线）

（3）电气诊断与试运行　佩戴绝缘手套，接上动力电池直流母线插接件，然后接上电池管理系统或电池信息采样通信线插接件，装上辅助蓄电池负极，整车上电，在诊断系统内进行动力电池检测诊断（写入该动力电池的实际容量及荷电量、清除故障码等），最后对整车进行试运行，确保无故障，如图2-5-12所示。

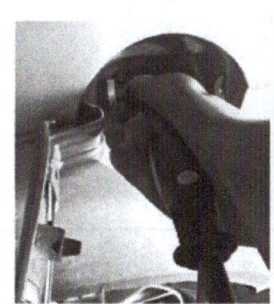 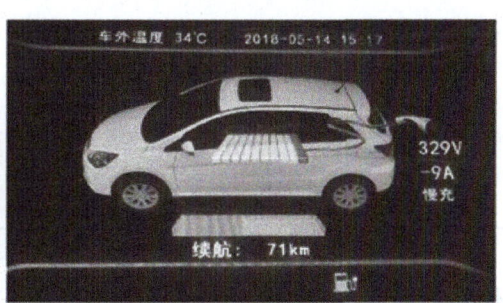

图2-5-12　电气诊断与试运行

引导问题3

请查阅相关资料，简述动力电池的检查防护。

_____
_____
_____

动力电池的检查防护

动力电池的检查防护要点如下：

1）清洁动力电池外观。检查动力电池托盘是否有磕碰、裂纹，若有则更换动力电池托盘。

2）检查动力电池密封盖板上的铆钉及玻璃胶是否有脱落。
3）检查高、低压插接件是否有腐蚀。
4）检查动力电池接地线是否连接正常。
5）检查动力电池的绝缘性，正常值 >20MΩ。

任务分组

表 2-5-1　学生任务分配表

班级		组号		指导教师	
组长		学号			
组员角色分配					
信息员		学号			
操作员		学号			
记录员		学号			
安全员		学号			
任务分工					
（就组织讨论、工具准备、数据采集、数据记录、安全监督、成果展示等工作内容进行任务分工）					

工作计划

按照前面所了解的知识内容和小组内部讨论的结果，制定工作方案，落实各项工作负责人，如任务实施前的准备工作、实施中主要操作及协助支持工作、实施中相关要点及数据的记录工作等。

表 2-5-2　工作计划表

步骤	工作内容	负责人
1		
2		
3		
4		
5		
6		

进行决策

1）各组派代表阐述资料查询结果。
2）各组就各自的查询结果进行交流，并分享技巧。
3）教师对各组的计划方案进行点评。
4）各组长对组内成员进行任务分工，教师确认分工是否合理。

任务实施

引导问题 4

扫描二维码观看视频，了解如何完成比亚迪秦 EV 动力电池的拆装。

动力电池总成的拆卸（秦EV）

_____
_____

参考操作视频，按照规范作业要求学习比亚迪秦 EV 动力电池的拆装方法，并完成数据采集和记录。

表 2-5-3　设备及工具准备

序号	设备及工具名称	数量	设备及工具是否完好
1	比亚迪秦 EV 2019 出行版整车	1 台	□是　□否
2	一体化工量具	1 套	□是　□否
3	工位防护套装	1 套	□是　□否
4	数字式万用表	1 台	□是　□否
5	个人防护套装	2 套	□是　□否
6	举升设备	1 台	□是　□否
7	绝缘电阻测试仪	1 台	□是　□否
质检意见	原因：		□是　□否

表 2-5-4　场地及安全防护准备

序号	场地及安全防护项目	项目是否完成
1	任务实施前，需要做好场地防护准备，必须检查实训场地和设备设施是否存在安全隐患	□是　□否
2	禁止在车辆上电的情况下检查与更换动力电池	□是　□否
3	禁止在带电状态下触碰任何带安全警示标志的部件	□是　□否
4	禁止徒手触摸所有橙色的线束	□是　□否
质检意见	原因：	□是　□否

表 2-5-5 比亚迪秦 EV 动力电池的拆卸

序号	步骤和记录	完成情况
1	准备工作： 1）检查耐磨手套有无破损，如有破损，需进行更换 2）检查绝缘手套有无破损，确定其在合格、有效期内，绝缘等级应大于 1000V 3）检查万用表外观有无破损 4）检查红、黑表笔外观有无破损 5）连接万用表红、黑表笔并调至电阻档，万用表校表 6）将车辆正确停放至举升工位，规范铺设车内四件套 7）进入车内，踩下制动踏板，按下起动开关，降下驾驶位车窗 8）确认车辆状态，车辆下电 9）打开前舱盖，规范铺设车外三件套 10）确认举升机的四个举升点放置正确	已完成□ 未完成□
2	断开低压蓄电池负极，并使用绝缘胶带缠绕 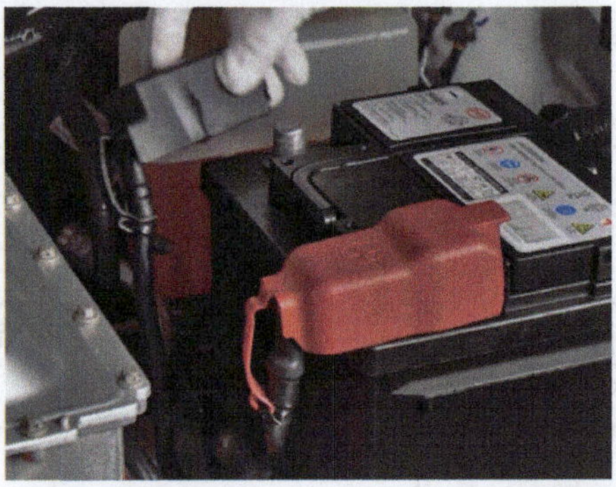	已完成□ 未完成□
3	断开充配电总成低压插接件 	已完成□ 未完成□
4	规范佩戴绝缘手套与护目镜，使用绝缘一字螺丝刀断开高压母线，等待 5min 	已完成□ 未完成□

（续）

序号	步骤和记录	完成情况
5	使用万用表直流电压档对高压母线插接件进行验电，测得结果接近0V为正常 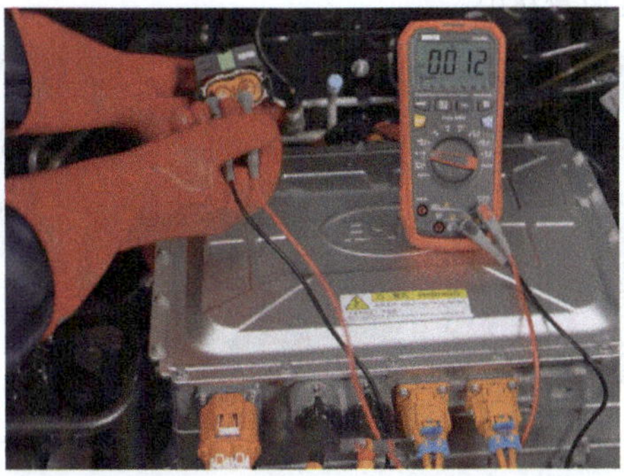	已完成□ 未完成□
6	使用绝缘胶带缠绕高压母线及充配电总成插接件 	已完成□ 未完成□
7	拧开冷却液膨胀壶盖 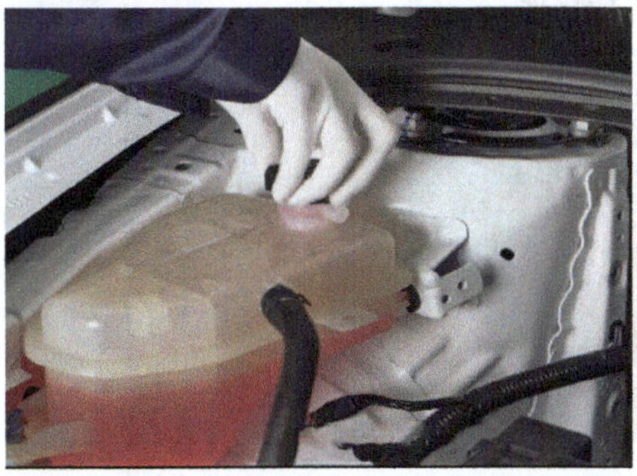	已完成□ 未完成□
8	规范操作举升机，升起车辆并锁定 	已完成□ 未完成□

（续）

序号	步骤和记录	完成情况
9	用冷却液管专用卡钳，拆卸冷却液进出管的卡箍，然后拔出冷却液管，将冷却液排放至回收量杯中  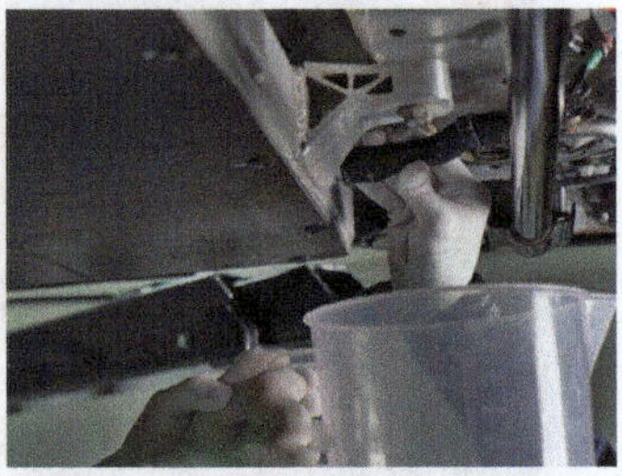	已完成□ 未完成□
10	安装堵头和防护套，并使用抹布擦干洒落的冷却液，确保操作区域干燥  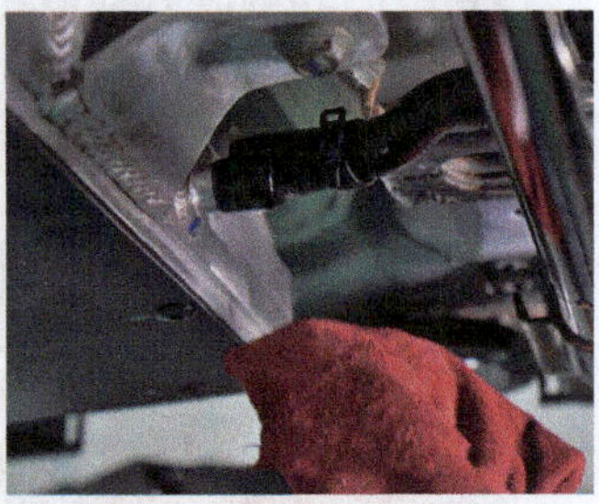	已完成□ 未完成□
11	断开动力电池包低压插接件 	已完成□ 未完成□
12	断开高压插接件并使用绝缘胶带进行绝缘保护 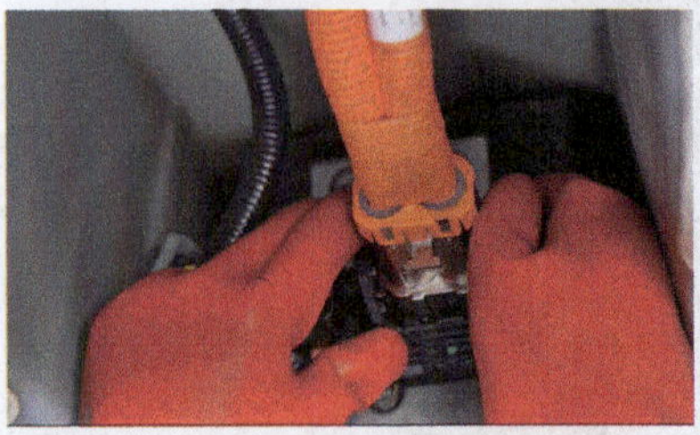 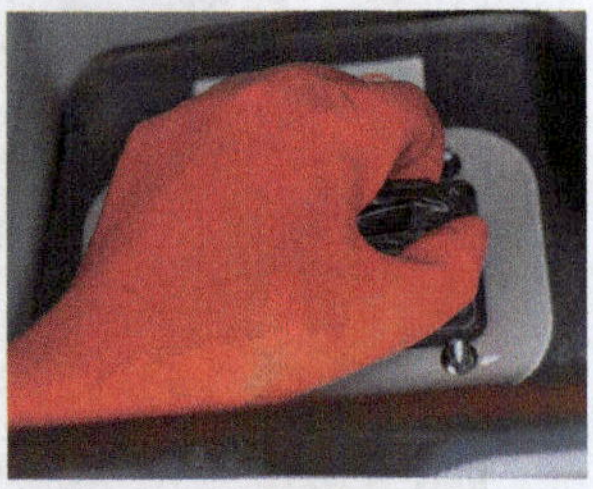	已完成□ 未完成□

（续）

序号	步骤和记录	完成情况
13	拆卸动力电池包等电位线固定螺栓 	已完成□ 未完成□
14	使用T30和中号棘轮扳手，拆卸动力电池包护板的27个固定螺栓，取下护板 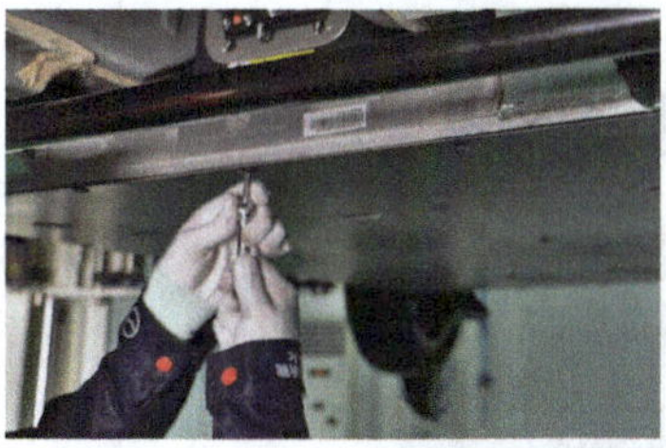 	已完成□ 未完成□
15	使用动力电池举升机，缓慢升起至托住动力电池包，操作时切勿遮挡动力电池包的固定螺栓 	已完成□ 未完成□
16	使用指示式扭力扳手预松动力电池包固定螺栓 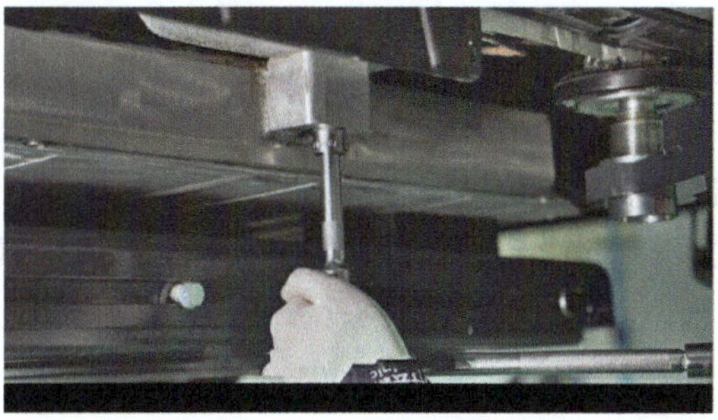	已完成□ 未完成□

（续）

序号	步骤和记录	完成情况
17	拆卸动力电池包固定螺栓，调节动力电池举升机缓慢降下动力电池包 	已完成□ 未完成□
18	将动力电池包从车底推出，对动力电池包进行隔离防护，并树立警示牌，确保安全 	已完成□ 未完成□
19	实训现场 7S 整理	已完成□ 未完成□
总结提升		已完成□ 未完成□
质检意见	原因：	已完成□ 未完成□

📋 评价反馈

1）各组代表展示汇报 PPT，介绍任务的完成过程。

2）请以小组为单位，对各组的操作过程与操作结果进行自评和互评，并将结果填入表 2-5-6 中的小组评价部分。

3）教师对学生工作过程与工作结果进行评价，并将评价结果填入表 2-5-6 中的教师评价部分。

表 2-5-6 综合评价表

班级		组别		姓名		学号	
实训任务							
评价项目			评价标准			分值	得分
小组评价	计划决策		制定的工作方案合理可行，小组成员分工明确			10	
	任务实施		能够正确检查并设置实训工位			5	
			能够准备和规范使用工具设备			5	
			能够正确完成动力电池的拆卸			20	
			能够正确完成动力电池的安装			20	
			能够规范填写任务工单			10	
	任务达成		能按照工作方案操作，按计划完成工作任务			10	
	工作态度		认真严谨，积极主动，安全生产，文明施工			10	
	团队合作		小组组员积极配合，主动交流，协调工作			5	
	7S 管理		完成竣工检验、现场恢复			5	
			小计			100	
教师评价	实训纪律		没有无故迟到、早退、旷课现象，不违反课堂纪律			10	
	方案实施		严格按照工作方案完成任务实施			20	
	团队协作		任务实施过程互相配合，协作度高			20	
	工作质量		能准确完成实训任务			20	
	工作规范		操作规范，三不落地，无意外事故发生			10	
	汇报展示		能准确表达，总结到位，改进措施可行			20	
			小计			100	
综合评分			小组评价分 ×50% +教师评价分 ×50%				
总结与反思							

（如：学习过程中遇到什么问题→如何解决/解决不了的原因→心得体会）

任务六 新能源汽车安全充电操作

学习目标

- 掌握新能源汽车充电方式。
- 掌握新能源汽车充电步骤和方法。
- 熟知典型新能源汽车充电安全要求。
- 具备独立规范地完成新能源汽车的充电操作的能力。
- 具备简述新能源汽车的充电操作要领的能力。
- 培养规范的充电习惯,提高充电安全意识。
- 严格执行7S现场管理。

知识索引

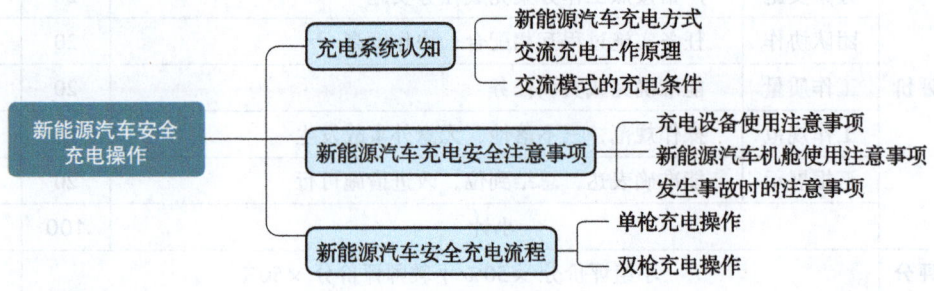

情境导入

比亚迪秦EV车主某先生驾车在高速公路上行驶,仪表显示动力电池电量不足,需尽快去最近的充电桩充电,那么在充电时需要注意哪些事项呢?

获取信息

引导问题1

请查阅相关资料,简述新能源汽车充电方式。

_____

_____

引导问题 2

请查阅相关资料,简述交流充电工作原理。

_____

_____

_____

引导问题 3

请查阅相关资料,简述交流模式的充电条件。

_____

_____

_____

充电系统认知

(一)新能源汽车充电方式

常见的新能源汽车充电方式可分为交流充电、直流充电和换电三种方式。新能源汽车的动力电池荷电量(SOC)≤20%时,仪表会点亮指示灯 ,并伴随"请及时充电"提示语。新能源汽车交流充电显示如图 2-6-1 所示,不同新能源汽车充电方式的特点见表 2-6-1。

图 2-6-1 新能源汽车交流充电显示

表 2-6-1 不同新能源汽车充电方式的特点

充电方式	分类	特点	用途
交流充电	1~3kW	充电电流约为 15A,充电功率小,充电时间通常为 8~10h 及以上	私家车、市内环卫车、企业商务车等日均行驶里程都在蓄电池续驶里程范围之内的车辆充电
交流充电	7~40kW	充电电流为 32~63A,采用单相 220V 供电或三相四线制 380V 供电	购物中心、饭店门口和停车场等公共场所的小型充电站
直流充电	60~250kW 以上	一般充电电流为 60A 以上,充电功率很大,采用三相四线制 380V 供电,充电时间为 30min~1h	在车辆运行的间隙进行快速充电来满足运营需要,如公交车、出租车等车辆的充电
换电	—	直接更换新能源汽车的动力电池来达到为其充电的目的,时间一般 5~10min	车辆的动力电池为标准化设计,易更换的车辆,例如运营车辆的充电

新能源汽车都采用先恒流充电,然后转入恒压充电的方式对动力电池充电,使整个充电过程更接近动力电池的固有特性,可有效避免动力电池的过充电和欠充电问题。

这种方式以比较低的充电电流为动力电池充电，相关技术成熟可靠。便携式充电主要应用于家庭充电场合，最大充电电流约为 10A，充电时间为 10h 以上，便携式充电对电网没有特殊要求，充电功率小，保证电网的 PE 线束有效即可。便携式充电如图 2-6-2 所示。

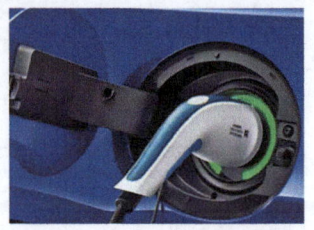

图 2-6-2　便携式充电

（二）交流充电工作原理

交流充电系统是新能源汽车的核心，动力电池的充电过程由 BMS 进行控制及保护。车载充电机工作状态及指令均由 BMS 发出的指令进行控制，包括工作模式指令、动力电池允许最大电压、充电允许最大电流、加热状态电流值。交流充电系统原理示意如图 2-6-3 所示。

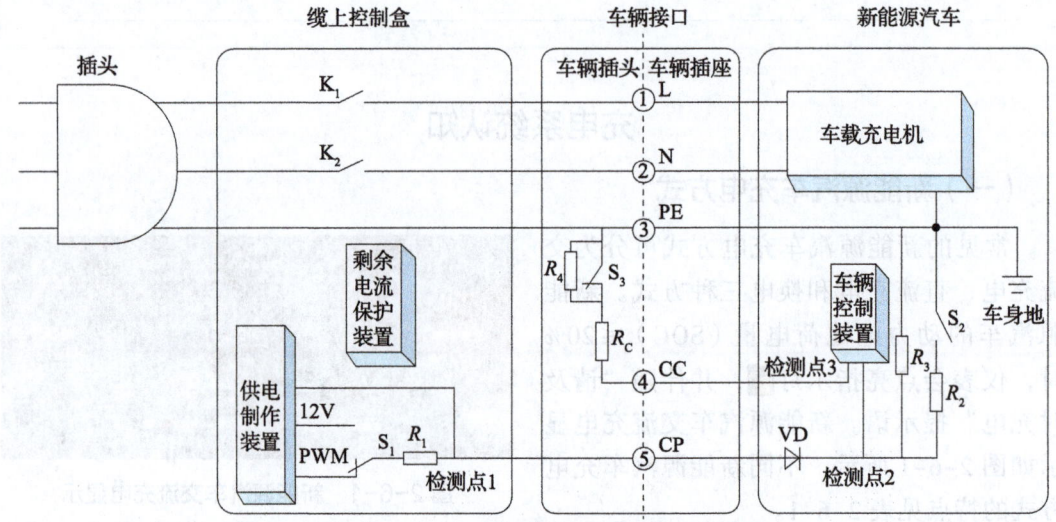

图 2-6-3　交流充电系统原理示意图

充电 CC/CP 控制逻辑："OFF" 档时（即车辆高低压均未上电时），当充电枪插入后，CC 检测由悬空变为接地，通过检测点 3 与 PE 间电阻来判断车辆插头与车辆插座连接状态，确认当前充电连接装置（电缆）的额定容量并点亮充电连接指示灯。通过测量检测点 2 的 PWM 信号占空比确认当前供电设备的最大供电电流，当车辆检测到 PWM 信号占空比时，允许车辆充电。检测点 1 的电压信号用来控制开关 S_1 的位置。

当车辆处于交流充电方式下，车载充电机检测车辆接口的 CC、CP 信号（充电枪插入、导通信号）并唤醒 BMS，BMS 唤醒车载充电机并发送指令充电，同时闭合主接触器，动力电池开始充电。

CC 检测：通过对接入电路（接地）的检测来判断 CC 是否连接，若检测到压降，则认为 CC 已经连接，CC 信号用于判断充电枪电缆允许充/放电电流。CC 信号判定数据见表 2-6-2。

表 2-6-2　CC 信号判定数据

电阻	对应的充电枪电缆允许充/放电电流	备注
1.5kΩ	10A	随车充电器
680Ω	16A	3.3kW 充电桩
220Ω	32A	7kW 充电桩
100Ω	63A	三相交流充电桩
2kΩ	放电功能（VTOL）	放电功率 3.3kW
220Ω	放电功能 32A（VTOV）	放电功率 7kW
100Ω	放电功能 63A（VTOG）	放电功率 40kW

CP 检测：当充电枪成功连接后，CP 信号为 PWM 信号，通过 CP 信号可以得出该充电机允许的最大 AC 输入电流，CP 信号也可用于判断充电枪最大输出电流。CP 信号判定数据见表 2-6-3。

表 2-6-3　CP 信号判定数据

PWM 信号占空比	占空比 D 最大允许电流 I_{max}/A
$D<3\%$	不允许充电
$3\% \leqslant D \leqslant 7\%$	5% 的占空比表示需要数字通信，且需要充电
$7\%<D<8\%$	不允许充电
$8\% \leqslant D<10\%$	$I_{max}=6$
$10\% \leqslant D<85\%$	$I_{max}=(D \times 100) \times 0.6$
$85\% \leqslant D<90\%$	$I_{max}=(D \times 100-64) \times 2.5$ 且 $I_{max} \leqslant 63$
$90\% \leqslant D<97\%$	预留
$D>97\%$	—

（三）交流模式的充电条件

1）充电线连接确认信号正常。

2）车载充电机（OBC）供电电源正常（含 220V 和 12V）且自身工作正常。

3）充电唤醒信号输出正常（12V）。

4）OBC、VCU、BMS 之间通信正常（动力电池正、负极接触器闭合，发送电流强度需求）。

5）动力电池单体温差不超过 5℃，且单体的温度 >5℃。

6）动力电池单体最高电压与最低电压差 <0.03V（30mV）。

7）绝缘性能 >500Ω/V。

8）高、低压电路连接正常（远程控制开关关闭状态）。

> **引导问题 4**
> 请查阅相关资料，简述新能源汽车充电安全注意事项。
> _____
> _____

新能源汽车充电安全注意事项

新能源汽车充电时，需要注意交流电路和电源插座（16A 插座）不允许使用外接转换接头、插线板等，且应确保 16A 电源插座接地良好。同时，安装家用充电桩时，电路中应安装漏电保护器，家庭的其他用电设备应该与充电电路区分开，避免电网负载过大导致跳闸。

（一）充电设备使用注意事项

1）不要在充电插座塑料口盖打开的状态下关闭口盖板。
2）不要用力拉或者扭转充电电缆。
3）不要使充电设备承受撞击。
4）不要把充电设备放在靠近加热器或其他热源的地方。
5）充电时，不建议人员停留在车辆内。
6）充电时，建议将车辆停放在通风处。
7）停止充电时应先刷卡或扫码结束充电，再断开交流充电插头。使用便携式充电时应先断开交流充电枪后再断开电源端供电插头。
8）不要将车辆搁置在超过 55℃ 或低于 -25℃ 的环境下超过 24h。
9）交流充电设备用电功率不能超过家庭电网的负载上限，避免引起电网损坏或烧毁。

（二）新能源汽车机舱使用注意事项

1）打开新能源汽车机舱前，必须将钥匙拧至"OFF"档；新能源汽车机舱内部标有高压危险警示标的器件，严禁用手直接去触摸；车辆机舱内严禁喷水，冲洗；不要在雨中打开前机舱盖，以防止漏电。
2）用户不得私自开启高压电器盒。如果高压熔断器熔断，表示汽车电气系统有较大的故障，应立即与新能源汽车 4S 店联系。
3）在进行前机舱作业之前，必须关闭起动开关。

（三）发生事故时的注意事项

1）保持车辆处于 P 位状态，关闭点火开关，打开危险指示灯。
2）如果车上电线裸露或破损，禁止触碰任何电线，以防触电。

3）如果新能源汽车动力电池热失控发生火灾，应立刻离开车辆。

> **引导问题 5**
>
> 请查阅相关资料，简述新能源汽车安全充电流程。
> _____
> _____

新能源汽车安全充电流程

新能源汽车充电过程主要分为物理连接、低压辅助上电、充电握手、充电参数配置、充电和充电结束共 6 个环节。新能源汽车充电桩按照接口的数量分为单桩单枪和单桩多枪两种，一般单桩多枪的都是双枪，新能源汽车充电桩单枪一次只能给一辆车充电，而双枪充电桩可以同时给两辆车充电。

（一）单枪充电操作

单枪充电（见图 2-6-4）操作步骤如下：
1）关闭车辆电源开关。
2）连接充电枪。
3）充电参数配置。
4）在操作台上查看对应终端状态（正常情况下，插枪 25s 后自动启动充电）。
5）操作台上显示充电中，在操作台上点击对应终端的"结束充电"按钮结束充电。
6）操作台上显示已完成，可直接拔枪结束充电。

图 2-6-4　单枪充电

（二）双枪充电操作

双枪充电操作步骤如下：
1）关闭车辆电源开关。
2）分别连接两把充电枪（双枪插枪间隔在 20s 内）。
3）配置充电参数。
4）在操作台上查看对应终端状态（正常情况下，插枪 25s 后自动启动充电）。
5）操作台上显示充电中，在操作台上点击对应终端的"结束充电"按钮结束充电。
6）操作台上显示已完成，可直接拔枪结束充电。

拓展阅读

发展新能源汽车是我国从汽车大国迈向汽车强国的必由之路，关系产业提升、能源安全和绿色发展。我国坚持纯电驱动战略取向，"十三五"期间持续大力推进新能源汽车发展，新能源汽车产业发展取得了巨大的成就，技术水平显著提升，产业体系日趋完善，企业竞争力大幅增强，"十四五"是经济发展追赶超越的关键时期，将进一步促进新能源汽车及充电市场的繁荣发展。因此，充电设施是新能源汽车推广应用的基础性保障。

从电池安全与对基础设施要求等角度看，慢充（交流充电）相比快充优势更为明显。并不是说慢充越多越好，应是快慢充有序结合，达到结构比例较好。一般建议有专用停车位的小区业主安装慢充，一方面可降低安装成本，同时也降低了充电时的安全隐患；而专业化充电场站则建议安装快充，一方面可以增加客户充电体验，节约充电时间，同时也增加了充电频次，缩短投资回收期，加快运营企业资金回流，使盈利最大化。

优化布局应坚持"以人为本、车桩相随、适度超前、高效智能"的原则，从规划、市区均衡、城乡结合三方面入手。

（1）规划 充电基础设施建设是一项长期系统工程，当前应按照新基建发展要求，从国家层面加强对充电桩布局规划的顶层设计。应注重充电设施行业发展规划与专项规划相结合。可通过平均增长率法和政策分析法，科学预测未来一定时期新能源汽车保有量，以满足新能源汽车充电需求。

（2）市区均衡 市区内充电设施的布局应充分利用现有基础设施，多建设在住宅小区、办公区、医院、学校、车站、加油站等人员密集、流动性大的公共区域，既方便找，也方便用。

（3）城乡结合 当前从充电桩布局情况来看，我国公共充电基础设施建设区域较为集中。其中，广东、江苏、北京、上海、山东、浙江、安徽、河北、湖北和福建地区建设的公共充电基础设施占比达73.9%。这些地区普遍激励政策力度大，资金也能落实到位，但是三四线城市及偏远地区，因财政能力有限，激励政策不足等原因，直接导致充电桩运营企业投资积极性降低，影响新能源汽车推广进程。因此，当前应以点带面，以城市带动周边乡村，实现城乡区域协调发展，使新能源汽车能够"走出去"。

| 姓名 | | 班级 | | 日期 | | 能力模块二　新能源汽车安全技术专业知识认知 |

👥 任务分组

表 2-6-4　学生任务分配表

班级		组号		指导教师	
组长		学号			
组员角色分配					
信息员		学号			
操作员		学号			
记录员		学号			
安全员		学号			
任务分工					
（就组织讨论、工具准备、数据采集、数据记录、安全监督、成果展示等工作内容进行任务分工）					

📝 工作计划

按照前面所了解的知识内容和小组内部讨论的结果，制定工作方案，落实各项工作负责人，如任务实施前的准备工作、实施中主要操作及协助支持工作、实施中相关要点及数据的记录工作等。

表 2-6-5　工作计划表

步骤	工作内容	负责人
1		
2		
3		
4		
5		
6		

进行决策

1）各组派代表阐述资料查询结果。
2）各组就各自的查询结果进行交流，并分享技巧。
3）教师对各组的计划方案进行点评。
4）各组长对组内成员进行任务分工，教师确认分工是否合理。

任务实施

引导问题6

扫描二维码观看视频，了解如何完成比亚迪秦 EV 安全充电操作。

_____

_____

秦 EV 安全充电操作

参考操作视频，按照规范作业要求学习比亚迪秦 EV 安全充电操作的方法，并完成数据采集和记录。

表 2-6-6 设备及工具准备

序号	设备及工具名称	数量	设备及工具是否完好
1	比亚迪秦 EV 2019 出行版整车	1 台	□是 □否
2	交 / 直流充电桩	1 台	□是 □否
3	各种充电插头	若干	□是 □否
4	交流充电桩实训台	1 台	□是 □否
5	个人防护套装	2 套	□是 □否
质检意见	原因：		□是 □否

表 2-6-7 场地及安全防护准备

序号	场地及安全防护项目	项目是否完成
1	任务实施前，需要做好场地防护准备，并且须检查实训场地和设备设施是否存在安全隐患	□是 □否
2	做好车辆高压安全防护与隔离	□是 □否
3	穿戴好个人防护套装	□是 □否
4	合理使用防护用品及专业工具，并严格按示范动作操作，做到安全、正确	□是 □否
质检意见	原因：	□是 □否

表 2-6-8　比亚迪秦 EV 安全充电操作

序号	步骤和记录	完成情况
1	进行下电操作，确保车辆处于下电状态 	已完成□ 未完成□
2	找到车辆右后轮上方的交流充电口 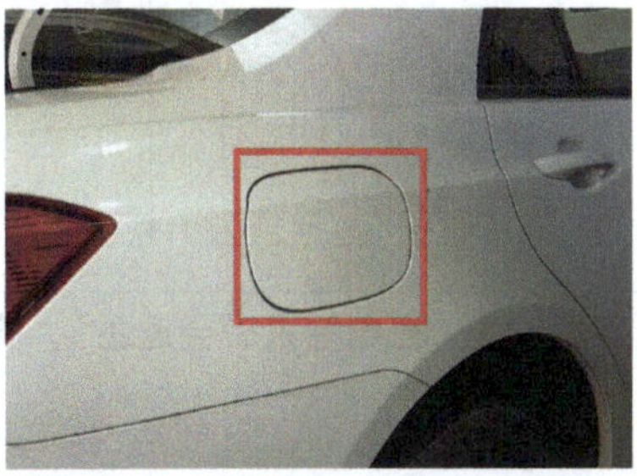	已完成□ 未完成□
3	打开保护盖，插上充电枪，观察仪表可以看到车辆正在充电 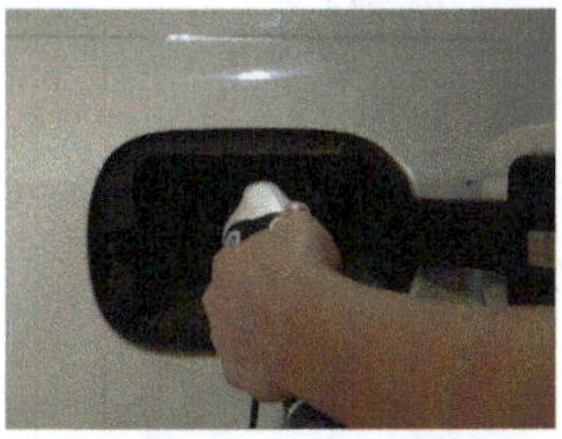 	已完成□ 未完成□
4	充电完毕后，需按下钥匙上的解锁键，再按下充电枪上的按键才能拔出充电枪（注意：强行拔下充电枪会造成锁止损坏） 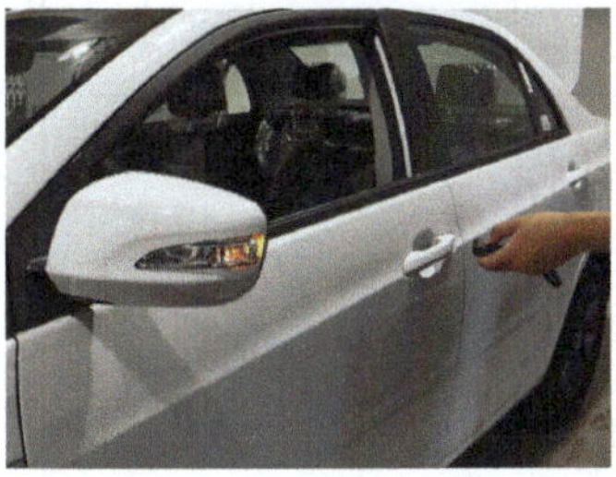 	已完成□ 未完成□
5	实训现场 7S 整理	已完成□ 未完成□
总结提升		已完成□ 未完成□
质检意见	原因：	已完成□ 未完成□

表2-6-9 直流充电桩充电的操作

序号	步骤和记录	完成情况
1	首先把充电枪与车辆连接好,然后扫描充电桩上显示的二维码,新用户首次使用充电桩需要认证	已完成□ 未完成□
2	认证成功后,会要求预充值金额(充电结束后会返还),充值成功后启动充电	已完成□ 未完成□
3	需要进行充电进度查询或者停止充电时,可以通过手机端或者充电桩进行停止	已完成□ 未完成□

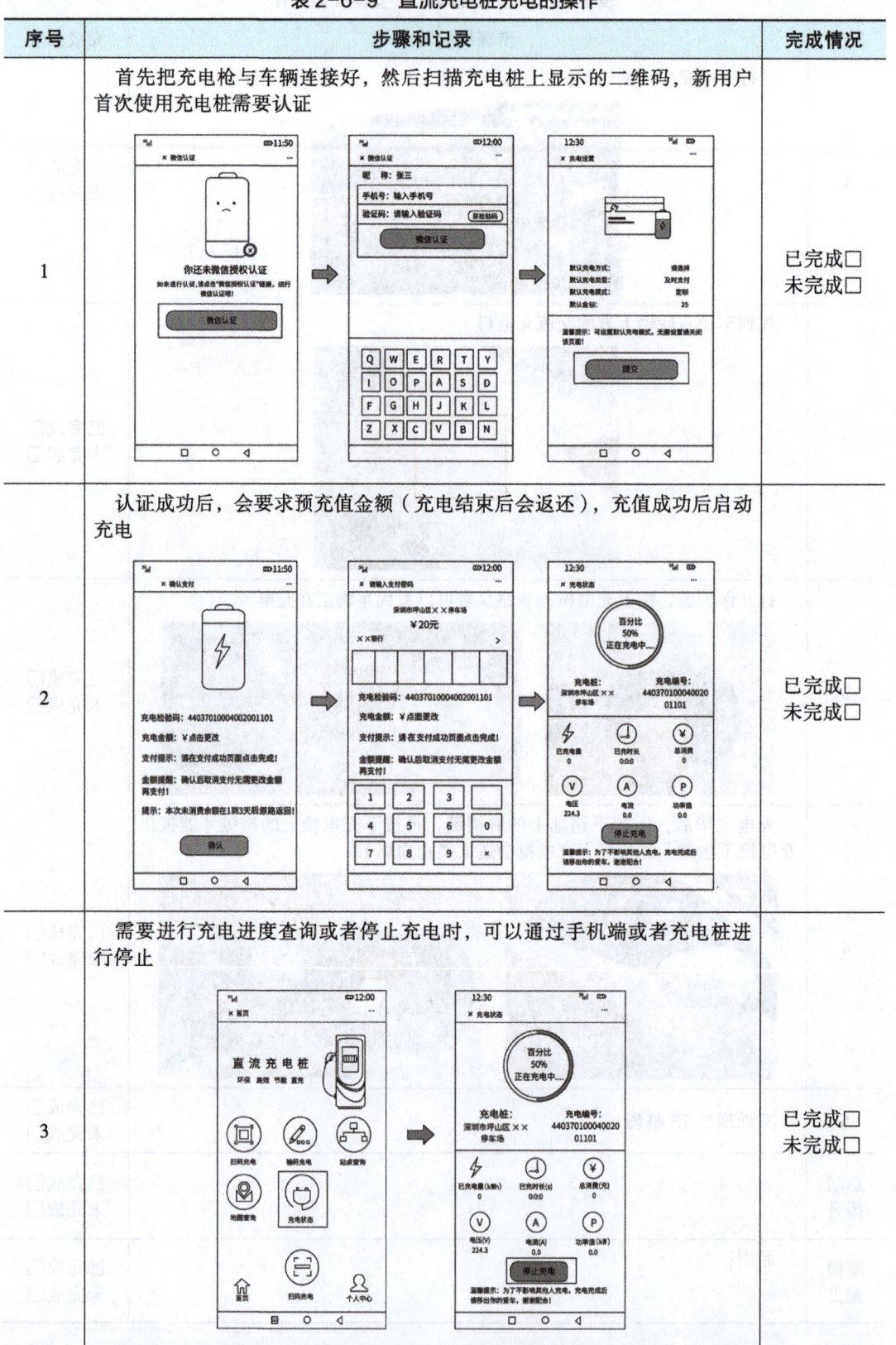

| 姓名 | | 班级 | | 日期 | | 能力模块二　新能源汽车安全技术专业知识认知 |

(续)

序号	步骤和记录	完成情况
4	实训现场 7S 整理	已完成□ 未完成□
总结 提升		已完成□ 未完成□
质检 意见	原因：	已完成□ 未完成□

💬 评价反馈

1）各组代表展示汇报 PPT，介绍任务的完成过程。

2）请以小组为单位，对各组的操作过程与操作结果进行自评和互评，并将结果填入表 2-6-10 中的小组评价部分。

3）教师对学生工作过程与工作结果进行评价，并将评价结果填入表 2-6-10 中的教师评价部分。

表 2-6-10　综合评价表

班级		组别		姓名		学号	
实训任务							
评价项目		评价标准				分值	得分
小组评价	计划决策	制定的工作方案合理可行，小组成员分工明确				10	
	任务实施	能够正确检查并设置实训工位				5	
		能够准备和规范使用工具设备				5	
		能够正确完成比亚迪秦 EV 安全充电操作流程				20	
		能够正确完成直流充电桩充电的充电操作流程				20	
		能够规范填写任务工单				10	
	任务达成	能按照工作方案操作，按计划完成工作任务				10	
	工作态度	认真严谨，积极主动，安全生产，文明施工				10	
	团队合作	小组组员积极配合，主动交流，协调工作				5	
	7S 管理	完成竣工检验、现场恢复				5	
		小计				100	
教师评价	实训纪律	不出现无故迟到、早退、旷课现象，不违反课堂纪律				10	
	方案实施	严格按照工作方案完成任务实施				20	
	团队协作	任务实施过程互相配合，协作度高				20	
	工作质量	能准确完成实训任务				20	

（续）

评价项目		评价标准	分值	得分
教师评价	工作规范	操作规范，三不落地，无意外事故发生	10	
	汇报展示	能准确表达，总结到位，改进措施可行	20	
		小计	100	
综合评分		小组评价分 ×50% ＋教师评价分 ×50%		
		总结与反思		

（如：学习过程中遇到什么问题→如何解决/解决不了的原因→心得体会）

新能源汽车电学基础与高压安全

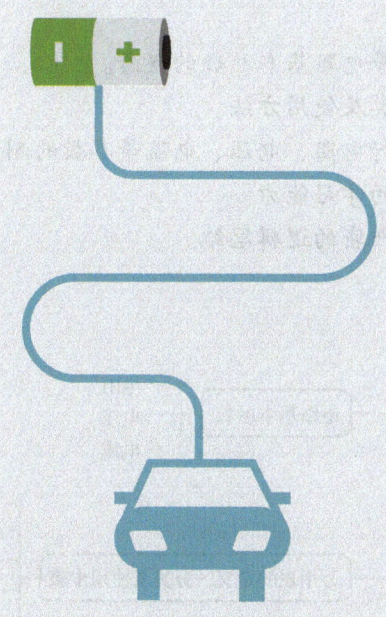

能力模块三
电工基础知识认知

任务一　电路基本参数及电工类仪表使用方法

学习目标

- 掌握电阻、电压、电流等电路基本参数的概念。
- 掌握万用表的定义、分类及使用方法。
- 具备正确使用万用表进行电阻、电压、电流等参数的测量的能力。
- 培养对新知识、新技能的学习能力。
- 培养获取信息的能力和严密的逻辑思维。

知识索引

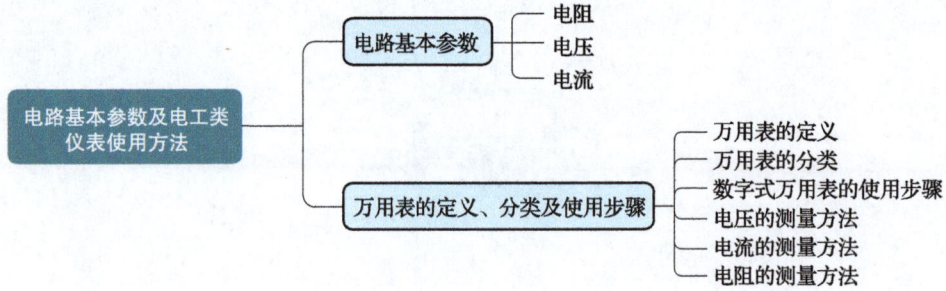

情境导入

小陈是一位非常专业的电工师傅。最近区里想组织一个公益课程，主题是"电路基本参数及电工类仪表使用方法"，并邀请小陈作为主讲，如果你是小陈，都需要准备什么内容呢？

获取信息

引导问题 1

请查阅相关资料，简述电阻、电压、电流的定义和基本参数。

_____

_____

电路基本参数

（一）电阻

1. 定义

导体对电流的阻碍作用，叫该导体的电阻。电阻（Resistor）是一个物理量，在物理学中表示导体对电流阻碍作用的大小。导体的电阻越大，表示导体对电流的阻碍作用越大。不同的导体，电阻一般不同，电阻是导体本身的一种性质。导体的电阻通常用字母 R 表示。

2. 单位

电阻的单位是欧姆，简称欧，用希腊字母"Ω"表示。常用的电阻单位还有千欧姆（kΩ）和兆欧姆（MΩ），它们的关系是

$$1\text{k}\Omega=1000\Omega，1\text{M}\Omega=1000\text{k}\Omega$$

在电气原理图中为了简便，一般将电阻值中的"Ω"省去，凡阻值在千欧以下的电阻，直接用数字表示；阻值在千欧以上的，用"k"表示；阻值在兆欧以上的，用"M"表示。

3. 影响电阻大小的因素

1）长度：当材料和横截面积相同时，导体的长度越长，电阻越大。

2）横截面积：当材料和长度相同时，导体的横截面积越小，电阻越大。

3）材料：当长度和横截面积相同时，不同材料的导体电阻不同。

4）温度：对大多数导体来说，温度越高，电阻越大，如金属等；对少数导体来说，温度越高，电阻越小，如碳。

4. 电阻的测量

1）直接法：直接法是利用专门的测量仪表对电阻进行测量的方法。例如：用万用表电阻档测量电阻，可以直接读取数据。为了提高测量的准确度也可以采用直流单臂电桥测量电阻，这也属于直接测量。有些小电阻可以用直流双臂电桥进行测量，直接读取数据。阻值在 100~1000μΩ 的电阻可以用微欧计直接测量。采用兆欧表可以直接测量大电阻，但误差较大。图 3-1-1 所示为万用表测量电阻的示意图。

图 3-1-1　万用表测量电阻的示意图

2）间接法：用电压表和电流表测量电阻两端的电压和通过电阻的电流，然后根据欧姆定律计算电阻阻值的间接测量方法，叫伏安法。图 3-1-2 所示为伏安法测电阻的电路图以及实物连接图。用伏安法测量电阻时，根据电压表在电路中的位置，测量电路的连接有电压表前接和电压表后接两种方式。

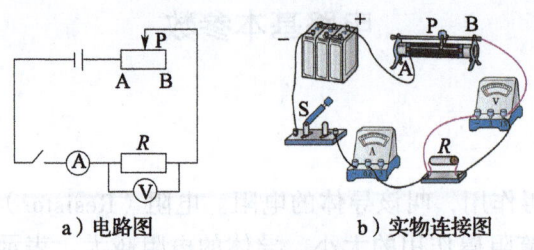

a）电路图　　　　　　b）实物连接图

图 3-1-2　伏安法测电阻

（二）电压

1. 电压的定义

电压（Voltage），也被称作电势差或电位差，是衡量单位电荷在静电场中由于电势不同所产生的能量差的物理量，如图 3-1-3 所示。电压是电路中电荷做定向移动形成电流的原因。

2. 电压的单位及表示

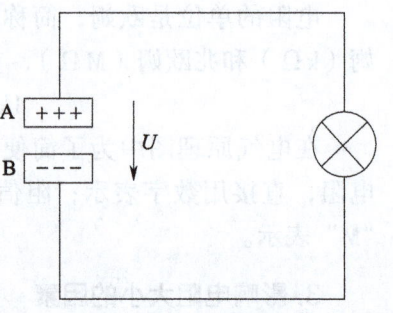

图 3-1-3　电压的定义

在国际单位制中，电压单位是伏特，简称伏，符号为 V。如果将 1 库仑（C）正电荷从电场中的 A 点移到 B 点，电场力所做的功为 1 焦耳（J），则 A 和 B 两点间的电压为 1 伏（V）。常用的电压单位还有千伏（kV）、毫伏（mV）、微伏（μV），它们之间的换算关系为

$$1\text{kV}=10^3\text{V} \qquad 1\text{mV}=10^{-3}\text{V} \qquad 1\mu\text{V}=10^{-3}\text{mV}=10^{-6}\text{V}$$

3. 电压的方向

电压同电流一样，不但有大小，而且也是有方向的。电压的方向总是对电路中的两点而言的，如果正电荷从 A 点移动到 B 点是释放能量的，则 A 点为高电位，B 点为低电位。规定电压的实际方向是由高电位指向低电位的方向。电压的方向可以用箭头来表示，也可以用双下角标表示，双下角标中前一个字母代表正电荷运动的起点，后一个字母代表正电荷运动的终点，电压的方向则由起点指向终点。除此之外还可以用"+""-"符号来表示电压的方向。图 3-1-4 所示为电压的方向的 3 种表示方法。

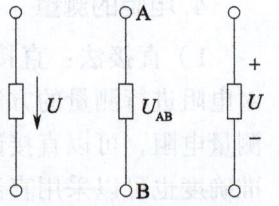

图 3-1-4　电压的方向的 3 种表示方法

4. 电压的测量

1）低压电压的测量：在低压线路中，欲测某两点间的电压，只要把电压表的两端直接接到被测的两点即可。这种方法叫并联法，即电压表并联在线路中。

2）高压电压的测量：由于高压对人的威胁很大，必须使用一种专门的设备来进行测量。这种设备叫电压互感器（PT），它的构造、工作原理与变压器相同。电压互感器可以将一次回路的高电压成正比地变换为二次回路的低电压，实现被测电压值的变换，

与普通变压器不同的是，电压互感器输出容量很小，一般不超过数十伏安或数百伏安。

（三）电流

1. 定义

大量电荷定向移动形成电流。

2. 电流产生的条件

金属导体中的自由电子是运动的，并且是在做无序不规则运动的。当存在外电场时，金属导体中的自由电子在电场力作用下就会发生定向移动，这就形成了电流，如图 3-1-5 所示。

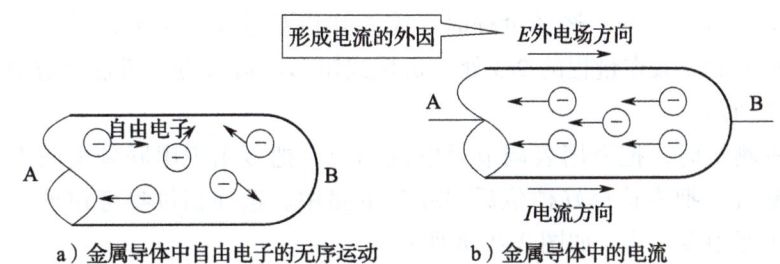

图 3-1-5　电流形成示意图

因此，产生电流必须具备两个条件。
1）导体内要有做定向移动的自由电子，这是形成电流的内因。
2）要有使自由电子做定向移动的外电场，这是形成电流的外因。

3. 电流的大小

电流的符号为 I，用公式表示为

$$I=\frac{q}{t}$$

式中，电流 I 的单位是安培，简称安，符号为 A；电量 q 的单位是库仑，符号为 C，时间 t 的单位是秒，符号为 s。

如果在 1 秒（s）内通过导体横截面的电荷是 1 库仑（C），则导体中的电流就是 1 安（A）。常用的电流单位还有千安（kA）、毫安（mA）和微安（μA）等，它们之间的换算关系如下：

$1kA=10^3A$　　　　$1mA=10^{-3}A$　　　　$1\mu A=10^{-3}mA=10^{-6}A$

4. 电流的分类

按照随时间变化的情况，电流可以分为两大类。
1）直流电流，即电流的方向不随时间变化，记作 DC，用 I 表示。
2）交流电流，其电流方向随时间变化，记作 AC，用 i 表示。

电流的大小随时间变化，而方向不随时间变化的称为脉动直流电流，如正弦波脉动直流电流和三角波脉动直流电流等。图 3-1-6 所示为电流的分类。

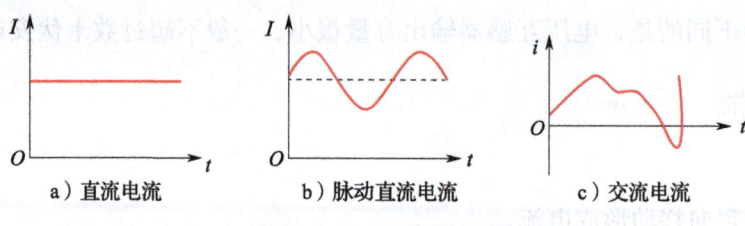

图 3-1-6 电流的分类

5.电流的测量

用万用表或者钳形电流表都能测电流,先来看如何用钳形电流表来测量电流。钳形电流表分机械式和数字式两种,现在大部分都用数字式的。钳形电流表的使用比较简单,把需要测量的导线卡到钳形电流表的钳子中间就可以了,但是在测量前需要调节档位,也就是选择量程。选择量程时,需要知道测量线路中电流的大致数值,最合适的档位是所测的读数在量程的 2/3 处。机械式钳形电流表也参考这个数值。钳形电流表如图 3-1-7 所示。

用万用表测量时,把万用表调节至电流档位,把万用表串联到电路中,即先把线路中的一端断开,把表选择好档位后串联到电路中。选择档位参考钳形电流表的选择方式。数字式万用表实物,如图 3-1-8 所示。

图 3-1-7 钳形电流表　　图 3-1-8 数字式万用表

> **引导问题 2**
>
> 请查阅相关资料,简述万用表的定义、分类及使用步骤。
> _____
> _____
> _____

万用表的定义、分类及使用步骤

(一)万用表的定义

万用表按显示方式分为指针式万用表和数字式万用表,是一种多功能、多量程的测量仪表,也是电力电子等部门不可缺少的测量仪表,一般以测量电压、电流和电阻为主要目的。

（二）万用表的分类

常见的万用表有指针式万用表和数字式万用表，如图 3-1-9 所示。指针式万用表是以表头为核心部件的多功能测量仪表，测量值由表头指针指示读取。数字式万用表的测量值由液晶显示屏直接以数字的形式显示，读取方便，有些还带有语音提示功能。万用表是公用一个表头，集电压表、电流表和欧姆表于一体的仪表。

图 3-1-9　指针式万用表和数字式万用表

（三）数字式万用表的使用步骤

1. 表笔的连接

数字式万用表的表笔与指针式万用表相同，也有两支，即红表笔和黑表笔。使用数字式万用表测量前，应先将两支表笔对应插入相应的表笔插孔中。其中，黑表笔作为公共端插到"COM"插孔中，红表笔可根据功能不同，选择插入其余红色插孔中。数字式万用表的表笔连接示意，如图 3-1-10 所示。

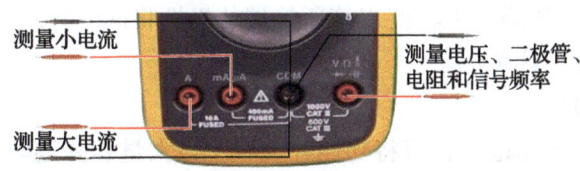

图 3-1-10　数字式万用表的表笔连接示意图

2. 旋转档位，启动电源

一般数字式万用表设置有电源按钮，没有设置电源按钮的，可以通过旋转档位启动电源。有按钮的，通过按下按钮启动电源。如图 3-1-11 所示的数字式万用表，可以通过旋转档位启动电源。

正常情况下，启动电源后，液晶显示屏显示出相应的字符

旋转档位，启动电源，液晶显示屏显示出测量单位（如Ω、V、A等）或测量功能（如AC、DC等）

某些数字式万用表带有电源按钮，按下电源按钮即可启动电源

部分数字式万用表在档位上设有一个关闭档，当选择检测的功能或量程时，数字式万用表就直接通电进行启动

图 3-1-11　旋转档位，启动电源

3. 测量模式的设定

通常情况下，数字式万用表的一个档位上会有 2 种测量的状态，可以根据具体的测量类型设定数字式万用表测量模式。例如，进行电路电流测量时，有交流电流和直流电流两种测量模式。需要使用数字式万用表进行交流电流的测量时，设定对应的模式即可进行正确的测量。

4. 量程的选择

在使用数字式万用表进行测量时，应该根据测量的范围选择合适量程，越接近测量值的档位，测量结果越准确。如果量程选择不当，会造成测量结果的误差较大或者出现错误的结果。在进行数字式万用表测量时，不同的量程，测量结果的准确度是不同的。

（四）电压的测量方法

1. 直流电压测量

1）将黑表笔插入"COM"插孔，红表笔插入"VΩ"插孔。

2）将功能开关置于直流电压档量程范围，并将表笔连接到待测电源（测开路电压）或负载（测负载电压降）上，红表笔所接端的极性将同时显示于显示屏上。

3）读取读数，并确认单位。

需要特别注意的是：

1）如果不知被测电压范围，应将功能开关置于最大量程并逐渐下降。

2）如果显示屏只显示"1"，表示过量程，功能开关应置于更高量程。

3）显示屏显示空白时，表示不要测量高于 1000V 的电压，虽然显示更高的电压值是可能的，但有损坏内部线路的危险。

4）当测量高电压时，要格外注意避免触电。

2. 交流电压的测量

1）将黑表笔插入"COM"插孔，红表笔插入"VΩ"插孔。

2）将功能开关置于交流电压档量程范围，并将表笔连接到待测电源或负载上。测量连接的方法同直流电压的测量连接一样。测量交流电压时，没有极性显示。

（五）电流的测量方法

1. 直流电流的测量

1）将黑表笔插入"COM"插孔，当测量最大值为 200mA 的电流时，红表笔插入"mA"插孔，当测量最大值为 20A 的电流时，红表笔插入"A"插孔。

2）将功能开关置于直流电流档量程，并将表笔串联接入到待测负载上，电流值显示的同时，将显示红表笔所接端的极性。

需要注意的是：

1）如果使用前不知道被测电流范围，应将功能开关置于最大量程并逐渐下降。

2）表示最大的允许输入电流为 200mA。过大的电流会使熔断器熔断，应更换量程测量。20A 量程无熔断器保护，测量时长不能超过 15s。

2. 交流电流的测量

交流电流的测量方法与直流电流的测量方法相同，不同的地方是功能开关应该打到交流档位，电流测量完毕后应将红表笔插回"VΩ"插孔，若忘记这一步而使用数字式万用表直接测电压，表或电源会报废，所以此处务必需要注意。

（六）电阻的测量方法

将表笔插进"COM"和"VΩ"插孔中，将功能开关置于电阻档中所需的量程，用表笔接在电阻两端金属部位。电阻的测量需要注意以下 5 项：

1）如果被测电阻值超出所选择量程的最大值，将显示过量程"1"，应选择更高的量程，对于大于 1MΩ 的电阻，要几秒后读数才能稳定，这是正常的。

2）当没有连接好时，例如开路情况，仪表显示为"1"。

3）当检查被测线路的阻抗时，要保证移开被测线路中的所有电源，所有电容放电。被测线路中，如有电源和储能元件，会影响线路阻抗测试正确性。

4）数字式万用表的 200MΩ 档位，短路时万用表显示"1.0"，在测量一个电阻时，应从测量读数中减去"1.0"。如测一个电阻时，显示为"101.0"，应从"101.0"中减去"1.0"，被测电阻的实际阻值为"100.0"即 100MΩ，这主要是因为该档电路不同于前面几档电路，其精确度相对较差。

5）测量中可以用手接触电阻主体，但不要用手同时接触电阻两端，因为人体是电阻很大但有限大的导体。

任务分组

表 3-1-1　学生任务分配表

班级		组号		指导教师	
组长		学号			
组员角色分配					
信息员		学号			
操作员		学号			
记录员		学号			
安全员		学号			
任务分工					
（就组织讨论、工具准备、数据采集、数据记录、安全监督、成果展示等工作内容进行任务分工）					

新能源汽车电学基础与高压安全　　姓名　　　班级　　　日期

工作计划

按照前面所了解的知识内容和小组内部讨论的结果，制定工作方案，落实各项工作负责人，如任务实施前的准备工作、实施中主要操作及协助支持工作、实施中相关要点及数据的记录工作等。

表 3-1-2　工作计划表

步骤	工作内容	负责人
1		
2		
3		
4		
5		
6		

进行决策

1）各组派代表阐述资料查询结果。
2）各组就各自的查询结果进行交流，并分享技巧。
3）教师对各组的计划方案进行点评。
4）各组长对组内成员进行任务分工，教师确认分工是否合理。

任务实施

> **引导问题 3**
>
> 扫描二维码观看视频，了解常见电工类仪表的使用方法。
> _____
> _____
> _____
>
> 万用表的正确使用

参考操作视频，按照规范作业要求学习常见电工类仪表使用方法，并完成数据采集和记录。

表 3-1-3　设备及工具准备

序号	设备及工具名称	数量	设备及工具是否完好
1	智能电学套装	1 套	□是　□否
2	普通数字式万用表	1 台	□是　□否
3	绝缘台	1 台	□是　□否

（续）

序号	设备及工具名称	数量	设备及工具是否完好
4	钳形万用表	1台	□是　□否
质检意见	原因：		□是　□否

表 3-1-4　场地及安全防护准备

序号	场地及安全防护项目	项目是否完成
1	任务实施前，需要做好场地防护准备，必须检查实训场地和设备设施是否存在安全隐患	□是　□否
2	绝缘桌面无多余物体摆放	□是　□否
3	检测智能电学套装外表是否完好	□是　□否
质检意见	原因：	□是　□否

表 3-1-5　普通数字式万用表的使用

序号	步骤和记录	完成情况
1	将普通数字式万用表摆放在绝缘桌面上 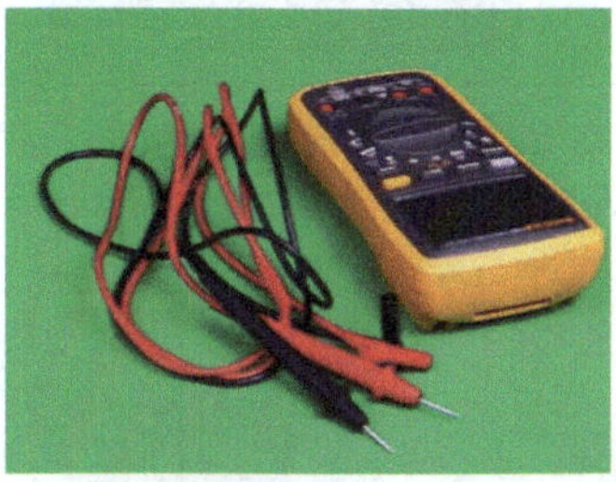	已完成□ 未完成□
2	认识普通数字式万用表的外观结构和按键功能，根据微课的内容，填写完成下图空格 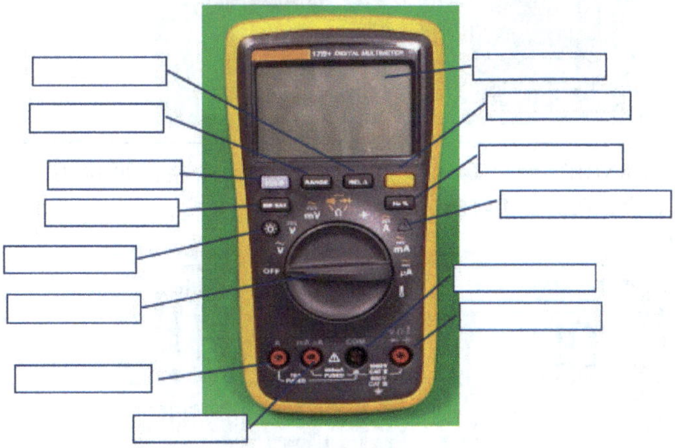	已完成□ 未完成□

（续）

序号	步骤和记录	完成情况
3	将功能开关拨至电阻档，按下"HOLD"键，显示屏左上角会有"HOLD"字样出现 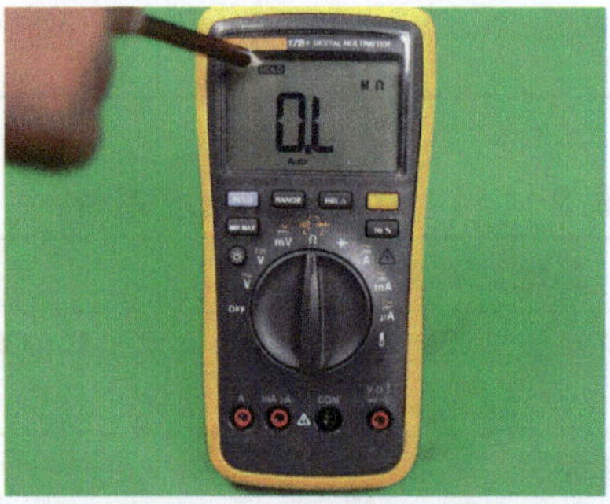	已完成□ 未完成□
4	再次按下"HOLD"键，显示屏左上角的"HOLD"消失 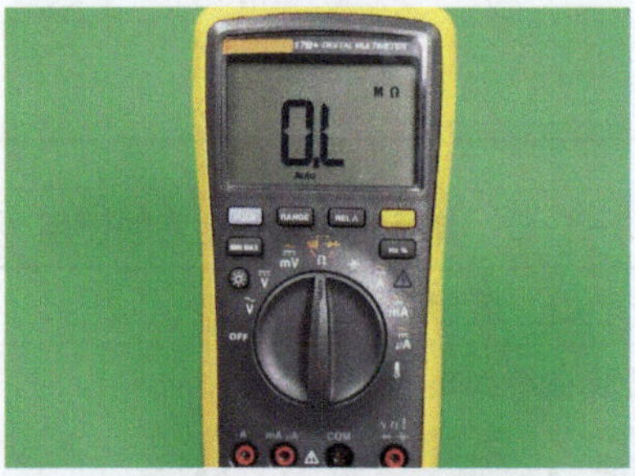	已完成□ 未完成□
5	按下"RANGE"键，观察显示屏底部中间的"Auto"是否改为显示"Manual"。正常情况下，"Auto"消失，进而显示"Manual" 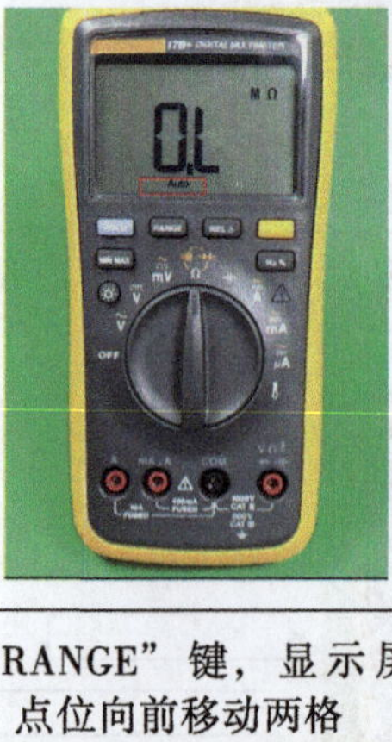 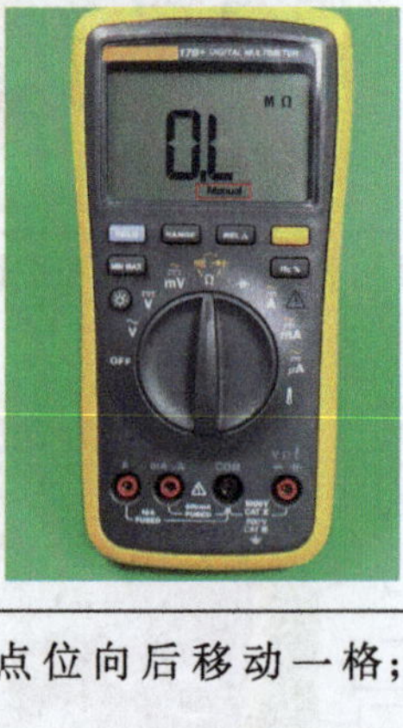	已完成□ 未完成□
6	再次按下"RANGE"键，显示屏点位向后移动一格；再接着按下"RANGE"键，点位向前移动两格 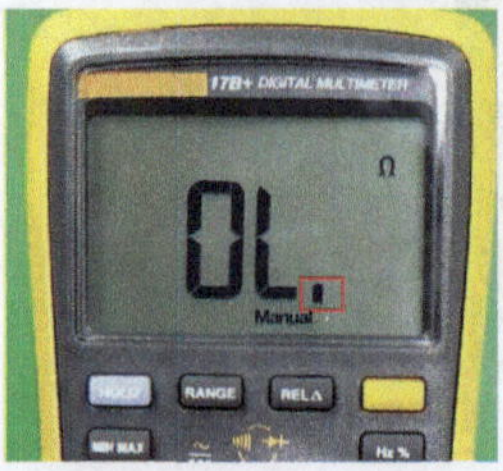 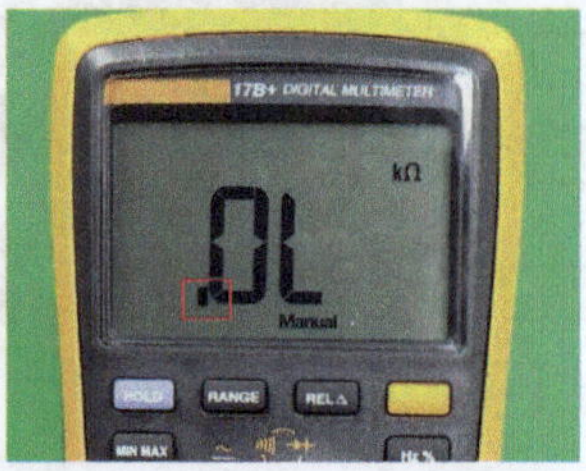	已完成□ 未完成□

（续）

序号	步骤和记录	完成情况
7	按下黄色按钮，显示屏左上角出现蜂鸣标志，右上角"kΩ"改为"Ω"。再次按下黄色按钮，蜂鸣标志消失，"Ω"改为"✦"，第三次按下黄色按钮，显示屏回到原始状态 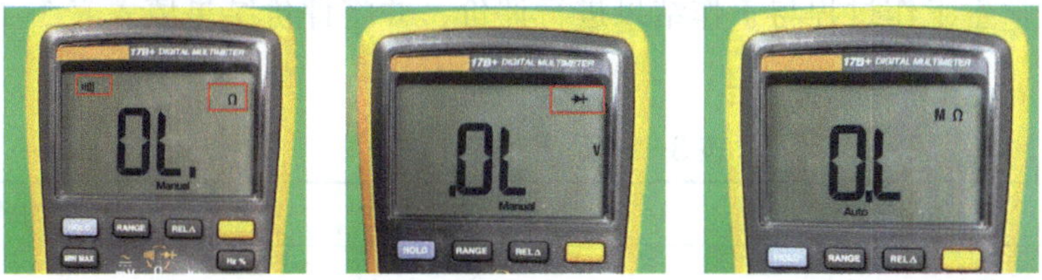	已完成□ 未完成□
8	将功能开关扭至交直流毫伏档位，按下"Hz%"键，"Hz%"键下方的显示灯亮，显示数值变为"0.000"，左上角出现闪电标志，右上角出现"Hz"字样。再次按下"Hz%"键，闪电标志不变，右上角"Hz"标志变为"%"标志 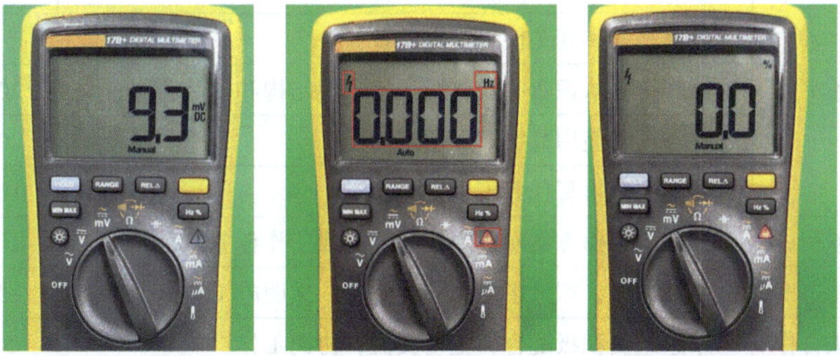	已完成□ 未完成□
9	再次按下"Hz%"键，按键下方显示灯熄灭，显示屏左右上角无显示。保持功能开关档位为交直流毫伏档位，按下最大最小值键，显示屏中上部出现最大值标志，再次按下此键出现最小值标志 	已完成□ 未完成□
10	实训现场 7S 整理	已完成□ 未完成□
总结 提升		已完成□ 未完成□
质检 意见	原因：	已完成□ 未完成□

评价反馈

1）各组代表展示汇报 PPT，介绍任务的完成过程。

2）请以小组为单位，对各组的操作过程与操作结果进行自评和互评，并将结果填入表 3-1-6 中的小组评价部分。

3）教师对学生工作过程与工作结果进行评价，并将评价结果填入表 3-1-6 中的教师评价部分。

表 3-1-6 综合评价表

班级		组别		姓名		学号	
实训任务							
评价项目		评价标准				分值	得分
小组评价	计划决策	制定的工作方案合理可行，小组成员分工明确				10	
	任务实施	能够正确检查并设置实训工位				5	
		能够准备和规范使用工具设备				5	
		能够正确认识数字式万用表的外观结构和按键功能				20	
		能够正确使用数字式万用表				20	
		能够规范填写任务工单				10	
	任务达成	能按照工作方案操作，按计划完成工作任务				10	
	工作态度	认真严谨，积极主动，安全生产，文明施工				10	
	团队合作	小组组员积极配合，主动交流，协调工作				5	
	7S 管理	完成竣工检验、现场恢复				5	
		小计				100	
教师评价	实训纪律	不出现无故迟到、早退、旷课现象，不违反课堂纪律				10	
	方案实施	严格按照工作方案完成任务实施				20	
	团队协作	任务实施过程互相配合，协作度高				20	
	工作质量	能准确完成实训任务				20	
	工作规范	操作规范，三不落地，无意外事故发生				10	
	汇报展示	能准确表达，总结到位，改进措施可行				20	
		小计				100	
综合评分		小组评价分 ×50% + 教师评价分 ×50%					
总结与反思							
（如：学习过程中遇到什么问题→如何解决/解决不了的原因→心得体会）							

任务二　电路基本元器件及其作用认知

学习目标

- 掌握电阻器的定义以及认识常见的电阻器。
- 掌握电容器、开关的概念以及作用。
- 掌握熔断器的概念，认识其种类、结构原理和规格等内容。
- 具备正确识别电阻器、电容器、熔断器和开关，并读取其相关参数的能力。
- 具备正确检测电阻器、电容器、熔断器和开关是否正常的能力。
- 培养对新知识、新技能的学习能力。
- 培养获取信息的能力和严密的逻辑思维。

知识索引

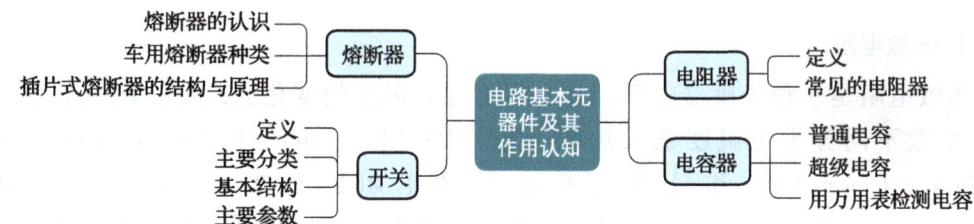

情境导入

某单位新买了一批电子元器件，有电阻器、电容器、开关和熔断器等，在使用前需要抽检这批元器件的质量，应该怎么判断元器件的好坏？

获取信息

引导问题 1

请查阅相关资料，简述电阻器的定义和分类。

_____

_____

_____

电阻器

（一）定义

电阻器（Resistor）在日常生活中一般直接称为电阻。电阻器是一个限流元件，一般具有两个引脚，它可以限制通过它所连支路的电流大小。阻值不能改变的电阻称为定值电阻，阻值可变的电阻称为电位器或可变电阻。

（二）常见的电阻器

1. 定值电阻

定值电阻指电阻阻值不变的电阻器，也就是常说的电阻。导体电阻大小与导体的长度、横截面面积、材料和温度有关。定值电阻如图 3-2-1 所示。

图 3-2-1　定值电阻

2. 滑动变阻器

滑动变阻器是常见的电路元件，它可以通过改变自身的阻值大小，起到控制电路的作用。在电路分析中，滑动变阻器既可以作为一个定值电阻，也可以作为一个可变电阻。滑动变阻器的构成一般包括接线柱、滑片、电阻丝、金属杆和瓷筒五部分。滑动变阻器的电阻丝绕在瓷筒上，电阻丝外面涂有绝缘漆。滑动变阻器如图 3-2-2 所示。

3. 热敏电阻

热敏电阻是一种传感器电阻，其电阻值随着温度的变化而改变。热敏电阻按照温度系数不同分为正温度系数热敏电阻（PTC Thermistor，即 Positive Temperature Coefficient Thermistor）和负温度系数热敏电阻（NTC Thermistor，即 Negative Temperature Coefficient Thermistor）。正温度系数热敏电阻的电阻值随温度的升高而增大，负温度系数热敏电阻的电阻值随温度的升高而减小，它们同属于半导体器件。热敏电阻如图 3-2-3 所示。

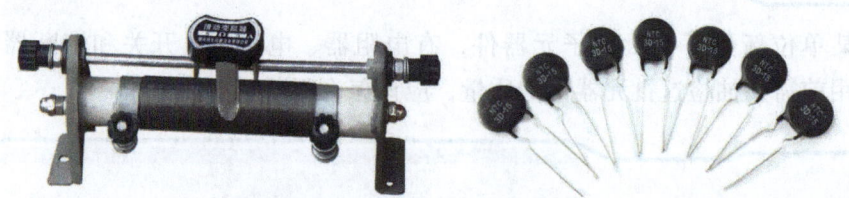

图 3-2-2　滑动变阻器　　　　　图 3-2-3　热敏电阻

图 3-2-4 显示了 NTC 热敏电阻随温度变化的曲线图，温度越高，电阻的阻值越低，温度越低，电阻的阻值反而越高。PTC 热敏电阻是电阻值随温度升高而增大的半导体电阻。PTC 热敏电阻随温度变化的曲线图，如图 3-2-5 所示。

（1）NTC 热敏电阻在车辆中的应用

1）冷却液温度传感器。

2）润滑油温度传感器。

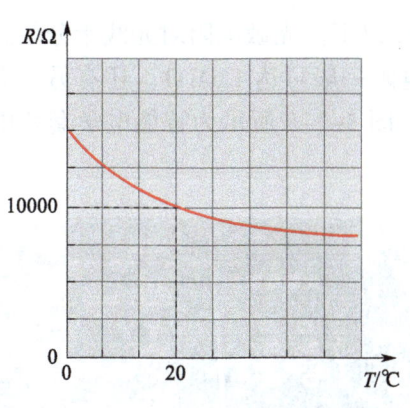

图 3-2-4　NTC 热敏电阻曲线图　　图 3-2-5　PTC 热敏电阻曲线图

（2）PTC 热敏电阻在车辆中的应用
1）座椅加热器。
2）车外后视镜加热器。
3）后窗玻璃加热器。
4）氧传感器加热元件。
（3）热敏电阻的主要特点
1）灵敏度较高。
2）工作温度范围宽。
3）体积小。
4）使用方便。
5）易加工，可大批量生产。
6）稳定性好、过载能力强。
不同类型的热敏电阻，外形有所差别。不同类型的热敏电阻如图 3-2-6 所示。

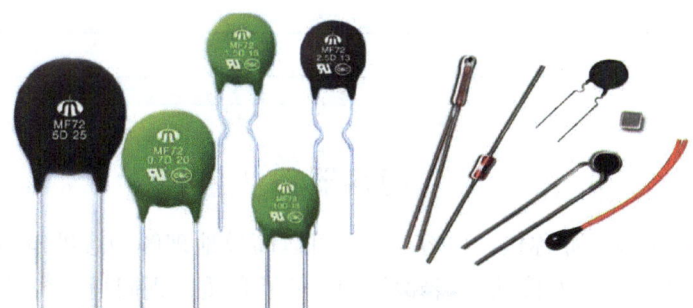

图 3-2-6　不同类型的热敏电阻

4. 光敏电阻

光敏电阻（Photoresistor 或 Light-dependent Resistor）或光导管（Photoconductor），又称为光电导探测器，常用的制作材料为硫化镉，还有硒、硫化铝、硫化铅和硫化铋等材料，如图 3-2-7 所示。

光敏电阻工作原理基于内光电效应。光照越强，阻值就越低，随着光照强度的升高，电阻值迅速降低，亮电阻值可小至1kΩ以下。光敏电阻对光线十分敏感，其中一类光敏电阻在无光照时，呈高阻状态，暗电阻一般可达1.5MΩ。还有另一类为入射光弱时，电阻减小，入射光强时，电阻增大。图3-2-8所示为智能电学套装中的光敏电阻模块。

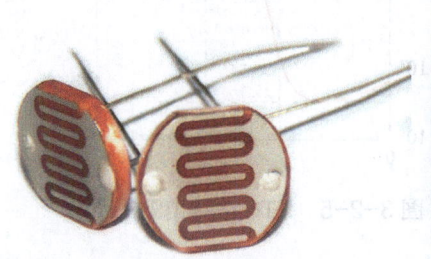

图3-2-7　光敏电阻

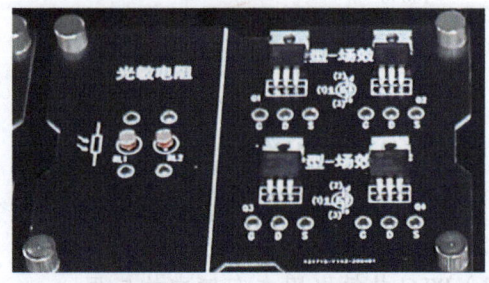

图3-2-8　光敏电阻模块

一般光敏电阻及其符号，如图3-2-9所示。光敏电阻通常由光敏层、玻璃基片（或树脂防潮膜）和电极等组成。光敏电阻在电路中用字母"R"或"RL""RG"表示。

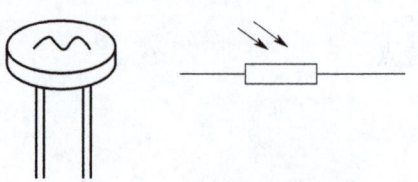

图3-2-9　光敏电阻及其符号

引导问题 2

请查阅相关资料，简述对普通电容、超级电容的认知。

_____

_____

_____

电容器

电容（Capacitance）亦称作"电容量"，可以简单地理解为容纳电荷的能力；一般来说，电荷在电场中会受力移动，当导体之间有了介质，则阻碍了电荷移动而使得电荷累积在导体上，造成电荷的累积储存，储存的电荷量则称为电容。在国际单位制里，电容的单位是法拉，简称法，符号是F，由于法拉这个单位太大，所以常用的电容单位有毫法（mF）、微法（μF）、纳法（nF）和皮法（pF）等，换算关系是

1法拉（F）= 10^3 毫法（mF）= 10^6 微法（μF）= 10^9 纳法（nF）= 10^{12} 皮法（pF）

（一）普通电容

电容器由两块金属电极之间夹一层绝缘电介质组成。当在两金属电极间加上电压

时，电极上就会存储电荷，所以电容器是储能元件。平行板电容器由电容器的极板和电介质组成。电容器实物图，如图 3-2-10 所示。电路中经常用到的普通电容也可以分为瓷片电容、电解电容和贴片电容等。

图 3-2-10 电容器实物

1. 瓷片电容

瓷片电容（Ceramic Capacitor）是一种用陶瓷材料作为电介质，在陶瓷表面涂覆一层金属薄膜，再经高温烧结后作为电极而成的电容器。通常用于高稳定振荡回路中，作为回路、旁路电容器及垫整电容器。瓷片电容具有稳定、绝缘性好、耐高压的优点。缺点是容量比较小。瓷片电容及其电路符号如图 3-2-11 所示。

2. 电解电容

电解电容是电容的一种，它以金属箔为正极，与正极紧贴的金属氧化膜是电介质，负极由导电材料、电解质和其他材料共同组成，因电解质是负极的主要部分，电解电容因此而得名。同时，电解电容正负极不可接错。图 3-2-12 所示为电解电容及其电路符号。

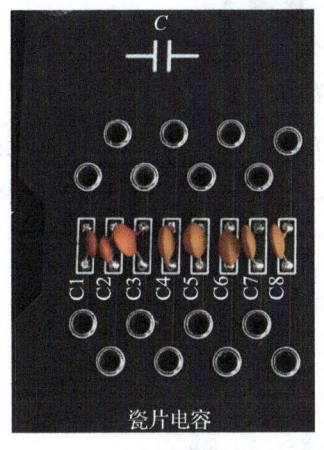

图 3-2-11 瓷片电容及其电路符号

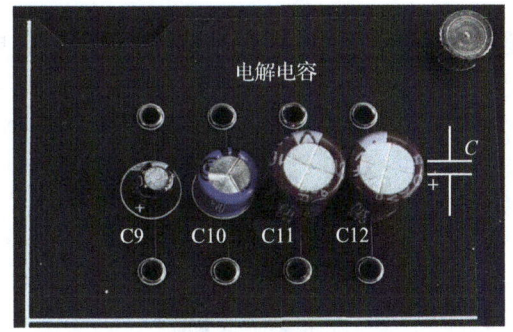

图 3-2-12 电解电容及其电路符号

3. 贴片电容

贴片电容全称为：多层（积层，叠层）片式陶瓷电容器，也称为贴片电容或片容。图 3-2-13 所示为智能电学套装上的贴片电容。其电路符号与瓷片电容的电路符号一样。

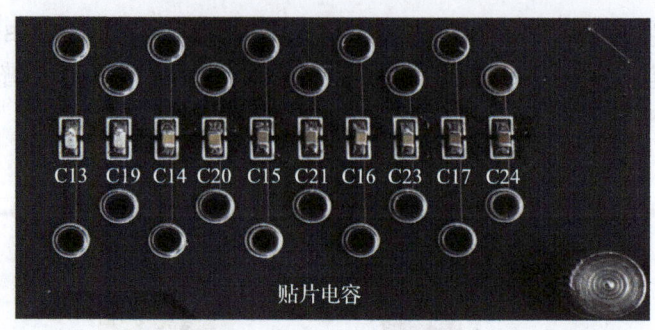

图 3-2-13 贴片电容

（二）超级电容

超级电容，又名电化学电容、双电层电容、黄金电容、法拉电容，它不同于传统的化学电源，是一种介于传统电容器与电池之间，具有特殊性能的电源，超级电容主要依靠双电层和氧化还原赝电容电荷储存电能。但在其储能过程中并不发生化学反应，这种储能过程是可逆的，也正因如此超级电容可以反复充放电数十万次。图 3-2-14 所示为超级电容。

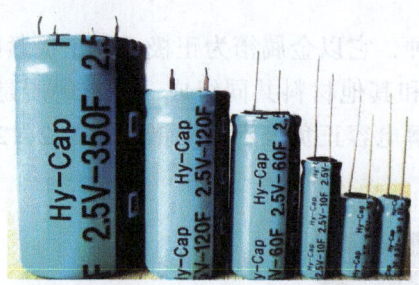

图 3-2-14 超级电容

超级电容的突出优点是功率密度高、充放电时间短、循环寿命长、工作温度范围宽，是世界上已投入量产的电容中容量最大的一种。超级电容工作原理，如图 3-2-15 所示。

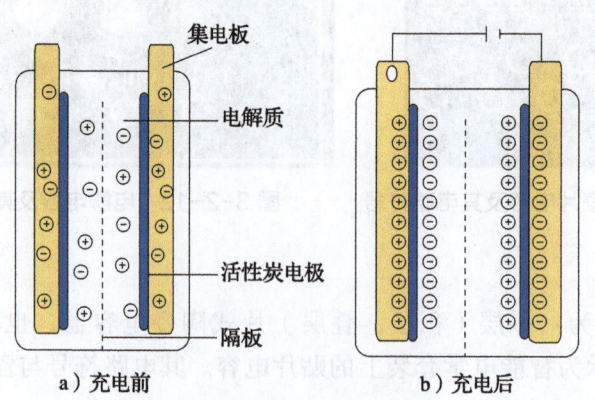

a）充电前　　　　　　　　b）充电后

图 3-2-15 超级电容工作原理

（三）用万用表检测电容

1. 用电容档直接检测

某些数字式万用表具有测量电容的功能，其量程分为 2000p、20n、200n、2μ 和 20μ 五档。测量时可将已放电的电容两引脚直接插入表板上的"Cx"插孔，选取适当的量程后就可读取显示数据。

2000p 档，宜于测量小于 2000pF 的电容；20n 档，宜于测量 2000pF~20nF 之间的电容；200n 档，宜于测量 20nF~200nF 之间的电容；2μ 档，宜于测量 200nF~2μF 之间的电容；20μ 档，宜于测量 2μF~20μF 之间的电容。

2. 用电阻档检测

实践证明，利用数字式万用表也可观察电容器的充电过程，这实际上是以离散的数字量反映充电电压的变化情况。设数字式万用表的测量速率为 n 次/s，则在观察电容器的充电过程中，每秒即可看到 n 个彼此独立且依次增大的读数。根据数字式万用表的这一显示特点，可以检测电容器的好坏和估测电容量的大小。

3. 用直流电压档检测

用数字式万用表直流电压档检测电容器，是一种间接测量法，此法可测量 220pF~1μF 的小容量电容器，并且能精确测出电容器漏电流的大小。

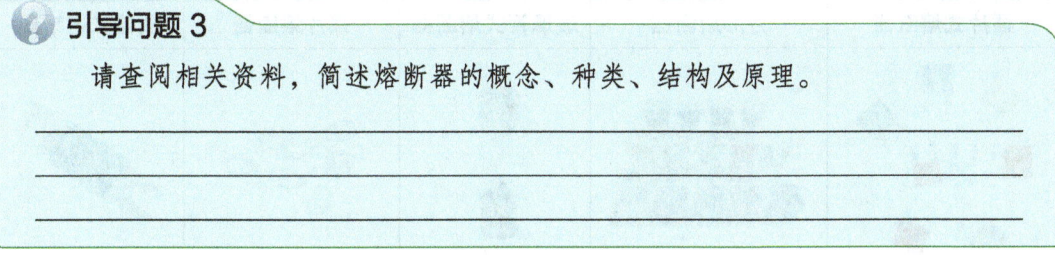

引导问题 3

请查阅相关资料，简述熔断器的概念、种类、结构及原理。
_____
_____
_____

熔断器

（一）熔断器的认识

新能源汽车上的熔断器与家用熔断器的作用大同小异。当电路中用电设备负载过大或电路中有短路的情况，导致电路中电流异常并超过其额定电流时熔断器熔断，起到保护电路及用电设备的作用，熔断器是保护构成汽车电路的导线、用电设备和装置等免遭火灾等事故损害的重要部件。如图 3-2-16 所示为智能电学套装中的熔断器。

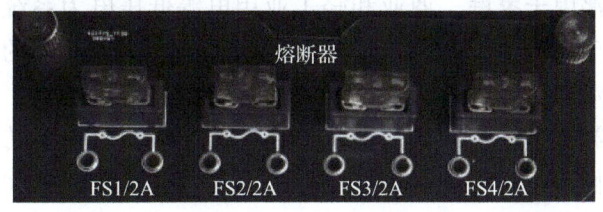

图 3-2-16　熔断器

（二）车用熔断器种类

随着车用熔断器的不断发展，熔断器可以分成不同的种类，见表 3-2-1。

表 3-2-1 熔断器的发展

年份	熔断器名称	图片	年份	熔断器名称	图片
1880	插塞式熔断器		1982	慢熔熔断器	
1914	玻璃管式熔断器		1991	MINI 熔断器	
1978	插片式熔断器		2000	高电压熔断器	

1）按形状分类：插片式熔断器、方形熔断器、玻璃管式熔断器、裸片熔断器、插栓式熔断器，见表 3-2-2。

表 3-2-2 熔断器按形状分类

插片式熔断器	方形熔断器	玻璃管式熔断器	裸片熔断器	插栓式熔断器

其中，插栓式熔断器可分为小号（M5 或 M6）插栓式熔断器、大号（M8）插栓式熔断器。玻璃管式熔断器可分为 6.35mm×30mm 玻璃管式熔断器、6.35mm×31.75mm 玻璃管式熔断器、10mm×38mm 玻璃管式熔断器。

2）按额定电压分类：高压熔断器、低压熔断器、安全电压熔断器。

高压熔断器通常用于保护高电压的电力系统，如配电系统、变电站和工业厂房等。它们的额定电压通常在几千伏到几十千伏之间，具有较高的分断能力和稳定性。当电路中出现过电流或短路时，高压熔断器能够迅速熔断，断开电路，保护电气设备免受损坏。

低压熔断器通常用于家庭、商业和轻工业用电等低压电力系统。它们的额定电压通常在几百伏到几千伏之间，比高压熔断器低得多。低压熔断器的主要作用是保护电路和设备免受过电流的损害，确保电力系统的正常运行。

安全电压熔断器是一种特殊的熔断器，通常用于限制电路中的电压，以保护人员和设备的安全。它们的额定电压较低，通常在几十伏到几百伏之间。当电路中的电压超过安全电压熔断器的额定电压时，熔断器会熔断，从而断开电路，避免电击和设备损坏等危险情况的发生。

3）按熔断速度分类：快熔熔断器、慢熔熔断器。

快熔熔断器的主要部件是细锡线，用在电阻性电路中，保护一些对电流变化特别敏感的元器件。

慢熔熔断器又被称为耐浪涌熔断器或延时熔断器，与快熔熔断器的最主要区别在于它对瞬间脉冲电流的承受能力不同，其熔体熔断器是锡–铜合金片，主要应用于电感性或电容性电路中。

（三）插片式熔断器的结构与原理

插片式熔断器主要由端子、熔体、测试点和绝缘体组成，如图 3-2-17 所示。

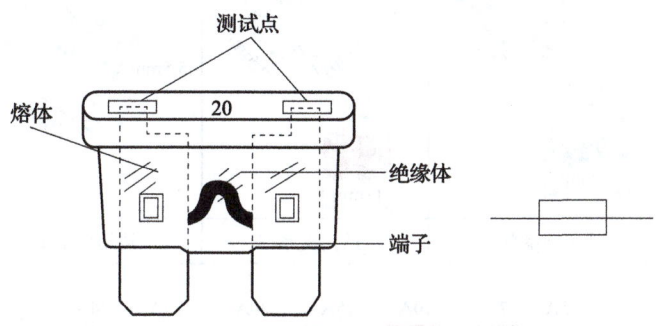

图 3-2-17　插片式熔断器的结构及电路符号

熔体是熔断器的核心，熔断时起到切断电流的作用。熔体由比普通导线本身的熔点低的类似于焊料的金属制成。其尺寸经过非常精确的校准，当电流通过熔体时，因为熔体存在一定的电阻，所以熔体将会发热，使熔体的温度从环境温度逐渐上升，同时熔断器也会通过连接条件散热，当工作电流正常时，熔体发热和散热达到平衡，熔体温度会维持在一个固定的水平上下。熔断器熔断时，如图 3-2-18 所示。

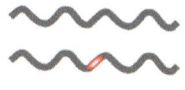

1）熔断器接通过载电流。
2）过载电流使熔断器熔体发热。
3）熔断器熔体熔断。
4）熔体熔断后，由于导体两端的电压而发生火花。
5）熔断距离加大后，电火花停止。

图 3-2-18　熔断器熔断示意图

绝缘体的作用是将熔体与电极固定成为刚性的整体，以便于安装。同时，为了方便检查，在绝缘体的上方设计有测试点并标注有熔断器的类型、额定电压、额定电流及品牌。为了保证使用安全，熔断器的绝缘体材料必须具有良好的机械强度、绝缘性、耐热性和阻燃性，在使用中不应产生断裂、变形、燃烧及短路等现象。劣质熔断器 110% 寿命试验的熔断情形，如图 3-2-19 所示。

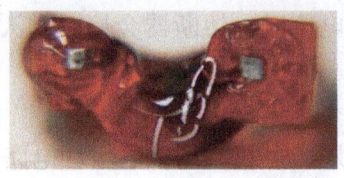

图 3-2-19 劣质熔断器 110% 寿命试验的熔断情形

插片式熔断器按绝缘体和电极的尺寸大小不同分为中号平角、小号长脚和小号短脚三种形式，如图 3-2-20 所示。

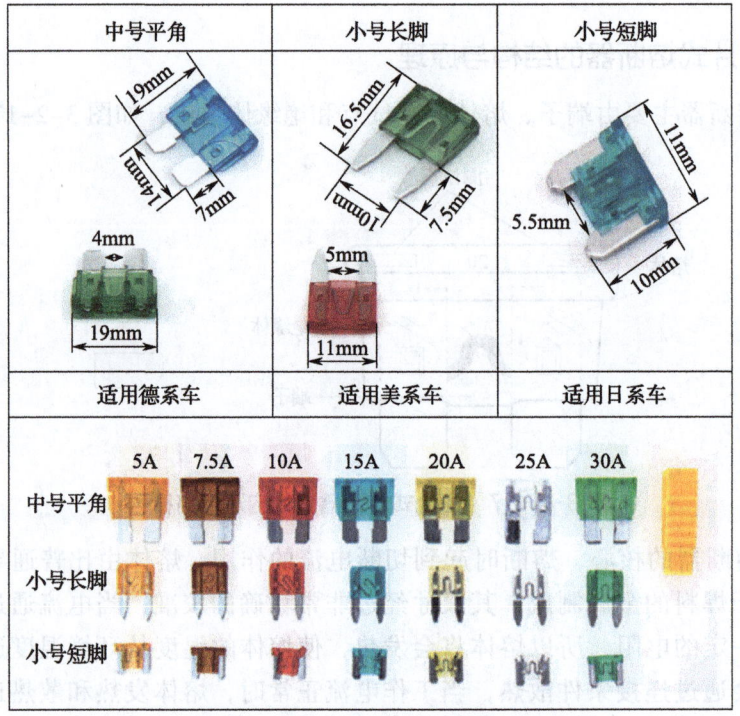

图 3-2-20 插片式熔断器的区分

引导问题 4

请查阅相关资料，简述开关的定义、分类、结构及参数。

_____

_____

开关

（一）定义

开关是指一个可以使电路开路、使电流中断或使电流流到其他电路的电子元件。最常见的开关是让人操作的机电设备，其中有一个或数个电子触点。触点的"闭合"

（Closed）表示电子触点导通，允许电流流过；开关的"开路"（Open）表示电子触点不导通，不允许电流流过。图 3-2-21 所示为智能电学套装中的开关电路板。

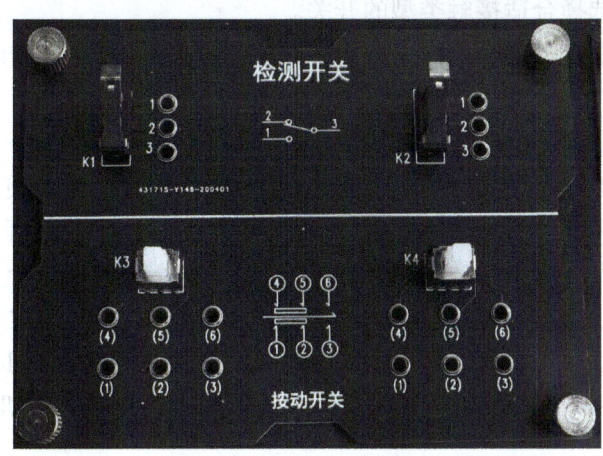

图 3-2-21　开关电路板

（二）主要分类

（1）按照用途分类　波动开关、波段开关、录放开关、电源开关、预选开关、限位开关、控制开关、转换开关、隔离开关、行程开关、墙壁开关和智能防火开关等。

（2）按照结构分类　微动开关、船形开关、钮子开关、拨动开关、按钮开关、按键开关、薄膜开关和点开关，见表 3-2-3。

表 3-2-3　按照结构分类的开关类型及图片

开关类型	对应图片	开关类型	对应图片
微动开关		按钮开关	
船形开关		按键开关	
钮子开关		薄膜开关	
拨动开关		点开关	

（3）按照接触类型分类　开关按接触类型可分为 a 型触点、b 型触点和 c 型触点三种。接触类型是指，"操作（按下）开关后，触点闭合"这种操作状况和触点状态的关系。需要根据用途选择合适接触类型的开关。

（4）按照开关数分类　单控开关、双控开关、多控开关、调光开关、调速开关。

（三）基本结构

最简单的开关有两片名叫"触点"的金属，两个触点接触时使电流形成回路，两个触点不接触时电流开路。选用触点金属时需考虑其对抗腐蚀的程度，因为大多数金属氧化后会形成绝缘的氧化物，使触点无法正常工作。选用触点金属也需考虑其电导率、硬度、机械强度、成本及是否有毒等因素。开关中除了触点之外，也会有可动件使触点导通或不导通，开关可依可动件的不同分为杠杆开关（Toggle Switch）、按键开关、船形开关（Rocker Switch）等，而可动件也可以是其他形式的机械连杆。

（四）主要参数

1）额定电压：指开关在正常工作时所允许的安全电压。加在开关两端的电压大于此值，会造成两个触点之间打火击穿。

2）额定电流：指开关接通时所允许通过的最大安全电流，当超过此值时，开关的触点会因电流过大而烧毁。

3）绝缘电阻：指开关的导体部分与绝缘部分的电阻，绝缘电阻应在 100MΩ 以上。

4）接触电阻：指开关在开通状态下每对触点之间的电阻。接触电阻一般要求在 0.1~0.5Ω 或 0.1Ω 以下，此值越小越好。

5）耐压：指开关对导体及地之间所能承受的最高电压。

6）寿命：指开关在正常工作条件下，能操作的次数，一般要求在 5000~35000 次。

任务分组

表 3-2-4　学生任务分配表

班级		组号		指导教师	
组长		学号			
组员角色分配					
信息员		学号			
操作员		学号			
记录员		学号			
安全员		学号			
任务分工					
（就组织讨论、工具准备、数据采集、数据记录、安全监督、成果展示等工作内容进行任务分工）					

| 姓名 | 班级 | 日期 | 能力模块三　电工基础知识认知 |

📝 工作计划

按照前面所了解的知识内容和小组内部讨论的结果，制定工作方案，落实各项工作负责人，如任务实施前的准备工作、实施中主要操作及协助支持工作、实施中相关要点及数据的记录工作等。

表 3-2-5　工作计划表

步骤	工作内容	负责人
1		
2		
3		
4		
5		
6		

🧍 进行决策

1）各组派代表阐述资料查询结果。
2）各组就各自的查询结果进行交流，并分享技巧。
3）教师对各组的计划方案进行点评。
4）各组长对组内成员进行任务分工，教师确认分工是否合理。

👤 任务实施

❓ **引导问题 5**

查阅相关资料，了解如何完成电路基本元器件的测试。

_____

_____

参考以下内容，按照规范作业要求学习电路基本元器件的测试，并完成数据采集和记录。

表 3-2-6　设备及工具准备

序号	设备及工具名称	数量	设备及工具是否完好
1	智能电学套装	1 套	□是　□否
2	万用表	1 台	□是　□否
3	绝缘台	1 张	□是　□否
质检意见	原因：		□是　□否

表 3-2-7 场地及安全防护准备

序号	场地及安全防护项目	项目是否完成
1	任务实施前需要做好场地防护准备，并且须检查实训场地和设备设施是否存在安全隐患	□是 □否
2	绝缘桌面无多余物体摆放	□是 □否
3	检查智能电学套装外表是否完好	□是 □否
质检意见	原因：	□是 □否

表 3-2-8 电路基本元器件的测试

序号	步骤和记录	完成情况
1	打开智能电学套装，连接电源	已完成□ 未完成□
2	找到电阻板的位置，智能电学套装断电，将万用表调至电阻档。表笔连接在电阻两端，记录阻值。选择面板中编号为 R10、R11 的电阻，测得其阻值。根据测量值以及电阻原标定值，进行误差的计算，并判断其是否在误差范围内 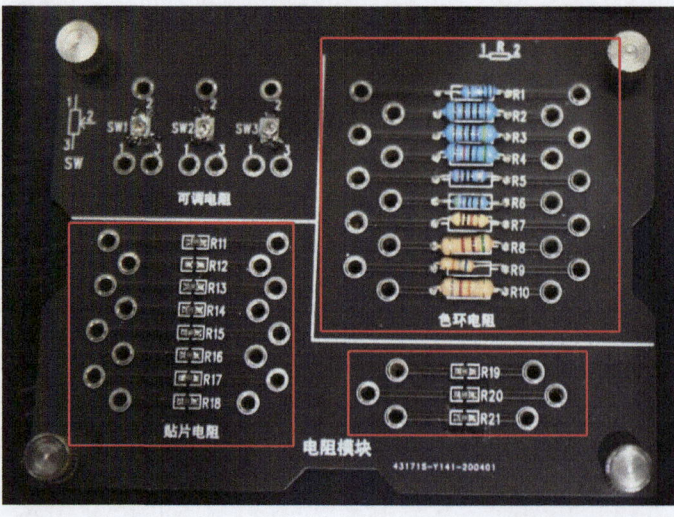	已完成□ 未完成□

（续）

序号	步骤和记录	完成情况
3	找到光敏电阻模块的位置，智能电学套装断电，将万用表调至电阻档。表笔连接在电阻两端，记录电阻阻值。通过遮盖或手电筒照明改变光照强度，再次测量光敏电阻的阻值。根据测量值判断光敏电阻是否正常	已完成□ 未完成□
4	找到电容模块的位置，智能电学套装断电，将万用表调至电容档。表笔连接在电容两端（注意电解电容的极性），记录测量值的变化情况，如无数值，表明电容已经损坏；如有数值，对照电容的标定值计算电容误差，进而判断电容是否正常。测量结束后使用正确的方法对电容进行放电 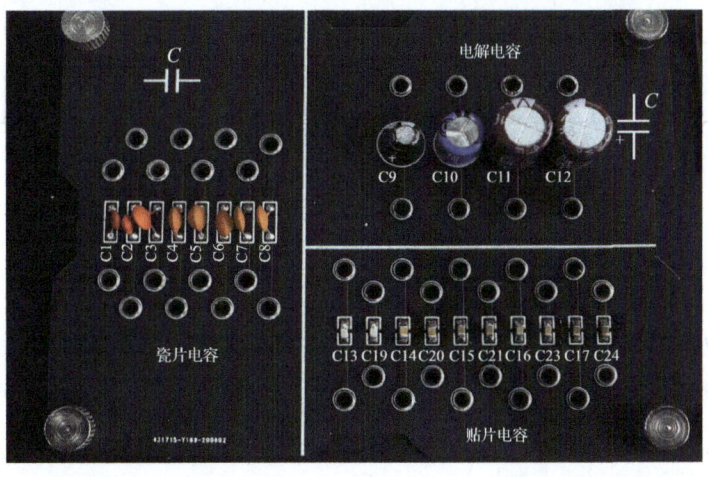	已完成□ 未完成□
5	找到熔断器模块的位置，智能电学套装断电，将万用表调至电阻档。表笔连接在熔断器两端，记录熔断器的阻值，判断熔断器是否正常。也可以使用万用表蜂鸣档判断熔断器是否熔断 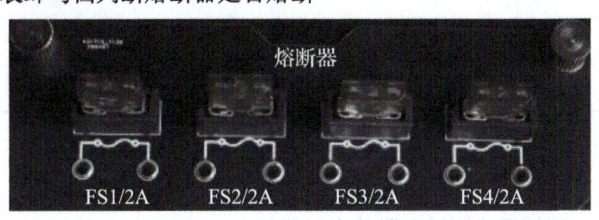	已完成□ 未完成□

（续）

序号	步骤和记录	完成情况
6	找到开关电路板的位置，智能电学套装断电，将万用表调至电阻档。依次将表笔接开关各端子两端，记录阻值，断开时，阻值应是无穷大；开关接通时，接通两端子间的电阻应为 0。判断开关是否正常。也可以使用万用表蜂鸣档判断开关通断	已完成□ 未完成□
7	实训现场 7S 整理	已完成□ 未完成□
总结 提升		已完成□ 未完成□
质检 意见	原因：	已完成□ 未完成□

评价反馈

1）各组代表展示汇报 PPT，介绍任务的完成过程。

2）请以小组为单位，对各组的操作过程与操作结果进行自评和互评，并将结果填入表 3-2-9 中的小组评价部分。

3）教师对学生工作过程与工作结果进行评价，并将评价结果填入表 3-2-9 中的教师评价部分。

表 3-2-9 综合评价表

班级		组别		姓名		学号	
实训任务							
	评价项目	评价标准				分值	得分
小组评价	计划决策	制定的工作方案合理可行，小组成员分工明确				10	
	任务实施	能够正确检查并设置实训工位				5	
		能够准备和规范使用工具设备				5	
		能够正确测试电路基本元器件				20	

姓名		班级	日期	

(续)

评价项目		评价标准	分值	得分
小组评价	任务实施	能够正确完成电阻的测试	20	
		能够规范填写任务工单	10	
	任务达成	能按照工作方案操作，按计划完成工作任务	10	
	工作态度	认真严谨，积极主动，安全生产，文明施工	10	
	团队合作	小组组员积极配合，主动交流，协调工作	5	
	7S 管理	完成竣工检验、现场恢复	5	
		小计	100	
教师评价	实训纪律	不出现无故迟到、早退、旷课现象，不违反课堂纪律	10	
	方案实施	严格按照工作方案完成任务实施	20	
	团队协作	任务实施过程互相配合，协作度高	20	
	工作质量	能准确完成实训任务	20	
	工作规范	操作规范，三不落地，无意外事故发生	10	
	汇报展示	能准确表达，总结到位，改进措施可行	20	
		小计	100	
综合评分		小组评价分 ×50% ＋教师评价分 ×50%		
总结与反思				

（学习过程中遇到什么问题→如何解决/解决不了的原因→心得体会）

任务三　电学常用定律认知及串并联电路的搭建

学习目标

- 掌握欧姆定律、焦耳定律等电学常用定律。
- 掌握电阻、电容、电源的串并联及混联电路特点。
- 具备正确区分出串联电路、并联电路、混联电路的能力。
- 能运用欧姆定律进行电流、电阻、电压间的相关计算。
- 能运用电功率、焦耳定律进行简单计算。
- 培养对新知识、新技能的学习能力，培养获取信息的能力。
- 培养严密的逻辑思维，培养善于分析总结的思维能力。
- 严格执行7S现场管理。

知识索引

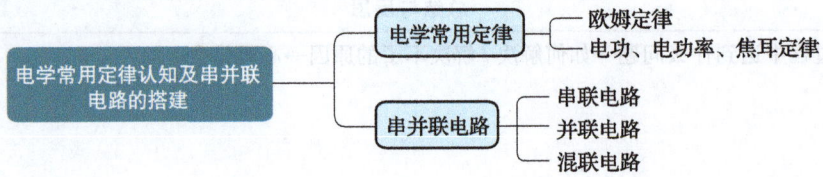

情境导入

在学习电工基础知识的过程中，除了需要掌握电路基本参数、电工仪表使用方法和电路基本元器件的知识外，还需要对电学常用定律和串并联电路进行系统的学习。那么，电学常用定律有哪些？串并联电路的特点和搭建方法又是怎么样的呢？

获取信息

引导问题 1

请查阅相关资料，简述欧姆定律的定义。

| 姓名 | 班级 | 日期 | 能力模块三 电工基础知识认知 |

> **引导问题 2**
> 请查阅相关资料，简述电功、电功率、焦耳定律的定义。
> _____
> _____
> _____

电学常用定律

（一）欧姆定律

1. 定义

欧姆定律是指在同一电路中，通过某段导体的电流跟这段导体两端的电压成正比，跟导体的电阻成反比。图 3-3-1 所示为一段只含有负载而不包含电源的电路，称为部分电路，根据欧姆定律可写出

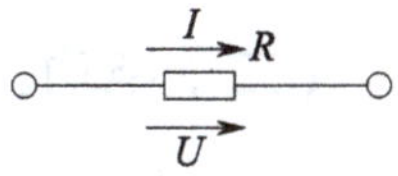

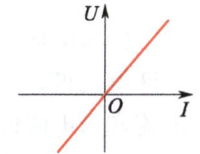

图 3-3-1 部分电路

$$I = \frac{U}{R}$$

式中，I 为电路中的电流，单位为安培（A）；U 为电路两端的电压，单位为伏特（V）；R 为电路的电阻，单位为欧姆（Ω）。

部分电路中电阻两端的电压与流经电阻的电流之间的关系曲线称为电阻的伏安特性曲线，如图 3-3-2 所示。

由图 3-3-1 所示的电路可以看出，电阻两端的电压方向是由高电位指向低电位的，并且电位是逐渐降低的，因而通常把电阻两端的电压称为"电压降"或"压降"。

图 3-3-2 电阻的伏安特性曲线

2. 全电路欧姆定律

含有电源的闭合电路称为全电路，如图 3-3-3 所示。电源内部的电路称为内电路，电源内部的电阻称为内电阻。电源外部的电路称为外电路，外电路的电阻称为外电阻。全电路欧姆定律的内容是：闭合电路中的电流 I 与电源的电动势 E 成正比，与电路的总电阻（外电路的电阻 R 和内电路的电阻 r_0 之和）成反比，即

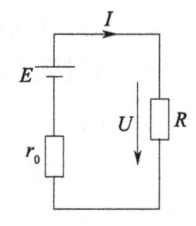

图 3-3-3 全电路欧姆定律

$$I = \frac{E}{R + r_0}$$

式中，I 为电路中的电流，单位为安培（A）；E 为电源的电动势，单位为伏特（V）；R 为外电路电阻，单位为欧姆（Ω）；r_0 为电源内电阻，单位为欧姆（Ω）。

由全电路欧姆定律公式可得

$$E = IR + Ir_0 = U + Ir_0$$

$$U=E-Ir_0$$

式中，U 为外电路中的电压降，即电源两端的电压；Ir_0 为电源内部的电压降。

一般情况下，电源的电动势是不变的，但由于电源存在一定内电阻，当外电路的电阻变化时，端电压也随之改变。由公式 $U=E-Ir_0$ 可知，当外电路的电阻 R 增大时，电流 I 要减小，端电压 U 要增大；反之电流 I 要增大，端电压 U 要减小。电源的端电压 U 与电流 I 变化的规律称为电源的外特性，电源的外特性曲线如图 3-3-4 所示。

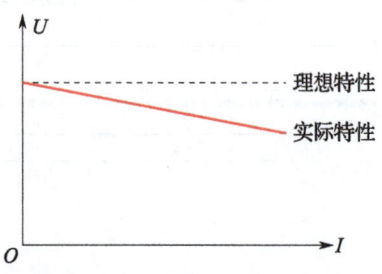

图 3-3-4　电源的外特性曲线

电源端电压的稳定性取决于电源内电阻的大小，在相同的电流下，电源内电阻越大，电源端电压下降得越多，外特性就越差。

（二）电功、电功率、焦耳定律

1. 电功

电流做功的多少跟电流的大小、电压的高低、通电时间的长短都有关系。加在用电器上的电压越高、通过的电流越大、通电时间越长，电流做功越多。研究表明，当电压 U 使电荷 Q 移动时，就在做电功。功的单位为焦耳（J）。电功的计算公式为

$$W=Pt=UIt=UQ$$

式中，Q 为电荷；P 为电功率；t 为时间；U 为电压；I 为电流。

这就是说，电流在某段电路上所做的功，等于这段电路两端的电压、电路中流过的电流和通电时间的乘积。

在纯电阻电路（无电动机）中：

1）$W=Q=IR \times It=I^2Rt$（Q 为电热，一般在串联电路中使用）。

2）$W=Q=(U \times U/R)t=(U^2/R)t$（一般在并联电路中使用）。

几种常见物体的电功大小：

1）通过手电筒灯泡的电流，每秒所做的功大约是 1J。

2）通过普通电灯泡的电流，每秒做的功一般是几十焦耳。

3）通过洗衣机中电动机的电流，每秒做的功是 200J 左右。

2. 电功率

电流在单位时间内所做的功即电功率。电功率用 P 来表示，$P=W/t$，而 $W=UIt$（即电压乘以电流乘以时间），所以

$$P=UI$$

式中，电压 U 的单位要用伏特，电流 I 的单位要用安培，这样，电功率 P 的单位就是瓦特。电功率的常用单位还有千瓦，即 kW，且有

$$1kW=1000W \qquad 1W=1000mW$$

把公式 $P=W/t$ 变形后可得 $W=Pt$。当 P 的单位使用千瓦，时间单位使用小时，此时电功的单位为千瓦时。例如，功率为 1 千瓦的电器在使用 1 小时之后所消耗的能量为 1

千瓦时,有

$$1\text{kW}\cdot\text{h}=1000\text{W}\times 3600\text{s}=3.6\times 10^6\text{J}$$

电功率 P、电压 U、电流 I 和电阻 R 之间的数学关系如图 3-3-5 所示。

图 3-3-5　电功率 P、电压 U、电流 I 和电阻 R 之间的数学关系

3. 焦耳定律

焦耳定律是定量说明传导电流将电能转换为热能的定律。内容是:电流通过导体产生的热量跟电流的二次方成正比,跟导体的电阻成正比,跟通电的时间成正比。焦耳定律数学表达式为 $Q=I^2Rt$。对于纯电阻电路可推导出

$$Q=W=Pt、Q=UIt \text{ 和 } Q=(U^2/R)t$$

式中,Q 为热量,单位是焦耳(J);I 为电流,单位是安培(A);R 为电阻,单位是欧姆(Ω);t 为时间,单位是秒(s)。

在串联电路中,由于通过导体的电流相等,通电时间也相等,此时电阻越大,产生的热量越多。

在并联电路中,由于导体两端的电压相等,通电时间也相等,此时电阻越小,则电流越大,产生的热量也越多。

> **? 引导问题 3**
>
> 请查阅相关资料,简述串并联电路的认知。
>
> _____
>
> _____
>
> _____

串并联电路

(一)串联电路

1. 串联的定义

串联(Series Connection)是连接电路元器件的基本方式之一,即将电路元器件(如电阻、电容、电感及其他用电器等)逐个顺次首尾相连接。将各用电器串联起来组成的电路叫串联电路。串联电路中通过各用电器的电流都相等。两个电阻的串联,如

图 3-3-6 所示。

图 3-3-7 所示为三个元器件串联。元器件 3 的首端和元器件 2 的尾端连成节点 q；元器件 2 的首端和元器件 1 的尾端连成节点 p。元器件 1 的首端 a 和元器件 3 的尾端 b 则分别和电路的其他节点连接。

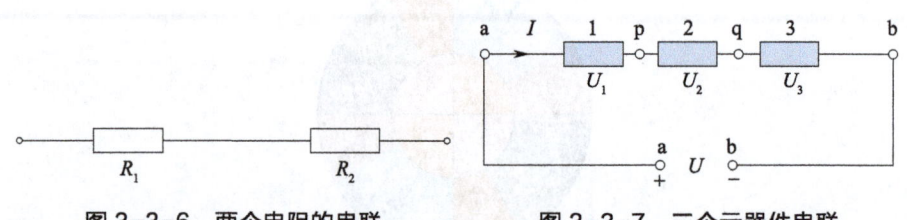

图 3-3-6 两个电阻的串联　　图 3-3-7 三个元器件串联

2. 串联电路的特点

1）所有串联元器件中的电流是同一个电流，$I=I_1=I_2=I_3=\cdots=I_n$。

2）元器件串联后的总电压是所有元器件的端电压之和，$U=U_1+U_2+U_3+\cdots+U_n$。

图 3-3-7 所示电路中，U 是总电压，U_1、U_2、U_3 分别是元件 1、2、3 的电压，$U=U_1+U_2+U_3$。

3. 常用元器件串联特点

（1）电阻串联

如图 3-3-8 所示，n 个电阻串联在一起。现将电源连接于这个串联电路的两端。按照基尔霍夫电流定律，从电源给出的电流等于通过每一个电阻的电流。

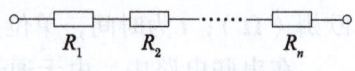

图 3-3-8 电阻串联

（2）电源串联

假设电池组内部的几个单电池以串联方式连接成电源，则此电源两端的电压是所有单电池两端的电压的代数和。例如，一个电压为 12V 的汽车电池是由六个 2V 单电池以串联方式构成的。

（3）电容串联

如图 3-3-9 所示，n 个电容串联在一起。现将电源连接于这个串联电路的两端。从电容的定义，可以得到，通过第 n 个电容的电流等于其电容乘以其两端的电压变化率。串联电容的等效电容量的倒数等于各个电容的电容量的倒数之和，即

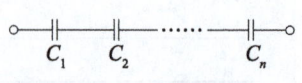

图 3-3-9 电容串联

$$\frac{1}{C_{总}}=\frac{1}{C_1}+\frac{1}{C_2}+\frac{1}{C_3}+\cdots+\frac{1}{C_4}$$

（二）并联电路

1. 定义

并联是元器件之间的一种连接方式，即将 2 个或 2 个以上同类或不同类的元器件首首相接，同时尾尾亦相接。

2. 并联电路的特点

1）总电流：$I=I_1+I_2+\cdots+I_n$。

2）总电压：$U=U_1=U_2=U_n$。

3）总电阻：$\dfrac{1}{R}=\dfrac{1}{R_1}+\dfrac{1}{R_2}+\cdots+\dfrac{1}{R_n}$。

4）两个电阻并联：$R=\dfrac{R_1R_2}{R_1+R_2}$。

5）n 个相同电阻 R_0 并联，总电阻：$R=\dfrac{R_0}{n}$。

6）两个电阻并联的电流分配：$\dfrac{I_1}{I_2}=\dfrac{R_2}{R_1}$。

3. 并联和串联的区别

如图 3-3-10 所示，并联和串联最直观的区别是这两种连接方式的电池所表现的特点不同，4 节 1.5V 电池串联起来总电压有 6V，而并联的总电压仍然只有 1.5V。

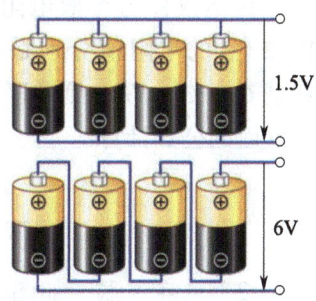

图 3-3-10　电源串并联对比

1）串联电路：流过一个元器件的电流同时也流过另一个，例如节日小彩灯，如图 3-3-11 所示。在串联电路中，闭合开关，两个小灯泡同时发光，断开开关，两个小灯泡都熄灭，说明串联电路中的开关可以控制所有的用电器，如图 3-3-12 所示。

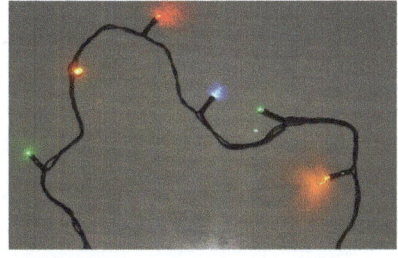

图 3-3-11　节日小彩灯

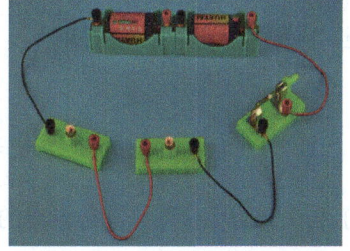

图 3-3-12　两个小灯泡串联

2）并联电路：干路的电流在分支处分若干部分，分别流过若干个支路中的各个元器件，例如家庭中各种用电器的连接。在并联电路中，干路上若有开关，干路的开关闭合，同时各支路上的开关闭合，灯泡才会发光，干路上的开关断开，同时各支路上的开关闭合，灯泡不会发光，说明干路上的开关可以控制整个电路，支路上的开关只能控制本支路。干路上若没有开关，则支路上的开关闭合后对应的支路灯泡会发光，如图 3-3-13 所示。

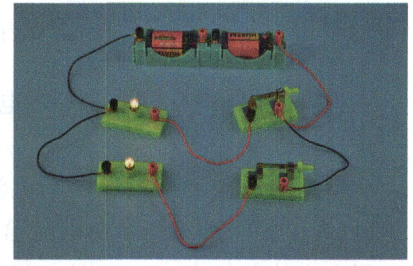

图 3-3-13　两只灯泡并联

3）串联电路和并联电路的区别与联系：在串联电路中，由于电流的路径只有一条，所以从电源正极流出的电流将依次逐个流过各个用电器，最后回到电源负极。因此在串联电路中，如果有一个用电器损坏或某一处断开，整个电路将断路，电路就会无电流，所有用电器都将停止工作，所以在串联电路中，各个用电器互相牵连，要么全工作，要么全部停止工作。在并联电路中，从电源正极流出的电流在分支处要分为多路，每一路都有电流流过，因此即使某一支路断开，另一支路仍会与干路构成通路。由此可见，在并联电路中，各个支路之间互不牵连。总的来说，就是串联分压，并联分流。

4. 常用元器件并联特点

（1）电阻并联　线性时不变电阻元件并联时，并联组合等效于一个电阻元件，其电导（电阻的倒数）等于各并联电阻的电导之和，称为并联组合的等效电导，其倒数称为等效电阻。如图 3-3-14 所示，电阻 1、2、3 的电阻值分别是 R_1、R_2、R_3，它们的电导分别是 G_1、G_2、G_3。则并联电路的总电阻 R 和总电导 G 按下面的公式计算

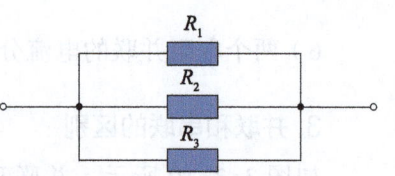

图 3-3-14　3 个电阻并联

$$\frac{1}{R} = \frac{1}{R_1} + \frac{1}{R_2} + \frac{1}{R_3} \qquad G = G_1 + G_2 + G_3$$

（2）电容并联　如图 3-3-15 所示，n 个电容器并联在一起。现将电源连接于这个并联电路的两端。从电容的定义，可以得到，通过第 n 个电容的电流 i_n 等于其电容量 C_n 乘以其两端的电压变化率 $\frac{du_n}{dt}$，即

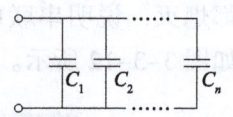

图 3-3-15　电容并联

$$i_n = C_n \frac{du_n}{dt}$$

根据基尔霍夫电压定律，电源两端的电压等于每一个电容两端的电压，即

$$u = u_1 = u_2 = \cdots = u_n$$

根据基尔霍夫电流定律，从电源（直流电或交流电）给出的电流等于通过每一个电容的电流的代数和，即

$$i = i_1 + i_2 + i_3 + \cdots + i_n = (C_1 + C_2 + \cdots + C_n) \frac{du}{dt}$$

所以，n 个电容并联的等效电容 C 为

$$C = C_1 + C_2 + \cdots + C_n$$

（3）电源并联　假设一个电池组内部含有 4 个单电池，且并联在一起，它们共同给出 1A 电流，则每一个单电池给出 0.25A 电流。当电压不同的两个或更多电源并联时，由于有电位差的存在，电源内部会形成电流回路，造成电能在电源内部的消耗，所以，一般进行电源并联时，要求各分电源的电压尽可能相同。电源并联如图 3-3-16 所示。

5. 如何判断串并联电路

串联和并联是电路连接的两种最基本形式，它们之间有一定的区别。要判断电路中各用电器之间是串联还是并联，就必须抓住它们的基本特征，具体方法是：

1）用电器连接法：分析电路中用电器的连接方法，逐个顺次连接的是串联；并列在电路两点之间的是并联。

2）电流流向法：当电流从电源正极流出，依次流过每个用电器的是串联；当在某处分开流过两个支路，最后又合到一起，则表明该电路为并联。

3）去除用电器法：任意拿掉一个用电器，看其他用电器是否正常工作，如果所有用电器都被拿掉过，而且其他用电器都可以继续工作，那么这几个用电器的连接关系是并联，否则为串联。

4）用笔画线代替导线：能用一根导线将所有用电器连起来即为串联，不能则为并联。

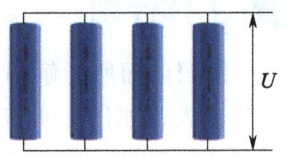

图 3-3-16 电源并联

（三）混联电路

1. 定义

混联是指既有串联又有并联的电路连接的结构方式，在机床、混合动力系统等中常用。如图 3-3-17 所示，电阻 R_1 和 R_2 串联，电阻 R_4 与串联 R_1、R_2 的支路是并联的，整体的这个电路就是混联电路。

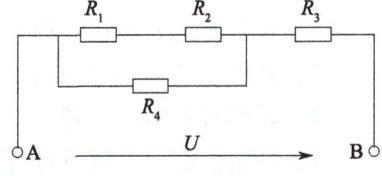

图 3-3-17 混联电路

2. 优缺点

混联电路的优点：可以单独使部分用电器工作或不工作。

混联电路的缺点：如果干路上有一个用电器损坏或断路会导致整个电路无效。

任务分组

表 3-3-1 学生任务分配表

班级		组号		指导教师	
组长		学号			
组员角色分配					
信息员		学号			
操作员		学号			
记录员		学号			
安全员		学号			
任务分工					
（就组织讨论、工具准备、数据采集、数据记录、安全监督、成果展示等工作内容进行任务分工）					

工作计划

按照前面所了解的知识内容和小组内部讨论的结果，制定工作方案，落实各项工作负责人，如任务实施前的准备工作、实施中主要操作及协助支持工作、实施中相关要点及数据的记录工作等。

表 3-3-2 工作计划表

步骤	工作内容	负责人
1		
2		
3		
4		
5		
6		

进行决策

1）各组派代表阐述资料查询结果。
2）各组就各自的查询结果进行交流，并分享技巧。
3）教师对各组的计划方案进行点评。
4）各组长对组内成员进行任务分工，教师确认分工是否合理。

任务实施

引导问题 4

扫描二维码观看视频，了解如何完成串、并联电路的搭建。

_____
_____

串并联电路的搭建

参考操作视频，按照规范作业要求学习串、并联电路的搭建，并完成数据采集和记录。

表 3-3-3 设备及工具准备

序号	设备及工具名称	数量	设备及工具是否完好
1	智能电学套装	1套	□是 □否
2	万用表	1台	□是 □否
3	绝缘台	1张	□是 □否
质检意见	原因：		□是 □否

144

表 3-3-4　场地及安全防护准备

序号	场地及安全防护项目	项目是否完成
1	任务实施前，需要做好场地防护准备，必须检查实训场地和设备设施是否存在安全隐患	□是　□否
2	绝缘桌面无多余物体摆放	□是　□否
3	检查智能电学套装外表是否完好	□是　□否
质检意见	原因：	□是　□否

表 3-3-5　电阻的基本特性测试

序号	步骤和记录	完成情况
1	打开智能电学套装，连接电源线，但暂不启动开关 	已完成□ 未完成□
2	找到电阻面板的位置，在智能电学套装保持断电的状态下，将万用表调至电阻档，表笔连接在电阻两端，记录电阻阻值，选择面板中编号为 R10、R11 的电阻，测得其阻值 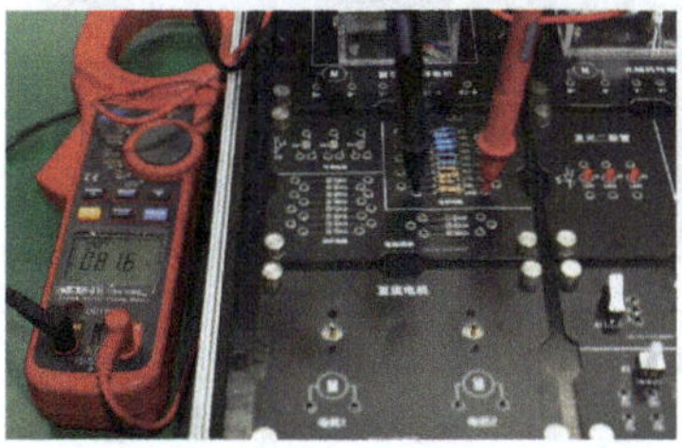 	已完成□ 未完成□
3	根据测量值以及电阻原标定值，进行误差的计算，并判断其是否在误差范围内	已完成□ 未完成□
4	实训现场 7S 整理	已完成□ 未完成□
总结提升		已完成□ 未完成□
质检意见	原因：	已完成□ 未完成□

表 3-3-6 串联电路的搭建

序号	步骤和记录	完成情况
1	打开智能电学套装，连接电源，但暂不启动电源开关 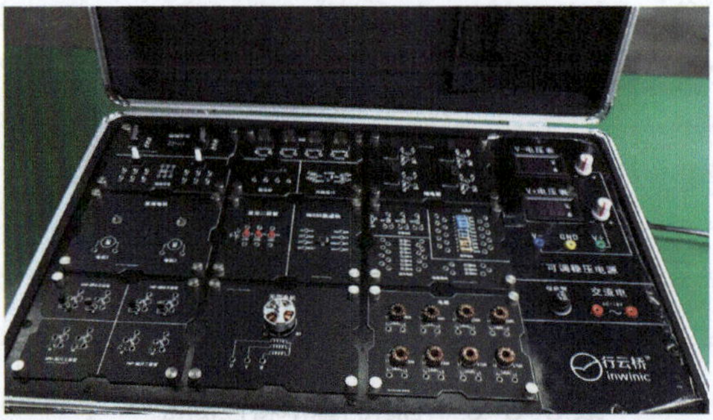	已完成□ 未完成□
2	对照准备好的串联电路图，确认所需要使用到的电阻后（此处选用两个约为 10Ω 的电阻进行串联，用的是编号为 R11 和 R5 的电阻）接着开始电路的连接 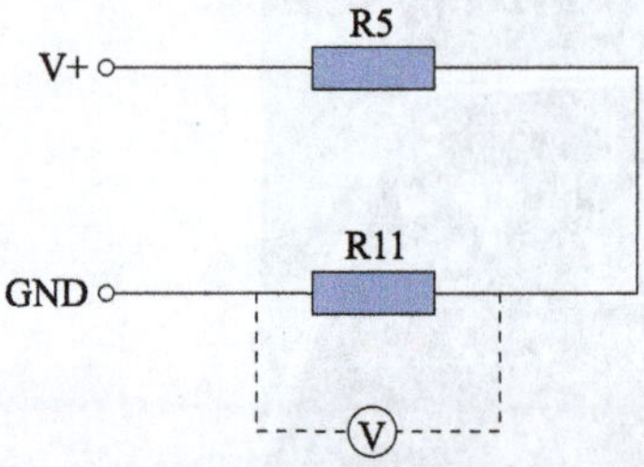 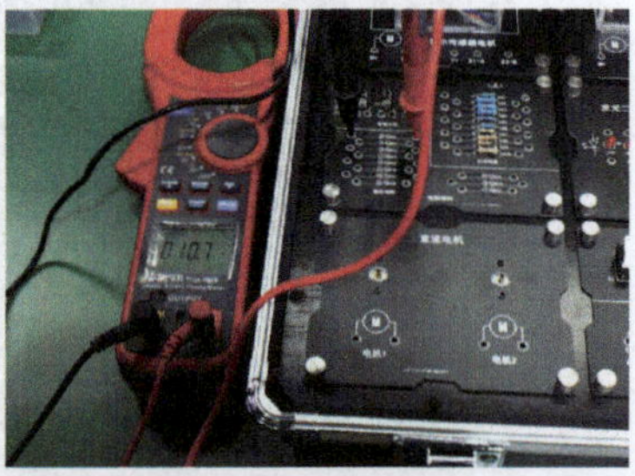 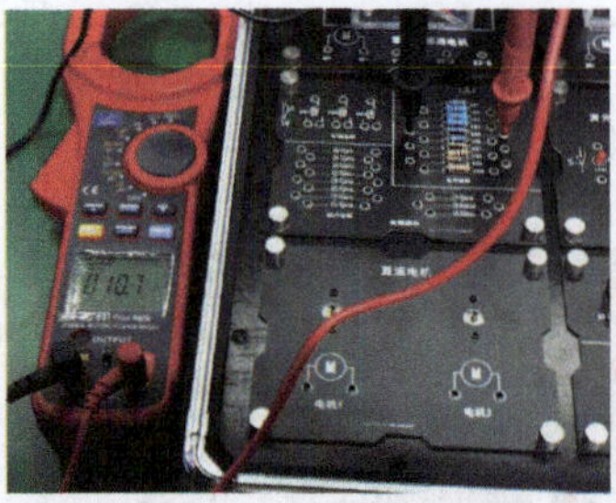 	已完成□ 未完成□
3	连接完成后，检查电路是否连接正确，确认连接无误后，先将电压旋钮旋转到最小值。启动智能电学套装电源开关，适当调节增大电压，记录电压和电流数据的变化情况	已完成□ 未完成□
4	利用万用表测量串联电阻两端的电压，记录数据	已完成□ 未完成□
5	实训现场 7S 整理	已完成□ 未完成□
总结提升		已完成□ 未完成□
质检意见	原因：	已完成□ 未完成□

姓名　　班级　　日期　　能力模块三　电工基础知识认知

表 3-3-7　并联电路的搭建

序号	步骤和记录	完成情况
1	打开智能电学套装，连接电源 	已完成□ 未完成□
2	对照准备好的并联电路图，确认所需要使用到的电阻后（此处选用电阻面板上编号为 R6 和 R12 的两个电阻，R6 约等于 500Ω，R12 约等于 500Ω）开始电路的连接 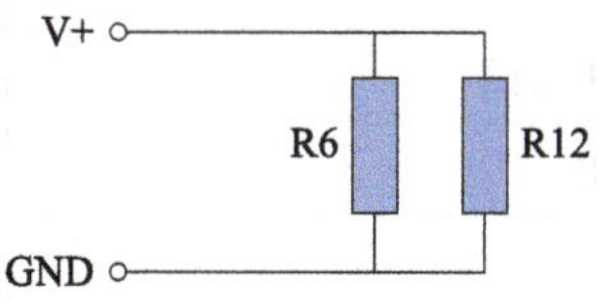 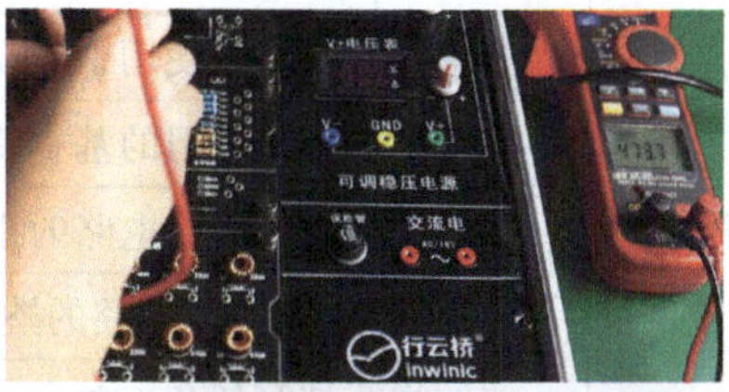 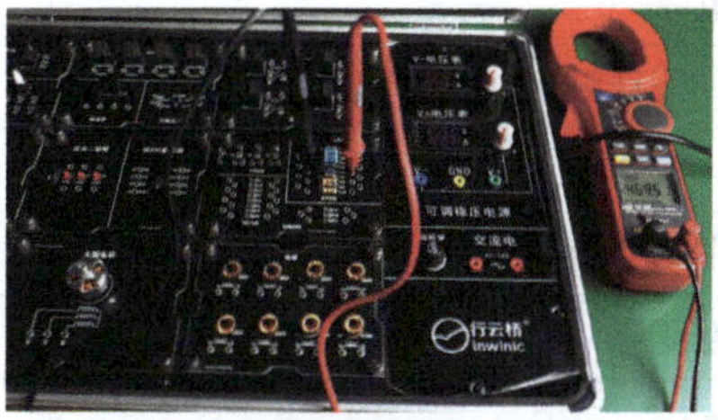 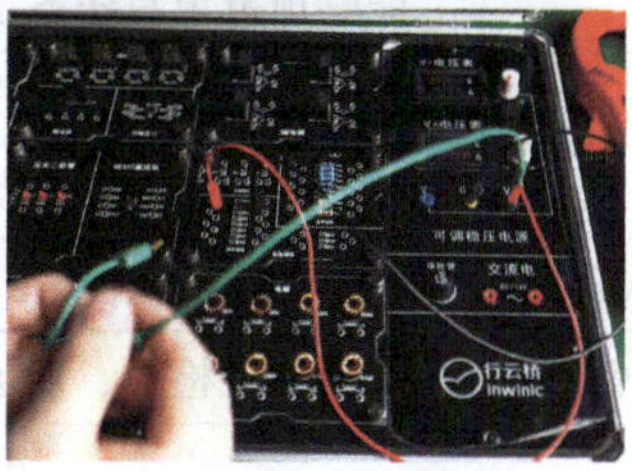	已完成□ 未完成□
3	连接完成后，检查电路是否连接正确，确认连接无误后，先将电压旋钮旋转到最小值。启动智能电学套装电源开关，调节到所需的电压 	已完成□ 未完成□
4	根据并联电阻两端的电压以及并联电路中的实际阻值，计算出并联电路的总电阻数据	已完成□ 未完成□
5	实训现场 7S 整理	已完成□ 未完成□
总结提升		已完成□ 未完成□
质检意见	原因：	已完成□ 未完成□

评价反馈

1) 各组代表展示汇报 PPT，介绍任务的完成过程。

2) 请以小组为单位，对各组的操作过程与操作结果进行自评和互评，并将结果填入表 3-3-8 中的小组评价部分。

3) 教师对学生工作过程与工作结果进行评价，并将评价结果填入表 3-3-8 中的教师评价部分。

表 3-3-8 综合评价表

班级		组别		姓名		学号	
实训任务							
评价项目		评价标准				分值	得分
小组评价	计划决策	制定的工作方案合理可行，小组成员分工明确				10	
	任务实施	能够准备和规范使用工具设备				5	
		能够正确完成电阻的基本特性测试				15	
		能够正确完成串联电路的搭建				15	
		能够正确完成并联电路的搭建				15	
		能够规范填写任务工单				10	
	任务达成	能按照工作方案操作，按计划完成工作任务				10	
	工作态度	认真严谨，积极主动，安全生产，文明施工				10	
	团队合作	小组组员积极配合，主动交流，协调工作				5	
	7S 管理	完成竣工检验、现场恢复				5	
		小计				100	
教师评价	实训纪律	不出现无故迟到、早退、旷课现象，不违反课堂纪律				10	
	方案实施	严格按照工作方案完成任务实施				20	
	团队协作	任务实施过程互相配合，协作度高				20	
	工作质量	能准确完成实训任务				20	
	工作规范	操作规范，三不落地，无意外事故发生				10	
	汇报展示	能准确表达，总结到位，改进措施可行				20	
		小计				100	
综合评分		小组评价分 ×50% + 教师评价分 ×50%					
总结与反思							
（如：学习过程中遇到什么问题→如何解决/解决不了的原因→心得体会）							

任务四　电气安全知识

学习目标

- 掌握电气安全的基本要素及汽车维修作业的安全事项。
- 掌握常用的安全用具使用方法,并正确使用安全用具。
- 掌握手动和可移动电气设备的使用范围以及安全性能要求。
- 能正确分辨安全标志、警示牌,提高安全素养。
- 能够根据可移动电气设备的特点,确定其安全使用环境,并安全规范使用。
- 培养对新知识、新技能的学习能力,培养获取信息的能力。
- 培养严密的逻辑思维,培养善于分析总结的思维能力。

知识索引

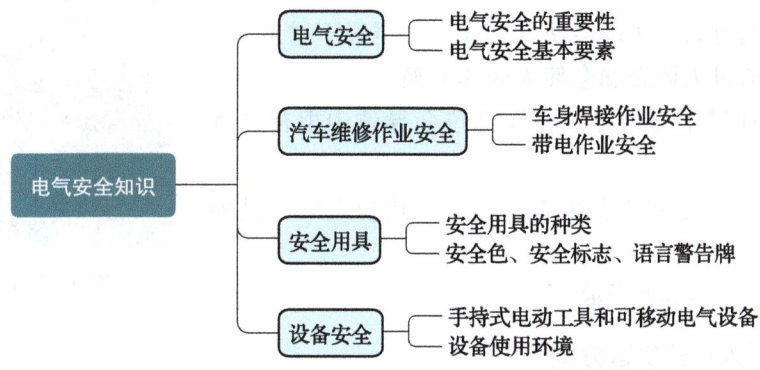

情境导入

人们都知道用电安全的重要性,那具体到实际操作中,应该注意哪些方面?人们在用电过程中应该具体如何安全操作,如何避免安全事故的发生呢?

149

获取信息

引导问题 1

请查阅相关资料,简述电气安全的重要性和基本要素。

_____

_____

_____

电气安全

(一) 电气安全的重要性

电作为生产和生活的重要能源,在给人们带来方便的同时,也具有很大的危险性和破坏性。如果操作和使用不当,会危及人的生命、财产以及电力系统的安全,造成重大的损失。因此,具备足够的预防人身触电知识和触电救护知识,尤为重要。

1. 电流对人体的危害

1) 电流通过人体肢体,其热效应、化学效应会造成人体电灼伤、电烙印和皮肤金属化。

2) 电流通过人体头部会使人昏迷,甚至醒不过来。

3) 电流通过人体脊髓会使人肢体瘫痪。

4) 电流通过中枢神经或有关部位会导致中枢神经系统失调。

5) 电流通过心脏会引起心室颤动,致使人因心脏停止跳动而死亡。

电灼伤如图 3-4-1 所示。

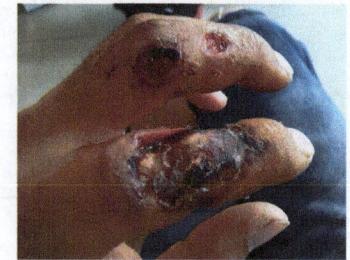

图 3-4-1 电灼伤

2. 电流对人体的伤害分类

(1) 电击 电击即通常所说的触电,绝大部分的触电死亡事故都是电击造成的。人体在触及带电导体、漏电设备的金属外壳,或距离高压电太近,以及遭遇雷击等情况下,都可能导致电击。电击是电流对人体器官的伤害,例如通过破坏人体心脏、肺部、神经系统等造成人死亡。电击的伤害程度大小主要取决于电流大小和触电持续时间的长短。

(2) 电伤 电伤是指电流通过人体时,它的热效应、化学效应以及电刺激引起的生物效应对人体造成的伤害。电伤多见于肌肉外部,往往会在肌体上留下难以愈合的伤痕。常见的电伤有电灼伤(电弧烧伤)、电烙印和皮肤金属化等。

1) 电灼伤:电灼伤(电弧烧伤)是最常见,也是极为严重的电伤。在低压系统中,带负载(特别是电感性负载)拉合裸露的刀开关时,炽热的金属微粒飞溅出来可能造成人体灼伤;在高压系统中,由于误操作,如带负载拉合隔离开关、带电挂接地线等，会产生强烈的电弧，将人严重灼伤；人体与带电体间距小于放电距离时，会直接产生强烈的电弧对人放电，造成人因电击死亡或大面积烧伤而死亡。

2）电烙印：电烙印也是电伤的一种，当通过电流的导体长时间接触人体时，电流的热效应和化学效应会使接触部位的人体肌肤发生变质，形成肿块，肿块呈灰黄色且有明显的边缘，如同烙印一般，故称之为电烙印。电烙印一般不发炎、不化脓、不出血，受伤皮肤会出现硬化，失去原有弹性、色泽，进而造成局部麻木，甚至失去知觉。

3）皮肤金属化：在电流电弧的作用下，一些熔化和蒸发的金属微粒会渗入人体皮肤表层，使皮肤变得粗糙而坚硬，导致皮肤金属化，情况不严重的皮肤经过一段时间后能自行脱落，严重的则会造成严重危害。

（二）电气安全基本要素

1. 电气绝缘

保持配电线路和电气设备的绝缘良好，是保证人身安全和电气设备正常运行的最基本要素。电气设备是否具备良好的绝缘性能，可通过测量其绝缘电阻、耐压强度、泄漏电流和介质损耗等参数来衡量。

2. 电气安全距离

人体、物体等接近带电体而不发生危险的安全可靠距离称为电气安全距离。通常，在配电线路和变、配电装置附近工作时，应考虑线路安全距离，变、配电装置安全距离，检修安全距离和操作安全距离等。

3. 安全载流量

电线散发出去的热量恰好等于电流通过电线产生的热量，使电线的温度不再升高，这时的电流值就是该电线的安全载流量。持续通过导体的电流如果超过安全载流量，导体的发热将超过允许值，导致绝缘损坏，甚至引起漏电和发生火灾。因此，根据导体的安全载流量确定导体截面积和选择设备是十分重要的。

4. 安全标志

明显、准确、统一的安全标志是保证用电安全的重要因素之一。安全标志一般有颜色标志、标示牌标志和型号标志等。颜色标志通常用于表示不同性质、不同用途的导线；标示牌标志一般作为危险场所的标志；型号标志作为设备特殊结构的标志。用电安全标志如图 3-4-2 所示。

 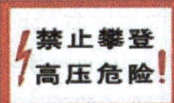 

图 3-4-2　用电安全标志

新能源汽车电学基础与高压安全　　姓名　　　班级　　　日期

> **引导问题 2**
>
> 请查阅相关资料，简述车身焊接作业安全和带电作业安全。
> _____
> _____
> _____

汽车维修作业安全

（一）车身焊接作业安全

1. 电焊机的安全使用和维护

1) 电焊机不允许超负载使用。

2) 电焊机必须平稳地安放在通风、干燥的地方。

3) 禁止在电焊机上放置任何物件和工具，启动电焊机前，焊钳和焊件不能短路。

4) 采用连接片改变焊接电流的电焊机，调节焊接电流时，应先切断电源。

5) 电焊机必须经常保持清洁。清扫尘埃必须断电进行。

6) 每半年应进行一次电焊机维护保养。当发生故障时，应立即切断电焊机电源，及时进行检修。

7) 经常检查并确保电焊机电缆与电焊机接触良好，保持螺母紧固。

8) 工作完毕或临时离开工作场地时，必须及时切断电焊机电源。

9) 电焊机的接地装置必须保持连接良好，定期检测接地系统的性能，防止触电事故发生。

10) 电焊机的焊接电缆外皮必须完整且绝缘良好，外皮破损时应及时修补。焊钳必须有良好的绝缘性与隔热能力，手柄要有良好的隔热层。

2. 气体减压器（减压阀）的安全使用和维护

1) 氧气、乙炔、氩气、二氧化碳等的减压器，必须选用符合气体特性的专用减压器。禁止使用未经检验合格的减压器。

2) 各种气体专用的减压器，禁止换用或替用。

3) 减压器接通气源后，如发现表盘指针迟滞不动或有误差，应由当地劳动、计量部门批准的专业部门调试修理，禁止自行调整。要定期检查压力表的准确性。

4) 不准在高压气瓶或减压器上挂放任何物品，如焊炬、焊钳、胶管等。

5) 乙炔减压器最高工作压力禁止超过 147kPa（$1.5kg/cm^2$）表压。

6) CO_2 减压器使用时，必须接通低于 36V 的预热器电源，使气体充分预热，防止减压器堵塞和结露水生锈。

7) 减压器应在气瓶上安装牢固。采用螺扣连接时，应拧足 5 个螺扣以上；采用专用夹具压紧时，装卡应平整牢靠；减压器泄压时，应先关闭高压气瓶的瓶阀，然后放出全部余气，放松压力调节杆使表压降到零。

3. 氧、乙炔焊接设备的安全使用和维护

（1）氧气瓶

氧气瓶应符合国家颁布的《气瓶安全监察规程》的规定，应定期进行技术检查。使用期满和送检未合格的气瓶，均不准继续使用。

1）操作中氧气瓶距离明火或热源应在 5m 以上。

2）气瓶无防振圈禁止用转动方式搬运，使用时防止被物体碰倒。

3）使用气瓶前，应稍打开瓶阀，吹出瓶阀上粘附的脏污后立即关闭，然后接上减压器再使用。

4）严禁沾有油脂的手套、棉纱和工具等同氧气瓶、瓶阀、减压器及管路等接触。

5）禁止使用氧气代替压缩空气吹净工作服、乙炔管道，或用于试压和作为气动工具的气源。禁止使用氧气对局部焊接部位通风换气。

6）氧气瓶严禁放空，气瓶内必须留有不小于 0.1MPa 表压的余气。

（2）溶解乙炔气瓶

溶解乙炔气瓶的充装、检验、运输、储存等均应符合国家颁布的《气瓶安全监察规程》的规定。

1）溶解乙炔气瓶搬运、装卸、使用都应竖立放稳，严禁在地上卧放并直接使用。

2）开启溶解乙炔气瓶瓶阀时应缓慢，不要超过一圈半，一般情况下只开启四分之三圈。

3）禁止在气瓶上放置物件、工具或缠绕悬挂橡胶管及焊、割炬等。

4）必须配合使用符合使用要求的回火防止器，每一把焊炬或割炬都必须与独立的、合格的回火防止器配用。每月应检查一次并清洗残留在器内的烟灰、污迹，以保证气流通畅、工作可靠。

5）溶解乙炔气瓶严禁放空，气瓶内必须留有不小于 0.05MPa 表压的余气。

（3）焊炬和割炬的使用

焊炬和割炬应符合《弧焊设备　第 7 部分：焊炬（枪）》（GB/T 15579.7—2023）的要求。

1）焊、割炬使用前应检查射吸能力、气密性等技术性能，并要求气路畅通、阀门严密、调节灵活，连接部位紧密不泄漏。

2）焊、割炬应定期检查维护、修理和更换。严禁带故障使用。

3）焊、割炬发生烧损、磨损后，要用符合标准的合格零件更换。

4）禁止在使用中把焊、割炬的嘴头与地面或其他地方摩擦来清除嘴头堵塞物，可用通针在焊、割炬关闭气源的情况下轻轻疏通。

（二）带电作业安全

在进行新能源汽车维修作业的过程中，务必要注意用电防护，避免安全事故的发生。

1）电工安全专用工具的绝缘性能、机械强度、材料结构和尺寸应符合规定，并应妥善保管，严禁他用，做好定期检查、校验。工作前，应详细检查自己所用工具是否安全可靠，穿戴好必要的防护用品，以防工作时发生意外。

2）在施工现场必须有两人以上方可作业。电气操作人员应思想集中，电气线路在未经测电笔确定无电前，应一律视为"有电"，不可用手触摸，不可绝对相信绝缘体，未确认前均应认定为有电操作。

3）使用各类电动工具，应符合《手持式电动工具的管理、使用、检查和维修安全技术规程》（GB/T 3787—2017）及附件和中小型施工机具的规定。

4）线路上禁止带负载接电或断电，禁止带电作业。维修线路要采取必要的措施，在开关手把上或线路上悬挂"有人工作、禁止合闸"的警告牌，防止他人中途送电。

5）使用测电笔时，要注意测试电压范围，禁止超出范围使用。

> **引导问题 3**
>
> 请查阅相关资料，简述对安全用具、安全色、安全标志、语言警告牌的认知。
> _____
> _____
> _____

安全用具

（一）安全用具的种类

在电气工作中，工作人员需要经常使用各种电气安全工具，这些工具不仅对完成工作任务起一定作用，而且对保护人身安全起重要作用，如防止人身电击、电弧灼伤、高空摔跌等。要充分发挥电气安全用具的保护作用，电气工作人员必须了解各种电气安全用具的基本结构、性能，掌握其使用和保管方法。

电气安全用具按其基本作用可分为绝缘安全用具和一般防护安全用具两大类。

绝缘安全用具是用来防止工作人员被直接电击的安全用具。它分为基本安全用具和辅助安全用具两种。基本安全用具是指那些绝缘强度能长期承受设备的工作电压，并且在该电压等级产生内部过电压时，能保证工作人员安全的工具。例如绝缘棒、绝缘夹钳、验电器等，如图3-4-3所示。辅助安全用具是指那些主要用来进一步加强基本安全用具绝缘强度的工具。例如绝缘手套、绝缘靴、绝缘垫等。辅助安全用具的绝缘强度比较低，不能承受带电设备或线路的工作电压，只能加强基本安全用具的保护作用。

图3-4-3　绝缘棒、绝缘夹钳、验电器

一般防护安全用具没有绝缘性能，主要用于防止停电检修的设备突然来电、工作人员走错间隔、误登带电设备、电弧灼伤和高空坠落等事故的发生。

1. 低压验电器

低压验电器又称为测电笔，是一种用氖灯制成的基本安全用具。当电流通过氖灯时即发出亮光，用于指示设备是否带有电压。为了便于携带，它常制成钢笔或螺钉旋具的形状，如图 3-4-4 所示。

测电笔的笔尖用铜或铁制成，笔管里有一个圆形的碳素高电阻（安全电阻）和一个氖灯。测电笔的笔钩，一方面便于挂在衣袋里，另一方面用于使电流通过人体入地。笔中有一个弹簧，用来接触笔尖、电阻、氖灯、笔钩。笔身由绝缘材料制成。测电笔只能用于 380/220V 的用电系统。使用时，手拿测电笔以一个手指触及金属盖或中心螺钉，金属笔尖与被检查的带电部分接触，若氖灯发亮，说明设备带电。灯越亮则电压越高，越暗则电压越低。测电笔在使用前要在有电的设备或线路上试验一下，以证明其是否良好。

图 3-4-4　低压验电器

2. 绝缘手套、绝缘靴（鞋）

电气工作中经常会使用绝缘手套和绝缘靴（鞋）。在低压带电设备上工作时，绝缘手套可作为基本安全用具，绝缘靴（鞋）只能作为与地保持绝缘的辅助安全用具；当系统发生接地故障出现接触电压和跨步电压时，绝缘手套又对接触电压起一定的防护作用，而绝缘靴（鞋）在任何电压等级下都可作为防护跨步电压的基本安全用具。绝缘手套和绝缘靴（鞋）由特种橡胶制成，以保证足够的绝缘性，如图 3-4-5 所示。

图 3-4-5　绝缘手套和绝缘靴（鞋）

1）使用绝缘手套和绝缘靴（鞋）时，应注意下列事项：

①使用前应检查外部有无损伤，并检查是否有砂眼漏气，有砂眼漏气的不能使用。

②使用绝缘手套时，最好先戴上一双棉纱手套，夏天可防止出汗使动作不方便，冬天可以保暖，操作时出现弧光短路接地，可防止橡胶熔化灼烫手指。

③绝缘手套和绝缘靴（鞋）应定期进行试验，试验周期为 6 个月，试验合格应有明显标志和试验日期。

2）保存绝缘手套和绝缘靴（鞋）时，应注意下列事项：

①使用后应擦净、晾干，并在绝缘手套上洒一些滑石粉以免粘连。

②绝缘手套和绝缘靴（鞋）应存放在通风阴凉的专用柜子里，温度一般在 5~20℃，相对湿度在 50%~70% 最合适。

③不合格的绝缘手套和绝缘靴（鞋）不应与合格的混放在一起，以免错拿使用。

3. 绝缘垫和绝缘毯

绝缘垫和绝缘毯由特种橡胶制成，表面有防滑槽纹，如图 3-4-6 所示。

绝缘垫一般用来铺在配电装置室的地面上，用以提高操作人员对地的绝缘，防止接触电压和跨步电压对人体的伤害。在低压配电室地面铺上绝缘垫，工作人员站在上面可不使用绝缘手套和绝缘靴。绝缘毯一般铺设在高、低压开关柜前，用作固定的辅助安全用具。

4. 绝缘站台与绝缘子

绝缘站台用干燥木板或木条制成，如图 3-4-7 所示，它可以代替绝缘垫或绝缘靴（鞋），是辅助安全用具。用木条制成的绝缘站台，木条间距不大于 25cm，以免靴跟陷入。绝缘台面的最小尺寸是 0.8m×10m，台面边缘不超出绝缘子以外。绝缘子是安装在不同电位的导体或导体与接地构件之间，能够耐受电压和机械应力作用的器件。绝缘子高度不小于 10cm。

图 3-4-6　绝缘垫

a）绝缘站台

b）绝缘子

图 3-4-7　绝缘站台与绝缘子

（二）安全色、安全标志、语言警告牌

标志分为颜色标志和图形标志。颜色标志常用来区分各种不同性质、不同用途的导线，或用来表示某处的安全程度。图形标志一般用来告诫人们不要去接近有危险的场所。

我国安全色采用的标准，基本上与国际标准化组织（ISO）相同。一般采用的安全色有以下几种：

1）红色：用来标志禁止、停止和消防，如信号灯、信号旗、机器上的紧急停机按钮等都是用红色来表示"禁止"信息的。紧急停机按钮如图 3-4-8 所示。

2）黄色：用来标志注意危险，如"当心触电""注意安全"等，注意危险安全标识如图 3-4-9 所示。

图 3-4-8　紧急停机按钮

图 3-4-9　注意危险安全标识

3）绿色：用来标志安全无事，如"在此工作""已接地"等，标识如图3-4-10所示。

4）蓝色：用来标志强制执行，如"必须戴安全帽"等，如图3-4-11所示。

图3-4-10　"在此工作"与"已接地"标识　　图3-4-11　必须戴安全帽

5）黑色：用来标志图像、文字符号和警告标志的几何图形。

按照规定，为便于识别，防止误操作，确保运行和检修人员的安全，采用不同颜色来区别设备特征。如电气母线，A相为黄色，B相为绿色，C相为红色，明敷的接地线涂为黑色。在二次系统中，交流电压回路用黄色，交流电流回路用绿色，信号和警告回路用白色。

电气相关的安全标志有禁止标志、指令标志、警告标志、提示标志等。具体可以参考《电气安全标志》（GB/T 29481—2013）。

1）禁止标志：禁止标志的设计要求是背景色为白色，环形边框和斜杠为红色，图形符号为黑色，衬边为白色，作为安全色的红色至少应占标志总面积的35%。常见的禁止标志如图3-4-12所示。

禁止合闸，线路有人工作　　禁止启动　　禁止携带金属物品或手表　　禁止用水灭火

禁止触摸　　禁止靠近　　禁止佩戴心脏起搏器者靠近

图3-4-12　常见的禁止标志

2）指令标志：指令标志的设计要求通常是背景色为蓝色，图形符号为白色，衬边为白色，作为安全色的蓝色至少应占标志总面积的50%。常见的指令标志如图3-4-13所示。

3）警告标志：警告标志的设计要求通常是背景色为黄色，三角形边框为黑色，图形符号为黑色，衬边为黄色或白色，作为安

必须接地　　必须戴安全帽　　必须戴护目镜

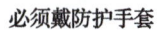

必须戴防护手套　　必须拔出插头

图3-4-13　常见的指令标志

全色的黄色至少应占标志总面积的50%。常见的警告标志如图3-4-14所示。

注意安全　　　当心触电　　　当心高温表面

当心电离辐射　　当心火灾　　　当心弧光

图3-4-14　常见的警告标志

4）提示标志：提示标志的设计要求通常是背景色为绿色，图形符号为白色，衬边为白色，作为安全色的绿色至少应占标志总面积的50%。常见的提示标志如图3-4-15所示。

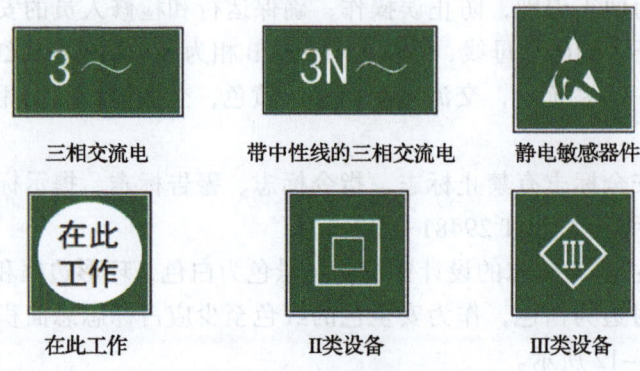

图3-4-15　常见的提示标志

语言警告牌通常通过文字的形式或文字与标志的形式进行必要的警告。

> **引导问题4**
>
> 请查阅相关资料，简述对手持式电动工具和可移动电气设备的认知。
> _____
> _____
> _____

设备安全

（一）手持式电动工具和可移动电气设备

手持式电动工具包括手电钻、手砂轮、冲击电钻、电锤、手电锯等，可移动电气设备包括蛙夯、振捣器、水磨石磨平机、电焊机等。

1. 根据应用范围分类

1）金属切削类：电钻、磁座钻、电绞刀、电动刮刀、电剪刀、电冲剪、电动曲线锯、电动磨管机、电动型材切割机、电动型攻螺纹机、多用电动工具。

2）砂磨类：电动砂轮机、电动砂光机、电动抛光机。

3）装配类：电扳手、电动螺钉旋具、电动脱管机。

4）林木类：电刨、电动开沟机、电动带锯、电动木工砂光机、电链锯、电圆锯、电动木钻、电动木铣、电动打枝机、电动木工刀具砂轮机。

5）农牧类：电动剪毛机、电动采茶机、电动剪枝机、电动插秧机、电动喷油机。

6）建筑道路类：电动混凝土振动器、冲击电钻、电锤、电镐、电动地板抛光机、电动打夯机、电动地板砂光机、电动水磨石机、电动砖墙铣沟机、电动钢筋切断机、电动混凝土钻机。

7）铁道类：铁道螺钉电扳手、枕木电钻、枕木电镐。

8）矿山类：电动凿岩机、岩石电钻。

9）其他类：电动骨钻、石膏电钻、电动卷花机、电动地毯剪、电动裁布机、电动雕刻机、电动除锈机、电喷枪、电动锅炉去垢机。

2. 安全性能要求

为了安全生产，避免对操作者的伤害，工具的安全性能必须符合安全操作的要求。使用手持式电动工具应当注意以下安全性能要求：

1）辨认铭牌，检查工具或设备的性能是否与使用条件相适应。

2）检查防护罩、防护盖、手柄防护装置等有无损伤、变形或松动。

3）检查电源开关是否失灵、是否破损、是否牢固，接线有无松动。

4）电源线应采用橡胶绝缘软电缆，单相用三芯电缆、三相用四芯电缆，电缆不得有破损或龟裂，中间不得有接头。

5）Ⅰ类设备应有良好的接零或接地措施，且保护中性线应与工作中性线分开。保护中性线（或地线）应采用截面积大于 $15mm^2$ 的多股软铜线，且保护中性线（或地线）最好与相线、工作中性线在同一护套内。

6）使用Ⅰ类手持式电动工具应配合绝缘用具，并根据用电特征安装漏电保护器或采取电气隔离及其他安全措施。

7）绝缘电阻合格，对于带电部分与可触及导体之间的绝缘电阻，Ⅰ类设备不低于 $2M\Omega$，Ⅱ类设备不低于 $7M\Omega$。

8）装设合格的短路保护装置。

9）Ⅱ类手持式电动工具修理后不得降低原设计确定的安全技术指标。

10）用毕及时切断电源，并妥善保管。

上述手持式电动工具的使用要求对于一般移动式电气设备也是适用的。

3. 根据工具特点选用

各类工具的触电保护特性不同，在不同的场所应选用不同类型的工具并配备相应的保护装置，以保证使用者的安全。

目前，Ⅰ、Ⅱ类工具的电压一般是220V或380V，Ⅲ类工具的电压是42V以下，需要专用变压器，此类工具使用很少。根据国内外情况来看，Ⅱ类工具是发展方向，因为其使用起来安全可靠。

工具造成的触电死亡事故几乎都是由Ⅰ类工具引起的。Ⅰ类工具的接地接零虽然能抑制危险电压，但它的触电保护还是不完善的，此类工具除依靠工具本身的绝缘强度及接地装置的完整外，还依靠使用场所的接地接零系统，而目前许多工厂企业的接地装置的维护还不够完备，有的接地电阻太大，有的接地不良，有的甚至还没有接地装置。因此，在使用Ⅰ类工具时还必须采用其他附加安全保护措施，如漏电保护器、安全隔离变压器等。

Ⅱ类工具比Ⅰ类工具安全可靠，表现为工具本身除具有基本绝缘外，还有一层独立的附加绝缘，当基本绝缘损坏时，操作者仍能与带电体隔离，不致触电。

Ⅲ类工具（即42V以下安全电压工具）由于用安全隔离变压器作为独立电源，因此在使用时，即使外壳漏电，流过人体的电流也很小，一般不会发生触电事故。

（二）设备使用环境

1）在一般场所，为保证使用者的安全，应选用Ⅱ类工具装设漏电保护器、安全隔离变压器等，否则使用者必须戴绝缘手套、穿绝缘鞋或站在绝缘垫/绝缘台上。

2）在潮湿的场所或金属构架上等导电性能良好的作业场所，必须使用Ⅱ类或Ⅲ类工具。如果使用Ⅰ类工具，必须装设额定漏电动作电流不大于30mA、动作时间不大于0.1s的漏电保护器。

3）在狭窄场所如锅炉、金属容器、管道等处应使用Ⅲ类工具。使用Ⅲ类工具时，必须装设额定漏电动作电流不大于15mA、动作时间不大于0.1s的漏电保护器。Ⅲ类工具的安全隔离变压器，Ⅱ类工具的漏电保护器及Ⅱ类、Ⅲ类工具的控制箱和电源连接器等必须放在外面，同时应有人在外监护。

4）在特殊环境如湿热、雨雪以及存在爆炸性或腐蚀性气体的场所，使用的工具必须符合相应防护等级的安全技术要求。

拓展阅读

2020年，Strategy Analytics的网络化汽车出行总监Roger Lanctot发表了他对当下及未来汽车技术五大趋势的见解。

1. 基于车队的运作

随着汽车日益融入车队，数据网络的压力会越来越大，即提供更加尖端的网络化汽车解决方案，以便能够收集数据、预知系统故障、避免碰撞，并向驾驶人和乘客提供所需的情景相关内容。

汽车制造商和商业车队运营商，包括叫车公司、汽车共享服务提供商、出租车和租车运营商，主导着当今网络化车队的市场。未来可能会给市场带来新的运营商，从技术公司到零售商、运输公司，甚至是新的汽车经销商，他们都在提供网络化车队来满足不断发展的交通运输需求，也是新能源汽车发展这条道路上的一次改革与创新。

2. 5G带来无所不在的连接

5G技术将从根本上改变连接汽车的业务，方便汽车交流重要信息，以实现更安全的道路互动和交通管理。随着全球停车场以更高的速度、更低的延迟和无线连接被"点亮"，汽车之间以及行人和汽车之间的碰撞避免将出现重大突破。监管机构将最终拥有应对现实安全挑战和拯救生命的手段。与此同时，情景导航体验将得到惊人的增强，以缓解真人驾驶的正常压力。这就要求广大学生不仅需要掌握新能源汽车的原理和技术，还要掌握智能网联和车载网络等方面的知识，熟悉新能源汽车产业链的各个环节。

3. 特别的车辆使用案例会削弱所有权

提供出行即服务的网联车辆的激增将会把越来越多的消费者从他们自己的汽车中拉出来，进入共享交通的世界。基于应用的端到端交通运输解决方案将使支付和个性化体验结合为一体。究竟哪类组织将引领或最终主导这种新的交通运输环境还有待观察，但汽车公司、基础设施公司、交通运输服务提供商和其他组织都将发挥作用。

4. 采用电动汽车的影响

随着网络化汽车车队成为交通运输领域的主宰，车队运营商将继续大力欢迎电气化技术，因为他们认识到电动汽车的运营成本更低。虽然消费者还对购买和拥有电动汽车犹豫不决，但车队运营商毫不犹豫。这将为更高效、更广泛部署的充电网络铺平道路，从而使消费者以比目前更快的速度接受充电网络。

5. 自主的市场之路

虽然完全自主和网联汽车车队可能最终会服务于大城市和城镇，但走向完全自主的演进之路可能需要十年或更长时间。随着支持真人和机器驾驶车辆的不同高速公路驾驶环境的出现，机器人出租车、班车、货车和公交车以及半自动驾驶的个人驾驶汽车，都将代表不断发展的自主世界的不同方面。

新能源汽车的网联化、自动化，进一步培养了学生的社会责任感和环保意识；同时，学生还应该具备相关技能，如新能源汽车的维修、保养、充电、驾驶等方面的能力，为未来的就业和生活做好充分准备。总之，日新月异的技术改革旨在引导学生正确认识新能源汽车的重要性，掌握相关技术和知识，培养学生的绿色意识和环保责任感。这不仅有利于学生的个人成长和发展，更有利于推动全球可持续发展的进程。

任务分组

表 3-4-1　学生任务分配表

班级		组号		指导教师	
组长		学号			
组员角色分配					
信息员		学号			
操作员		学号			
记录员		学号			
安全员		学号			
任务分工					
（就组织讨论、工具准备、数据采集、数据记录、安全监督、成果展示等工作内容进行任务分工）					

工作计划

按照前面所了解的知识内容和小组内部讨论的结果，制定工作方案，落实各项工作负责人，如任务实施前的准备工作、实施中主要操作及协助支持工作、实施中相关要点及数据的记录工作等。

表 3-4-2　工作计划表

步骤	工作内容	负责人
1		
2		
3		
4		
5		
6		

进行决策

1）各组派代表阐述资料查询结果。

2）各组就各自的查询结果进行交流，并分享技巧。

3）教师对各组的计划方案进行点评。

4）各组长对组内成员进行任务分工，教师确认分工是否合理。

姓名　　　班级　　　日期　　　　　　　　能力模块三　电工基础知识认知

任务实施

引导问题 5

扫描二维码观看视频，了解安全防护套装的认知和使用检查。

个人防护工具的正确穿戴

参考操作视频，按照规范作业要求学习安全防护套装的认知和使用检查，并完成数据采集和记录。

表 3-4-3　设备及工具准备

序号	设备及工具名称	数量	设备及工具是否完好
1	绝缘手套	1 双	□是　□否
2	钳形万用表	1 个	□是　□否
3	绝缘台	1 张	□是　□否
4	耐磨手套	1 双	□是　□否
5	验电器	1 个	□是　□否
6	隔离带	4 个	□是　□否
7	绝缘垫	1 张	□是　□否
8	安全警告牌	1 张	□是　□否
9	安全帽	1 顶	□是　□否
10	护目镜	1 副	□是　□否
11	绝缘鞋	1 双	□是　□否
12	绝缘测试仪	1 个	□是　□否
质检意见	原因：		□是　□否

表 3-4-4　场地及安全防护准备

序号	场地及安全防护项目	项目是否完成
1	任务实施前，需要做好场地防护准备，必须检查实训场地和设备设施是否存在安全隐患	□是　□否
2	场地无多余杂物，干燥整洁	□是　□否
3	相关设备在操作前，处于断电状态	□是　□否
质检意见	原因：	□是　□否

表3-4-5 安全防护套装的认知和使用检查

序号	步骤和记录	完成情况
1	隔离带的设置。认识隔离带,并清楚隔离带的使用方法 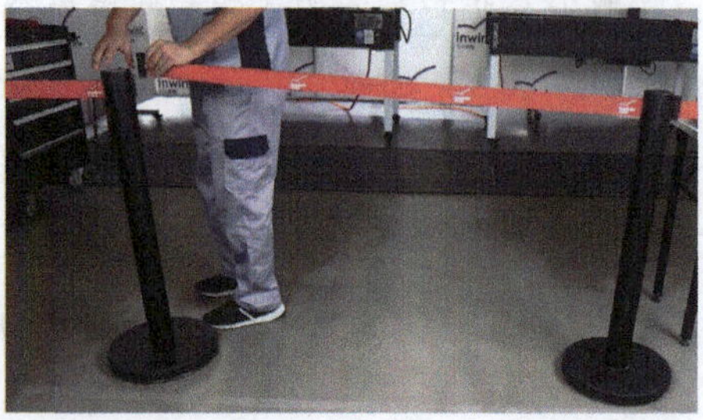	已完成□ 未完成□
2	认识安全警告牌,在进行电气相关操作前,要在适当的地方放置安全警告牌用以提示 	已完成□ 未完成□
3	检查安全帽,检查外观是否有裂纹、碰伤痕迹、凸凹不平、磨损。帽衬是否完整,帽衬的结构是否处于正常状态。安全帽各配件有无破损、装配是否牢固、帽衬调节部分是否能够卡紧、插口是否牢靠、绳带是否系紧等 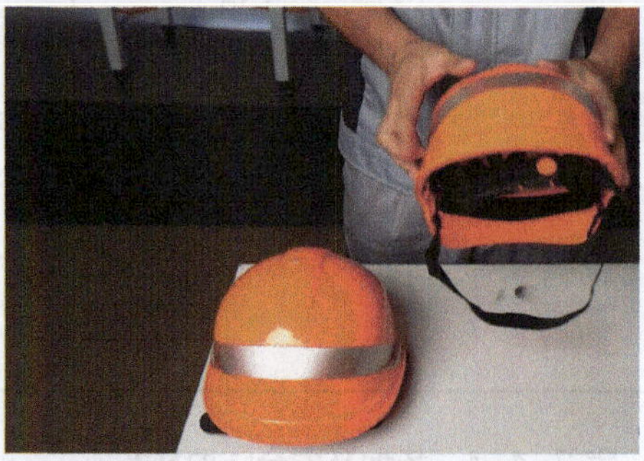	已完成□ 未完成□
4	检查护目镜是否有松动、刮花、损坏等情况 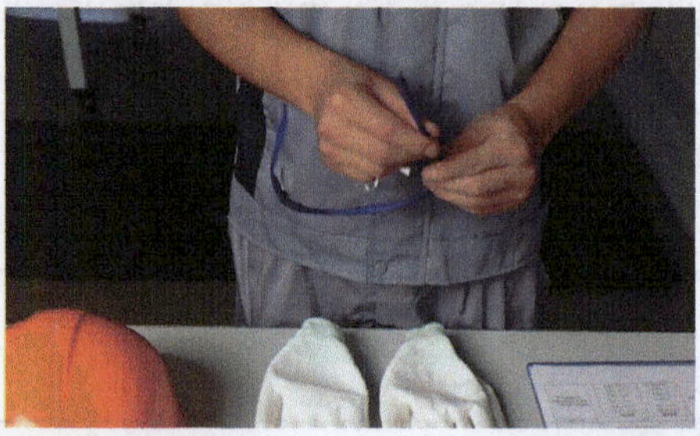	已完成□ 未完成□

（续）

序号	步骤和记录	完成情况
5	检查耐磨手套是否破损 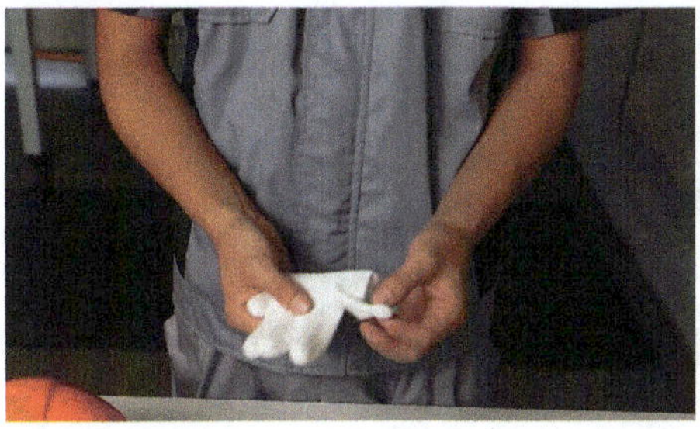	已完成□ 未完成□
6	检查绝缘手套是否老化、破损，检查有无漏气，检查绝缘手套的绝缘等级以及最大使用电压 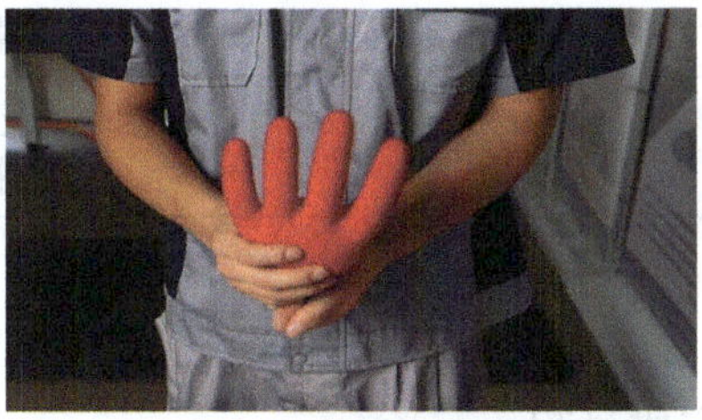 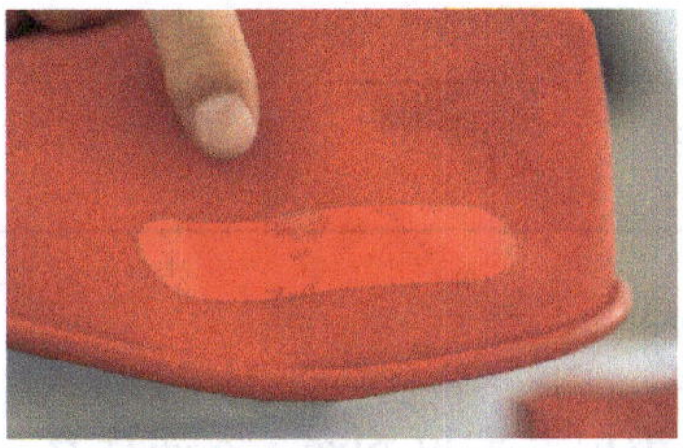	已完成□ 未完成□
7	检查绝缘鞋是否破损，是否出现老化 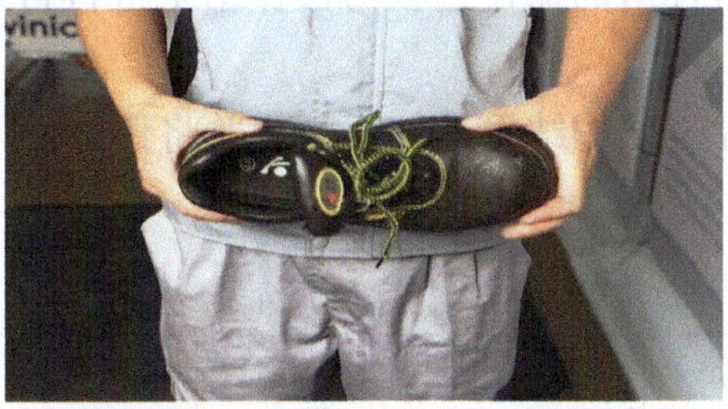	已完成□ 未完成□
8	检查钳形万用表，红黑表笔接触调零 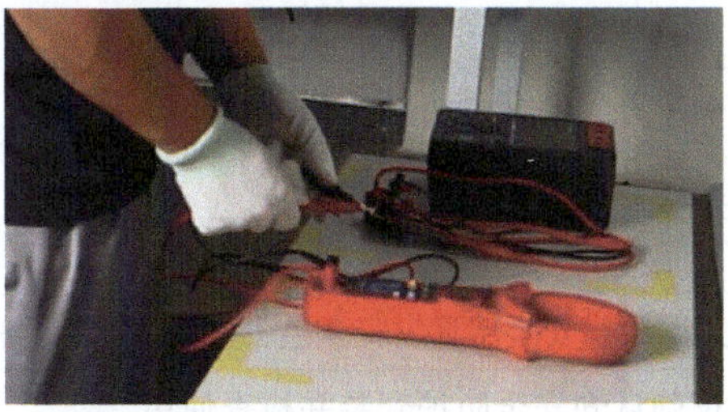	已完成□ 未完成□
9	检查绝缘测试仪 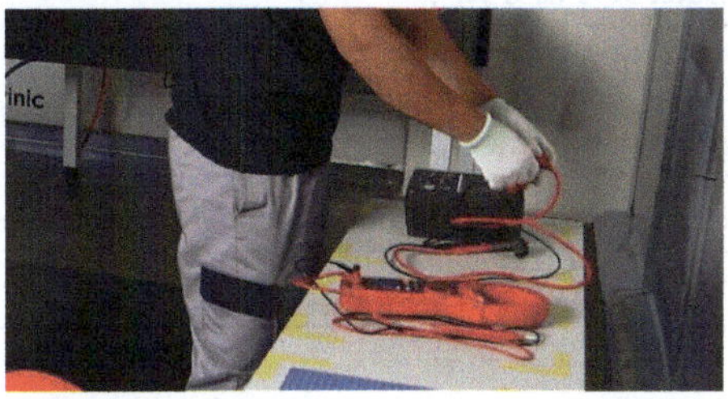	已完成□ 未完成□

（续）

序号	步骤和记录	完成情况
10	检查绝缘垫是否破损以及使用绝缘测试仪测试其绝缘性是否合格	已完成□ 未完成□
11	实训现场 7S 整理	已完成□ 未完成□
总结提升		已完成□ 未完成□
质检意见	原因：	已完成□ 未完成□

评价反馈

1）各组代表展示汇报 PPT，介绍任务的完成过程。

2）请以小组为单位，对各组的操作过程与操作结果进行自评和互评，并将结果填入表 3-4-6 中的小组评价部分。

3）教师对学生工作过程与工作结果进行评价，并将评价结果填入表 3-4-6 中的教师评价部分。

表 3-4-6　综合评价表

班级		组别		姓名		学号	
实训任务							
评价项目		评价标准				分值	得分
小组评价	计划决策	制定的工作方案合理可行，小组成员分工明确				10	
	任务实施	能够正确检查并设置实训工位				5	
		能够准备和规范使用工具设备				5	
		能够正确分辨安全用具、安全色、安全标志、语言警告牌				20	
		能够正确认知安全防护套装并检查使用				20	
		能够规范填写任务工单				10	
	任务达成	能按照工作方案操作，按计划完成工作任务				10	
	工作态度	认真严谨，积极主动，安全生产，文明施工				10	
	团队合作	小组组员积极配合，主动交流，协调工作				5	
	7S 管理	完成竣工检验、现场恢复				5	
		小计				100	

（续）

评价项目		评价标准	分值	得分
教师评价	实训纪律	不出现无故迟到、早退、旷课现象，不违反课堂纪律	10	
	方案实施	严格按照工作方案完成任务实施	20	
	团队协作	任务实施过程中互相配合，协作度高	20	
	工作质量	能准确完成实训任务	20	
	工作规范	操作规范，三不落地，无意外事故发生	10	
	汇报展示	能准确表达，总结到位，改进措施可行	20	
		小计	100	
综合评分		小组评价分 × 50% ＋教师评价分 × 50%		
总结与反思				

（如：学习过程中遇到什么问题→如何解决 / 解决不了的原因→心得体会）

新能源汽车电学基础与高压安全

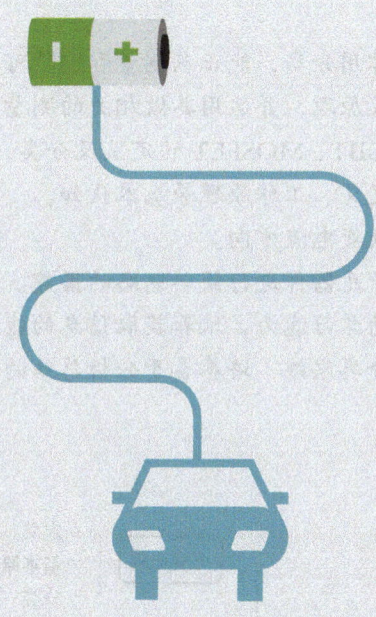

能力模块四
常见元器件认知及测量

任务一　常见电子元器件认知及测量

🎯 学习目标

- 掌握可变电阻的原理和作用分类,能正确测量和调节可变电阻的阻值。
- 掌握线圈和电感的概念及原理,并运用其做相关的测量。
- 掌握二极管、晶体管、IGBT、MOSFET 的定义及分类,并正确判断它们的极性。
- 掌握互感器和断路器的定义、工作原理等基本认知。
- 能利用二极管和晶体管改变电流方向。
- 能正确使用断路器等电子元器件进行简单电路的搭建。
- 培养对新知识、新技能的学习能力,培养获取信息的能力。
- 培养严密的逻辑思维、分类思维,培养善于分析总结的思维能力。

📇 知识索引

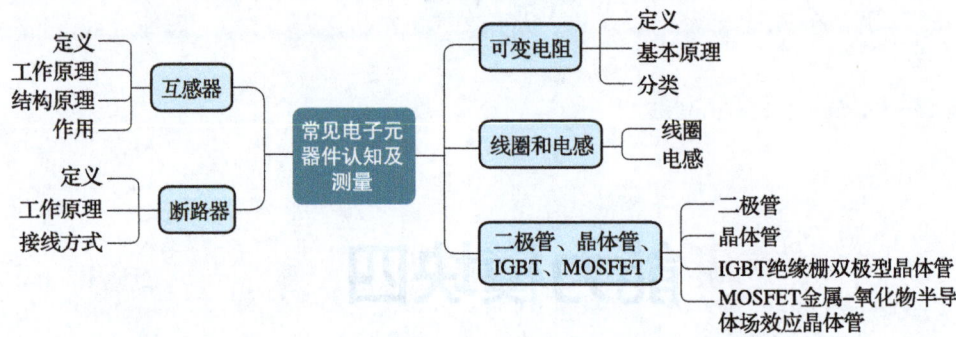

📖 情境导入

> 　　小张是一位工人,他通过各种渠道学习了电路的基础元器件和电气安全知识以后,想进一步了解更多的电子元器件以及如何使用。但他不知道主要还有哪些常见的电子元器件需要了解和学习,你能帮他梳理出常见的电子元器件有哪些吗?这些电子元器件的具体工作原理,你能跟他讲一讲吗?

获取信息

引导问题 1

请查阅相关资料，简述可变电阻的定义、基本原理、分类及作用。

_____
_____
_____

可变电阻

（一）定义

可变电阻也叫可调电阻，可调电阻是电阻的一类，可调电阻的电阻值的大小可以人为调节，以满足电路的需要。可调电阻可分为：电子元器件可调电阻、瓷盘可调电阻、贴片可调电阻、线绕可调电阻等。

理论上，可调电阻的阻值可以调整到 0 与标称值以内的任意值上，但因为实际结构与设计精度要求等原因，可调电阻往往不容易 100% 达到"任意"要求，只是"基本上"做到在允许的范围内调节，从而来改变阻值。图 4-1-1 所示为智能电学套装中的可调电阻，通过十字螺丝刀旋转中间的螺钉，可以调节电阻的大小。这里的可调电阻有 3 个接口，接 1 和 3 接口相当于把最大电阻值接入电路中，接 1 和 2 接口与接 2 和 3 接口时，调大与调小时旋转的方向相反。

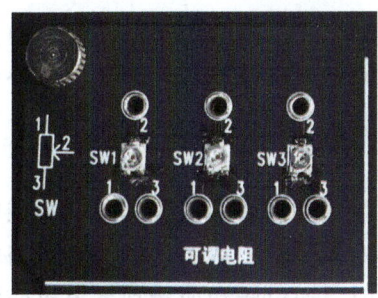

图 4-1-1　可调电阻

（二）基本原理

常见的可调电阻主要通过改变电阻接入电路的长度来改变阻值，对于对温度较敏感的电阻也可通过改变温度来达到改变阻值的目的，这叫热敏电阻；还有对光敏感的电阻，通过改变光照强度来达到改变阻值的目的，这叫光敏电阻；此外，还有压敏电阻、气敏电阻等。

（三）分类

1. 滑动变阻器

滑动变阻器由电阻丝绕成线圈，通过滑动滑片来改变接入电路的电阻丝长度，从而改变阻值，如图 4-1-2 所示。

连接电路时一般将其串联，且"一上一下"连接，称为限流式接法。

图 4-1-2　滑动变阻器

还有一种接法接三个接线柱，"两下一上"连接，称为分压式接法。这种接法会耗费大量电能，除了不得已的情况，一般不用此接法。

2. 电阻箱

滑动变阻器能够改变连入电路的电阻大小，起到连续改变电流大小的作用，但不能直接准确知道连入电路的电阻值。如果需要知道连入电路的电阻的阻值，就要用到电阻箱。电阻箱如图 4-1-3 所示。

电阻箱是一种可以调节电阻大小且能够直接显示出电阻阻值的变阻器。它与滑动变阻器相比，滑动变阻器不能表示出连入电路的电阻值，但它可以连续改变接入电路中的电阻。电阻箱能表示出连入电路中的阻值大小，但阻值变化是不连续的，没有滑动变阻器阻值变化准确。

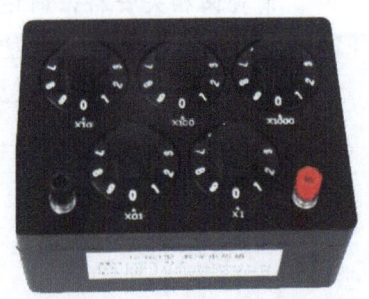

图 4-1-3　电阻箱

3. 电位器

电位器是可调电阻的一种，通常由电阻体与转动或滑动系统组成，即靠一个滑动端在电阻体上移动，获得部分电压输出。它是具有三个引出端、阻值可按某种变化规律调节的电阻元件。

电位器的作用是调节电压（含直流电压与信号电压）和电流的大小。通过手动调节转轴或滑柄，改变滑动端在电阻体上的位置，则改变了滑动端与任一个固定端之间的电阻值，从而改变了电压与电流的大小。当电阻体的两个固定端之间外加一个电压时，通过转动或滑动系统改变滑动端在电阻体上的位置，在滑动端与固定端之间便可得到一个与滑动端位置成一定关系的电压，其结构如图 4-1-4 所示。

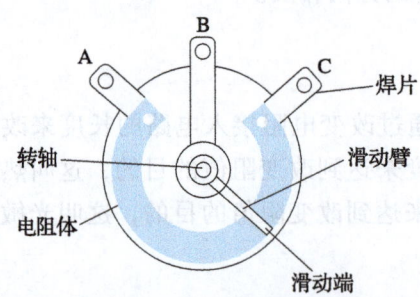

图 4-1-4　电位器的结构

电位器大多用作分压器，这时电位器是一个四端元件。电位器有多种样式，如图 4-1-5 所示。

电位器按材料分，有线绕电位器、碳膜电位器、实心式电位器；按输出与输入电压比与旋转角度的关系分直线式电位器（呈线性关系）、函数电位器（呈曲线关系）。电位器主要参数为阻值、容差、额定功率。电位器广泛用于电子设备，和在音箱和收音机中作为音量控制用。在生活中可调电阻是经常用到的。

图 4-1-5　各种电位器

> **引导问题 2**
>
> 请查阅相关资料，简述对线圈和电感的基本认知。
> _____
> _____
> _____

线圈和电感

（一）线圈

线圈通常指呈环形的导线，最常见的线圈应用有：电动机绕组、电感、变压器绕组和环形天线等。电路中的线圈是指电感器，其导线一圈一圈绕起来，导线彼此互相绝缘，而其中可以是空心的，也可以包含铁心，图 4-1-6 所示为线圈的电路符号和线圈实物。

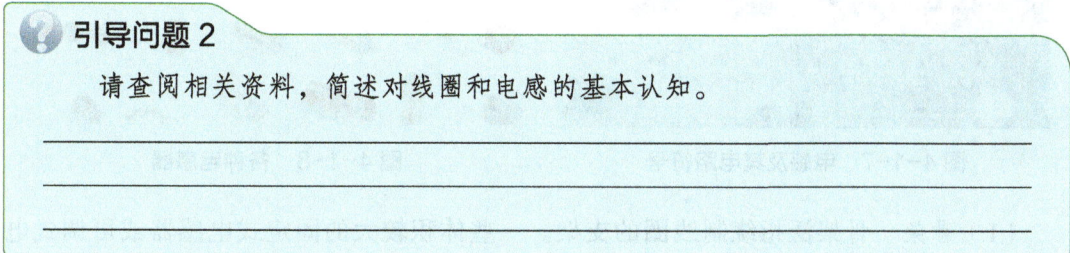

a）电路符号　　　　　　　b）实物

图 4-1-6　线圈的电路符号和实物

（二）电感

1. 定义

在学习电感的定义之前，先要了解电流的磁场。闭合电路中产生的电流，其通过的导体具有磁场，这种由电流产生的磁场叫电流的磁场。由电流的磁场可知，电流不仅具有热效应，还具有磁效应。

电感器（Inductor）是把电能转化为磁能而存储起来的元件。电感器的结构类似于变压器，但只有一个线圈。电感器具有一定的电感，它只阻碍电流的变化。如果电感器在没有电流通过的状态下，电路接通时它将试图阻碍电流流过它；如果电感器在有电流通过的状态下,电路断开时它将试图维持电流不变。电感器又称扼流器、电抗器、动态电抗器。图4-1-7所示为智能电学套装中的电感及其电路符号。

2. 结构

电感器一般由骨架、线圈、铁心、屏蔽罩、封装材料等组成。各种电感器如图4-1-8所示。

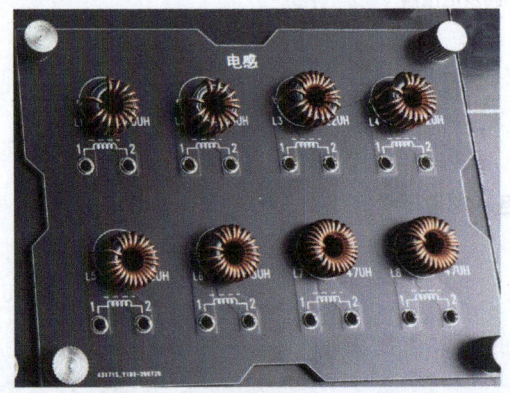

图4-1-7 电感及其电路符号

图4-1-8 各种电感器

（1）骨架　骨架泛指绕制线圈的支架。一些体积较大的固定式电感器或可调式电感器，如振荡线圈、阻流圈等，大多数将漆包线或纱包线环绕在骨架上，再将铁心等装入骨架的内腔，以提高其电感量。骨架通常采用塑料、胶木、陶瓷制成，根据实际需要可以制成不同的形状。小型电感器，例如色码电感器，一般不使用骨架，而是直接将漆包线绕在铁心上。空心电感器，也称脱胎线圈或空心线圈，多用于高频电路中，不用铁心、骨架和屏蔽罩等，而是先在模具上绕好后再脱去模具，并将线圈各圈之间拉开一定距离。

（2）线圈　线圈是电感器的基本组成部分。线圈有单层和多层之分。单层线圈又有密绕（绕制时导线一圈挨一圈）和间绕（绕制时每圈导线之间均间隔一定的距离）两种形式；多层线圈有分层平绕、乱绕、蜂房式绕法等多种。

（3）铁心　铁心的材料主要有硅钢片、坡莫合金、镍锌铁氧体（NX系列）、锰锌铁氧体（MX系列）等，其外形多为"E"型。

（4）屏蔽罩　为避免有些电感器在工作时产生的磁场影响其他电路及元器件正常工作，就为其增加了金属屏蔽罩，例如半导体收音机的振荡线圈等。采用屏蔽罩的电感器，会增加线圈的损耗，使品质因数降低。

（5）封装材料　有些电感器，如色码电感器、色环电感器等，在绕制好后，会用封装材料将线圈和铁心等密封起来。封装材料采用塑料或环氧树脂等。

3. 相关参数

电感的重要参数有五个：电感、允许偏差、品质因数、分布电容及额定电流。

（1）电感　电感是闭合回路的一种属性，是一个物理量。当电流通过线圈后，会在线圈中形成感应磁场，感应磁场又会产生感应电流来抵制通过线圈的电流。电感的大小与线圈的圈数（匝数）、绕制方式、有无铁心及铁心的材料等有关。通常匝数越多、绕制的线圈越密集，电感量就越大。

（2）允许偏差　允许偏差是指电感器上的标称电感与实际电感的允许相差值。一般用于振荡或滤波等场合的电感器的精度要求较高，允许偏差为 ±0.5%；用于耦合、高频阻流等场合的电感器的精度要求不高，允许偏差为 ±15%。

（3）品质因数　品质因数也称 Q 值，是衡量电感器质量的主要参数。它是指电感器在某一频率的交流电压下工作时，所呈现的感抗与其等效损耗电阻之比。电感器的品质因数越高，其损耗越小，效率越高。电感器品质因数的高低与线圈导线的直流电阻、线圈骨架的介质损耗及铁心、屏蔽罩等引起的损耗等有关。

（4）分布电容　分布电容是指线圈的匝与匝之间、线圈与铁心之间存在的电容。电感器的分布电容越小，其稳定性越好。

（5）额定电流　额定电流是指电感器正常工作时所允许通过的最大电流值。若工作电流超过额定电流，则电感器会因发热而使性能参数发生改变，甚至还会因过电流而烧毁。

> **引导问题 3**
> 请查阅相关资料，简述对二极管、晶体管、IGBT 及 MOSFET 的认知。
> _____
> _____
> _____

二极管、晶体管、IGBT、MOSFET

（一）二极管

二极管（Diode）是一种具有两个电极的电子器件，它只允许电流由单一方向流过，经常应用于整流（Rectifying）的场合。变容二极管（Varicap Diode）则可用来当作电子式的可调电容器。当二极管允许电流由单一方向流过时，称为顺向偏压；当二极管反向阻断时，称为逆向偏压。因此，二极管可以作为电子版的逆止阀。

二极管种类有很多，按照所用的半导体材料，可分为锗二极管（Ge 管）和硅二极管（Si 管）。根据其不同用途，可分为检波二极管、整流二极管、稳压二极管、开关二极管、隔离二极管、肖特基二极管、发光二极管、硅功率开关二极管、旋转二极管等。图 4-1-9 所示为智能电学套装中的整流二极管、肖特基二极管、稳压二极管、发光二极管及其电路符号。

1. 整流二极管

整流二极管（Rectifier Diode）是一种用于将交流电转变为直流电的半导体器件。二极管最重要的特性就是单向导电性。在电路中，电流只能从二极管正极流入，从负极流出。通常二极管包含一个 PN 结，有正极和负极两个端子。其结构示意图和电路符号如图4-1-10所示。

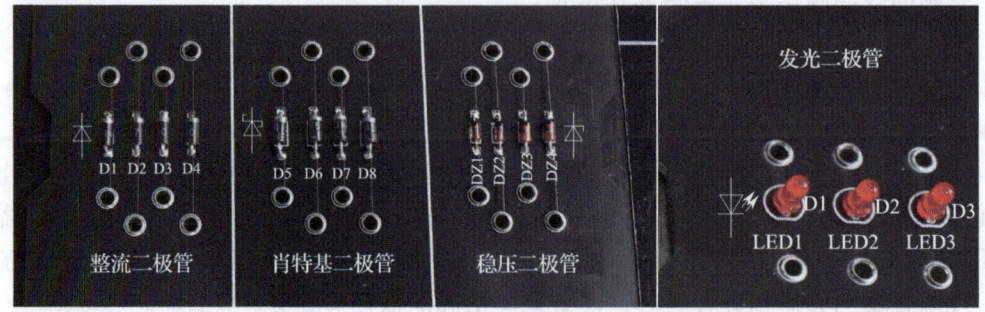

图4-1-9 整流二极管、肖特基二极管、稳压二极管、发光二极管及其电路符号

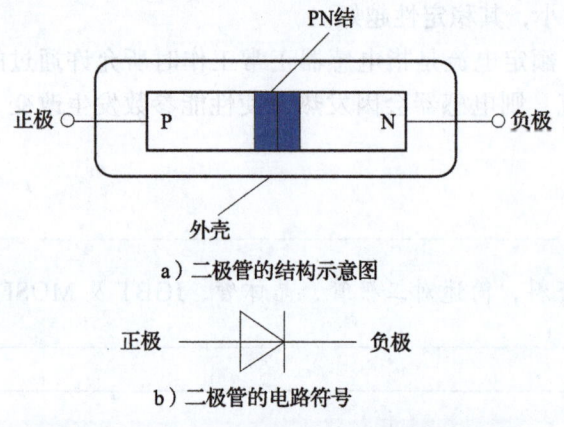

图4-1-10 二极管的结构示意图和电路符号

P区的载流子是空穴，N区的载流子是自由电子，在P区和N区间存在一定的势垒。外加使P区相对N区为正的电压时，势垒降低，势垒两侧附近产生储存载流子，能通过大电流，具有低的电压降（典型值为0.7V），称为正向导通状态。若加相反的电压，使势垒增加，可承受高的反向电压，此时仅流过很小的反向电流（称反向漏电流），称为反向阻断状态。

整流二极管的常用参数，通常包括下列这些：

1）最大平均整流电流 I_F。
2）最高反向工作电压 U_R。
3）最大反向漏电流 I_R。
4）击穿电压 U_B。
5）最高工作频率 f_m。
6）反向恢复时间 t_{rr}。
7）零偏压电容 C_0。

2. 肖特基二极管

肖特基二极管（Schottky Barrier Diode，SBD）是以其发明人肖特基（Schottky）博士命名的，SBD不是利用P型半导体与N型半导体接触形成PN结的原理制作的，而是利用金属与半导体接触形成的金属-半导体结原理制作的。因此，SBD 也称为金属-半导体（接触）二极管或表面势垒二极管，它是一种热载流子二极管。图 4-1-11 所示为肖特基二极管。

SBD 以金属（金、银、铝、铂等）A 为正极，以 N 型半导体 B 为负极，是利用二者接触面上形成的势垒具有的整流特性而制成的金属-半导体器件。因为 N 型半导体 B 中存在着大量的自由电子，贵金属 A 中仅有极少量的自由电子，所以自由电子便从浓度高的 B 中向浓度低的 A 中扩散。显然，

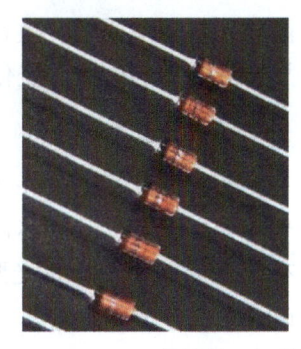

图 4-1-11　肖特基二极管

A 中没有空穴，也就不存在空穴自 A 向 B 的扩散运动。随着自由电子不断从 B 扩散到 A，B 表面自由电子浓度逐渐降低，表面电中性被破坏，于是形成了肖特基势垒，其电场方向为 B→A。但在该电场作用之下，A 中的自由电子也会产生从 A 到 B 的漂移运动，从而削弱了由于扩散运动而形成的电场。当建立起一定宽度的空间电荷区后，电场引起的自由电子漂移运动和浓度不同引起的自由电子扩散运动达到相对的平衡。图 4-1-12 所示为肖特基二极管示意图。

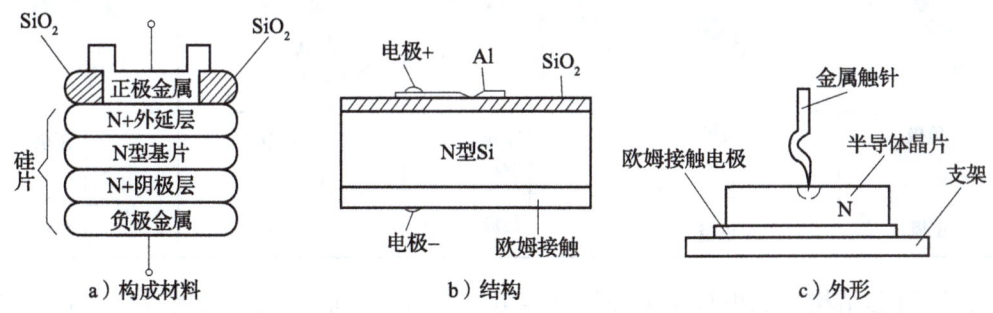

图 4-1-12　肖特基二极管示意图

3. 发光二极管

发光二极管，简称 LED，是一种常用的发光器件，可高效地将电能转化为光能。随着技术的不断进步，发光二极管已被广泛地应用于显示器、照明及医疗器件等。图 4-1-13 所示为发光二极管。

发光二极管与普通二极管一样由一个 PN 结组成，也具有单向导电性。当给发光二极管加上正向电压后，从 P 区注入到 N 区的空穴和由 N 区注入到 P 区的自由电子，在 PN 结附近数微米内分别与 N 区的自由电子和 P 区的空穴复合，产生自发辐射的荧光。

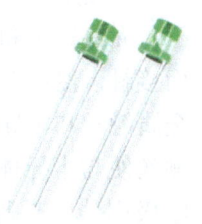

图 4-1-13　发光二极管

发光二极管还可分为普通单色发光二极管、高亮度发光二极管、超高亮度发光二极管、变色发光二极管、闪烁发光二极管、电压控制型发光二极管、红外发光二极管和负阻发光二极管等。

4. 变容二极管

变容二极管（也称为调谐二极管）是一种 PN 结二极管，其在反向偏置电压变化时

能充当可变电容器。换句话说，它是一种特殊设计的二极管，其 PN 结处的电容随着施加在其两端的电压的变化而变化。

5. 光电二极管

光电二极管（Photodiode）是一种能够将光根据使用方式，转换成电流或者电压信号的光探测器。其管芯常使用一个具有光敏特征的 PN 结，它对光的变化非常敏感，具有单向导电性，而且光照强度不同的时候会改变电学特性，因此可以利用光照强度来改变电路中的电流。

6. 稳压二极管

稳压二极管，又叫齐纳二极管（Zener Diode），它是利用 PN 结反向击穿状态下电流可在很大范围内变化而电压基本不变的现象，制成的起稳压作用的二极管。

二极管的类型及电路符号见表 4-1-1。

表 4-1-1　二极管的类型及电路符号

普通二极管	稳压二极管	发光二极管	光电二极管	变容二极管
负极 正极	负极 正极	正极 负极	正极 负极	正极 负极

按照管芯结构，二极管又可分为点接触型二极管、面接触型二极管及平面型二极管。

点接触型二极管用一根很细的金属触丝（如三价元素铝）和一块半导体（如锗半导体）的表面接触，然后在正方向通过很大的瞬时电流，使金属触丝和半导体牢固地熔接在一起，此时金属触丝便与半导体结合构成 PN 结，并做出相应的电极引线，外加管壳密封，如图 4-1-14 所示。由于点接触型二极管的金属触丝很细，形成的

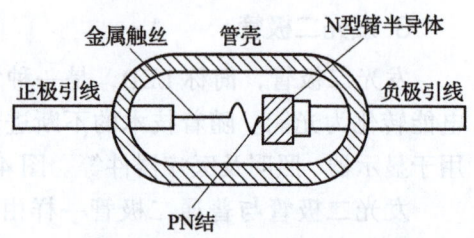

图 4-1-14　点接触型二极管

PN 结面积很小，所以点接触型二极管不能承受高的反向电压和大的电流。这种类型的二极管可作为高频检波和脉冲数字电路里的开关器件，也可用于小电流整流。例如 2AP1 就是点接触型锗二极管，其最大整流电流为 16mA，最高工作频率为 150MHz。

面接触型二极管的 PN 结面积较大，允许通过较大的电流（几安到几十安），主要用于把交流电转换成直流电的整流电路中。

平面型二极管是一种特制的硅二极管，它不仅能通过较大的电流，而且性能稳定可靠，多用于开关、脉冲及高频电路中。

（二）晶体管

晶体管是一种控制电流的半导体器件，其作用是把微弱信号放大成幅度较大的电信号，也可用作无触点开关。晶体管在一块半导体基片上制作两个相距很近的 PN 结，两个 PN 结把整块半导体分成三部分，中间部分是基区，两侧部分是发射区和集电区，排列方式有 PNP 和 NPN 两种。晶体管实物及其电路符号如图 4-1-15 所示。图 4-1-16 所示为智能电学套装中的插件晶体管和贴片晶体管。

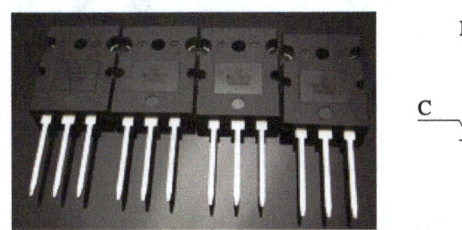
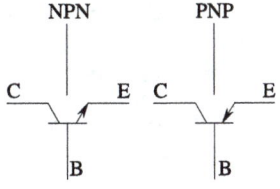

图 4-1-15　晶体管的实物及电路符号

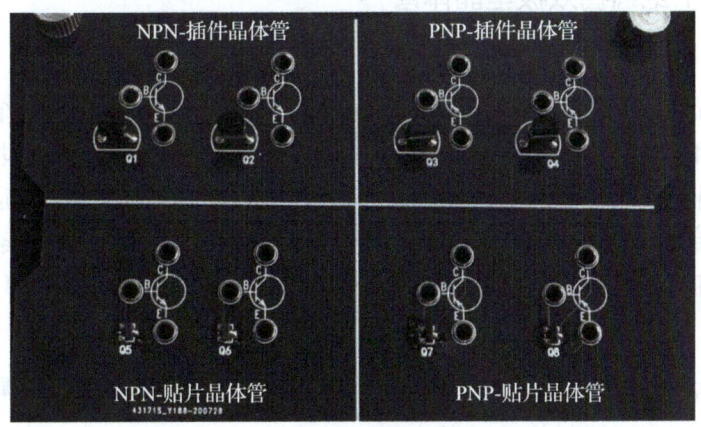

图 4-1-16　插件晶体管和贴片晶体管

晶体管按材料分有两种：锗管和硅管，而每一种又有 NPN 和 PNP 两种结构形式，但使用最多的是硅 NPN 和锗 PNP 两种晶体管。对于 NPN 管，它由 2 块 N 型半导体中间夹着一块 P 型半导体组成，发射区与基区之间形成的 PN 结称为发射结，而集电区与基区形成的 PN 结称为集电结，三条引线分别称为发射极 E（Emitter）、基极 B（Base）和集电极 C（Collector）。图 4-1-17 所示为晶体管结构原理图。

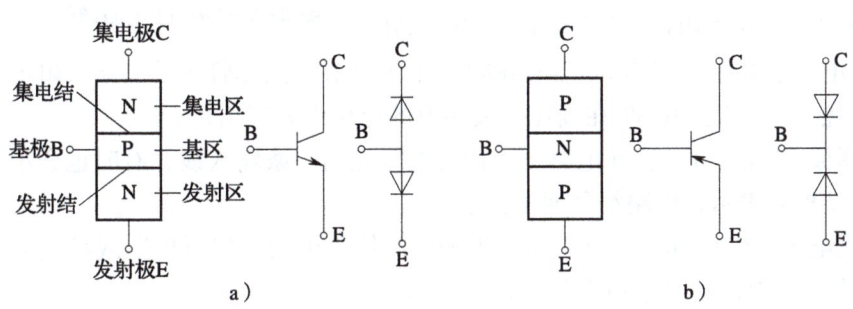

图 4-1-17　晶体管结构原理图

当 B 点电位高于 E 点电位零点几伏时，发射结处于正偏状态，而 C 点电位高于 B 点电位几伏时，集电结处于反偏状态，集电极电源 E_C 要高于基极电源 E_B。

在制造晶体管时，会有意识地使发射区的多数载流子浓度大于基区的，同时将基区做得很薄，而且要严格控制杂质含量。图 4-1-18 所示，为 NPN 型晶体管示意图。

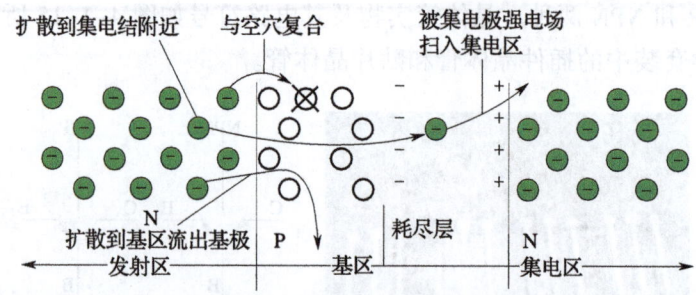

图 4-1-18 NPN 型晶体管示意图

（三）IGBT 绝缘栅双极型晶体管

1. 定义

IGBT（Insulated Gate Bipolar Transistor）即绝缘栅双极型晶体管，它是由 BJT（双极型晶体管）和 MOS 管（绝缘栅型场效应晶体管）组成的复合全控型电压驱动式功率半导体器件，兼有 MOSFET 的高输入阻抗和 GTR 的低导通压降两方面的优点。IGBT 是能源变换与传输的核心器件，俗称电力电子装置的"CPU"，作为国家战略性新兴产业，IGBT 在轨道交通、智能电网、航空航天、电动汽车与新能源装备等领域应用极广。

2. 结构

N 沟道增强型 IGBT 主要由 N^+ 型源区、P^- 型区、P^+ 型区以及 N^- 型漏区构成，其中还包括了一个控制区即栅区，结构如图 4-1-19 所示。

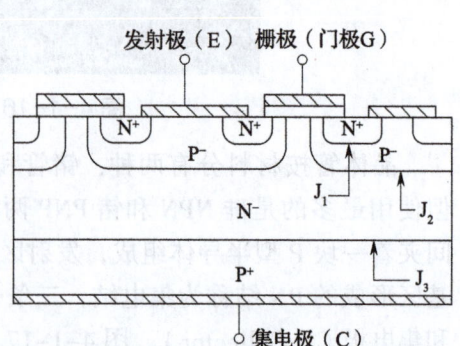

1）开关作用：当正向电压施加于 IGBT 的栅极时，靠近栅区的沟道会形成，从而为 PNP 晶体管提供基极电流，使 IGBT 进入导通状态。与之相反，施加反向栅极电压会消除沟道，切断基极电流，使 IGBT 关断。

图 4-1-19 N 沟道增强型 IGBT 结构

2）器件特点：IGBT 综合了 GTR（电力晶体管）的高电流承载能力和 Power MOSFET（电力场效应晶体管）的高输入阻抗、快速开关性能的优点。因此，IGBT 在高压、大功率的应用中表现出色。

3）栅极（Gate，G）：在电路图中通常被标记为一条输入线，有时也会用一个圆圈或半圆形结构来表示，电路符号通常位于左部。

4）集电极（Collector，C）：对应于传统晶体管中的"集电极"或场效应晶体管中的"漏极"，在电路符号中通常位于顶部。

5）发射极（Emitter，E）：类似于传统晶体管中的"发射极"，在电路符号中位于底部。

IGBT 是电压控制型器件，因此它只需要一个很小的电压加到栅极即可保持导通状态。由于 IGBT 是单向器件，IGBT 只能在从集电极到发射极的正向上切换电流。图 4-1-20 所示为智能电学套装中的 IGBT 及其电路符号。

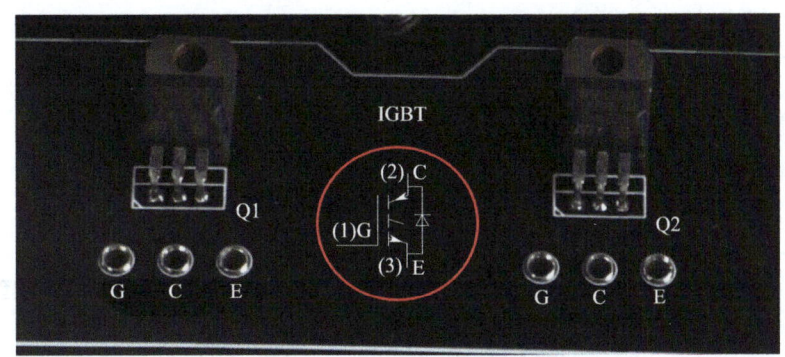

图 4-1-20　IGBT 及其电路符号

（四）MOSFET 金属－氧化物半导体场效应晶体管

金属－氧化物半导体场效应晶体管（Metal-Oxide-Semiconductor Field-Effect Transistor，MOSFET）是一种可以广泛使用在模拟电路与数字电路中的场效应晶体管（Field-Effect Transistor）。MOSFET 依照其"通道"（工作载流子）的极性不同，可分为 N 型与 P 型两种，通常又称为 NMOSFET 与 PMOSFET。图 4-1-21 所示为智能电学套装中的两种类型的场效应晶体管及其电路符号。

图 4-1-22 是典型平面 N 沟道增强型 MOSFET 的剖面图。它用一块 P 型硅半导体材料作衬底，在其面上扩散了两个 N 型区，再在上面覆盖一层二氧化硅（SiO_2）绝缘层，最后在 N 型区上方用腐蚀的方法做成两个孔，用金属化的方法分别在绝缘层上及两个孔内做成三个电极：S（源极）、G（栅极）及 D（漏极）。

图 4-1-21　两种类型的场效应晶体管及其电路符号

从图 4-1-21 中可以看出 G、D 及 S 是绝缘的，D 与 S 之间有两个 PN 结。一般情况下，衬底与 S 在内部连接在一起，这样，相当于 D 与 S 之间有一个 PN 结。

为了改善某些参数的特性,如提高工作电流、提高工作电压、降低导通电阻、提高开关特性等,MOSFET 有不同的结构及工艺,可构成所谓 VMOS、DMOS、TMOS 等结构。虽然有不同的结构,但 MOSFET 的工作原理是相同的。

这样,MOSFET 就有了 4 种类型:P 沟道增强型、P 沟道耗尽型、N 沟道增强型、N 沟道耗尽型,其中 N 沟道增强型 MOSFET 的电路符号如图 4-1-23 所示。

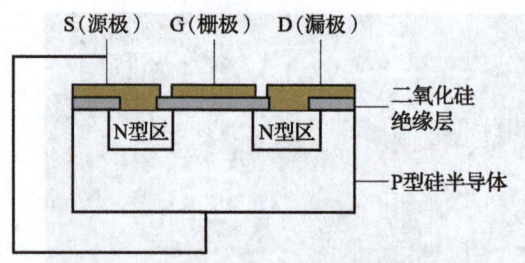

图 4-1-22 典型平面 N 沟道增强型 MOSFET 的剖面图

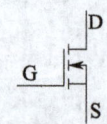

图 4-1-23 N 沟道增强型 MOSFET 的电路符号

> **引导问题 4**
>
> 请查阅相关资料,简述互感器的定义、工作原理、结构及作用。
> _____
> _____
> _____

互感器

(一)定义

互感器又称为仪用变压器,是电流互感器和电压互感器的统称。互感器能将高电压变成低电压、将大电流变成小电流,可用于测量或保护系统。其功能主要是将高电压或大电流按比例变换成标准低电压(100V)或标准小电流(5A 或 1A,均指额定值),以便实现测量仪表、保护设备及自动控制设备的标准化、小型化。同时互感器还可用来隔开高电压系统,以保证人身和设备的安全。互感器如图 4-1-24 所示。

图 4-1-24 互感器

(二)工作原理

电流互感器与变压器类似,也是根据电磁感应原理工作的,变压器变换的是电压,而电流互感器变换的是电流。电流互感器的绕组 N_1 接被测电流,称为一次绕组;绕组 N_2 接测量仪表,称为二次绕组。

电流互感器一次绕组电流 I_1 与二次绕组电流 I_2 之比,叫实际电流比 K。电流互感器在额定工作电流下工作时的电流比叫电流互感器额定电流比,用 K_n 表示,$K_n = \dfrac{I_{1n}}{I_{2n}}$。

(三)结构原理

电流互感器的结构较为简单,由相互绝缘的一次绕组、二次绕组、铁心以及构架、壳体、接线端子等组成。其一次绕组的匝数(N_1)较少,直接串联于电源线路中,一次电流(I_1)通过一次绕组时,产生的交变磁通感应产生按比例减小的二次电流(I_2);二次绕组的匝数(N_2)较多,与仪表、继电器、变送器等二次负载(Z)的电流线圈串联形成闭合回路,电流互感器结构原理如图 4-1-25 所示。

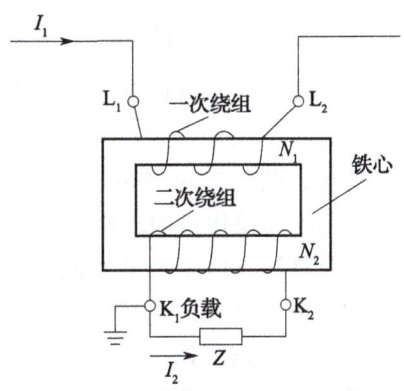

图 4-1-25 电流互感器结构原理

(四)作用

电力系统传输电能时往往采用交流电压、大电流回路把电力送往用户,无法用仪表进行直接测量。互感器的作用就是将交流电压和大电流按比例降到可以用仪表直接测量的数值,便于仪表直接测量,同时为继电保护和自动装置提供电源。电力系统用互感器是将电网高电压、大电流的信息传递到低电压、小电流二次侧的计量、测量仪表及继电保护、自动装置的一种特殊变压器,是一次系统和二次系统的联络设备,其一次绕组接入电网,二次绕组分别与测量仪表、保护装置等互相连接。互感器与测量仪表和计量装置配合,可以测量一次系统的电压、电流和电能;互感器与继电保护和自动装置配合,可以构成对电网各种故障的电气保护和自动控制。

> **引导问题 5**
>
> 请查阅相关资料,简述断路器的定义、工作原理及接线方式。
>
> _____
> _____
> _____

断路器

(一)定义

断路器是指能够关合、承载和开断正常回路条件下的电流并能在规定的时间内关合、承载和开断异常回路条件下的电流的开关装置。断路器按其使用范围分为高压断路器与低压断路器,如图 4-1-26 所示。

断路器可用来分配电能,不频繁地起动异步电动机,对电源

图 4-1-26 断路器

线路及电动机等实行保护,当它们发生严重的过载、短路及欠电压等故障时能自动切断电路,其功能相当于熔断器式开关与过、欠电压热继电器等的组合。而且在分断故障电流后一般不需要更换零部件。

(二) 工作原理

断路器一般由触点系统、灭弧系统、操作机构、脱扣器、外壳等组成。当短路时,大电流(一般为额定电流的 10~12 倍)产生的磁场克服反力弹簧,脱扣器拉动操作机构动作,断路器瞬时跳闸。当过载时,电流变大,发热量加剧,双金属片变形到一定程度后推动操作机构动作。当电流越大,动作时间越短。

断路器有电子型的,使用电流互感器采集各相电流大小,与设定值比较,当电流异常时微处理器发出信号,使电子脱扣器带动操作机构动作。断路器的作用是切断和接通负载电路,以及切断故障电路,防止事故扩大,保证安全运行。而高压断路器要开断 1500V,电流为 1500~2000A 的电弧,这些电弧可拉长至 2m 仍然继续燃烧不熄灭,故灭弧是高压断路器必须解决的问题。

低压断路器可用来接通和分断负载电路,也可用来控制不频繁起动的电动机。它的功能相当于刀开关、过电流继电器、失电压继电器、热继电器及漏电保护器等电器的部分或全部功能总和,是低压配电网中一种重要的保护电器。低压断路器,如图 4-1-27 所示。

图 4-1-27 低压断路器

低压断路器的主触点是靠手动操作或电动合闸的。主触点闭合后,自由脱扣机构将主触点锁在合闸位置上。过电流脱扣器的线圈和热脱扣器的热元件与主电路串联,欠电压脱扣器的线圈与主电路并联。当主电路发生短路或严重过载时,过电流脱扣器的衔铁吸合,使自由脱扣机构动作,主触点断开主电路。当主电路过载时,热脱扣器的热元件发热使双金属片向上弯曲,推动自由脱扣机构动作。当主电路欠电压时,欠电压脱扣器的衔铁释放,也使自由脱扣机构动作。

(三) 接线方式

断路器的接线方式有板前、板后、插入式、抽屉式,若无特殊要求,均按板前接线方式供货,板前接线方式也是常见的断路器接线方式。

1. 板前接线方式

板前接线方式是使用最普遍的接线方式,这种接线方式具体来说就是在断路器安装于成套装置(开关柜、配电柜等)上时,在安装板前,也就是在断路器基座的连接板上直接接电源线和负载线,并用螺钉紧固。

2. 板后接线方式

板后接线方式的最大特点是可以在更换或维修断路器时不必重新接线,只需将前级电源断开即可。由于该结构特殊,产品出厂时已按设计要求配置了专用安装板、安装螺钉及接线螺钉，需要特别注意的是由于大容量断路器接触的可靠性将直接影响断路器的正常使用，因此安装时必须严格按制造厂要求进行安装。

3. 插入式接线

使用插入式接线时，会在成套装置的安装板上，先安装一个断路器的安装座，安装座上有6个插头，对应断路器的连接板上的6个插座，安装座预先接上电源线和负载线。使用时，将断路器直接插进安装座。如果断路器坏了，只要拔出坏的，换上一个好的即可。这种接线方式的断路器的更换时间比板前、板后接线方式的要短，且方便，但插、拔时需要一定的人力。

4. 抽屉式接线

使用抽屉式接线时，断路器的推入、推出一般依靠专用的摇柄来完成，摇柄可以有不同的形式，例如杆式、弓式、三节式，但断路器或抽屉座上一定要有摇柄的放置位置，不可将摇柄另行放置，以免丢失。

任务分组

表 4-1-2 学生任务分配表

班级		组号		指导教师	
组长		学号			
组员角色分配					
信息员		学号			
操作员		学号			
记录员		学号			
安全员		学号			
任务分工					
（就组织讨论、工具准备、数据采集、数据记录、安全监督、成果展示等工作内容进行任务分工）					

工作计划

按照前面所了解的知识内容和小组内部讨论的结果，制定工作方案，落实各项工作负责人，如任务实施前的准备工作、实施中主要操作及协助支持工作、实施中相关要点及数据的记录工作等。

表 4-1-3 工作计划表

步骤	工作内容	负责人
1		
2		
3		
4		
5		
6		

进行决策

1）各组派代表阐述资料查询结果。
2）各组就各自的查询结果进行交流，并分享技巧。
3）教师对各组的计划方案进行点评。
4）各组长对组内成员进行任务分工，教师确认分工是否合理。

任务实施

引导问题 6

查阅相关资料，了解如何完成可变电阻、二极管、晶体管的测量。

_____

_____

参考以下内容，按照规范作业要求学习可变电阻、二极管、晶体管的测量，并完成数据采集和记录。

表 4-1-4 设备及工具准备

序号	设备及工具名称	数量	设备及工具是否完好
1	智能电学套装	1 套	□是 □否
2	导线	若干	□是 □否
3	绝缘台	1 台	□是 □否
质检意见	原因：		□是 □否

姓名　　　班级　　　日期　　　　　　　　　能力模块四　常见元器件认知及测量

表 4-1-5　场地及安全防护准备

序号	场地及安全防护项目	项目是否完成
1	任务实施前，需要做好场地防护准备，必须检查实训场地和设备设施是否存在安全隐患	□是　□否
2	绝缘桌面无多余物体摆放	□是　□否
3	检查智能电学套装外表是否完好	□是　□否
质检意见	原因：	□是　□否

表 4-1-6　可变电阻的调节

序号	步骤和记录	完成情况
1	打开智能电学套装 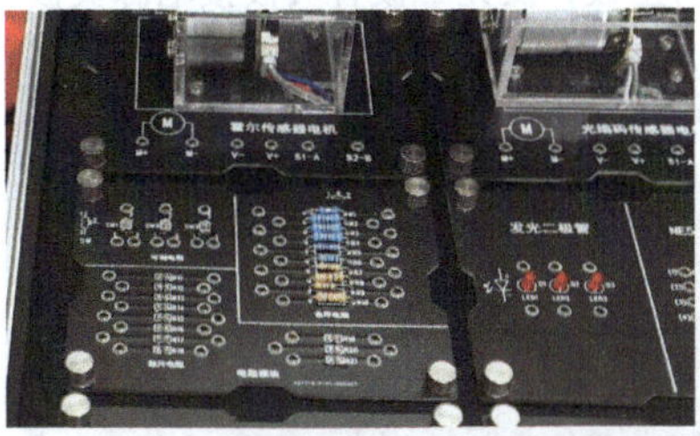	已完成□ 未完成□
2	找到电阻板的位置，智能电学套装断电，将万用表调至电阻档，调零。表笔连接在可调电阻的 1 与 2 两个端口，记录可调电阻此时的静态阻值  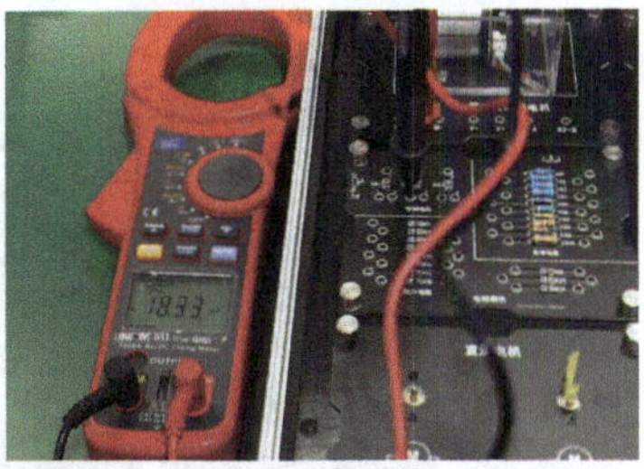	已完成□ 未完成□
3	使用合适的螺钉旋具调节可变电阻的阻值，顺时针旋转时，记录端口 1 与 2 之间的阻值变化情况。逆时针旋转时，记录端口 1 与 2 之间的阻值变化情况 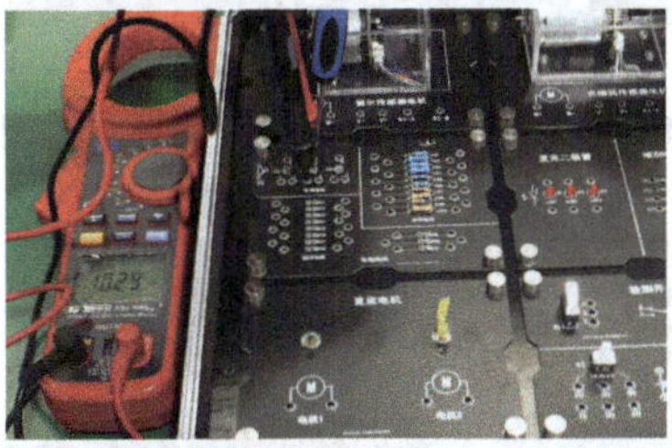	已完成□ 未完成□
4	实训现场 7S 整理	已完成□ 未完成□
总结提升		已完成□ 未完成□
质检意见	原因：	已完成□ 未完成□

表 4-1-7　发光二极管单向导电性的测试

序号	步骤和记录	完成情况
1	打开智能电学套装 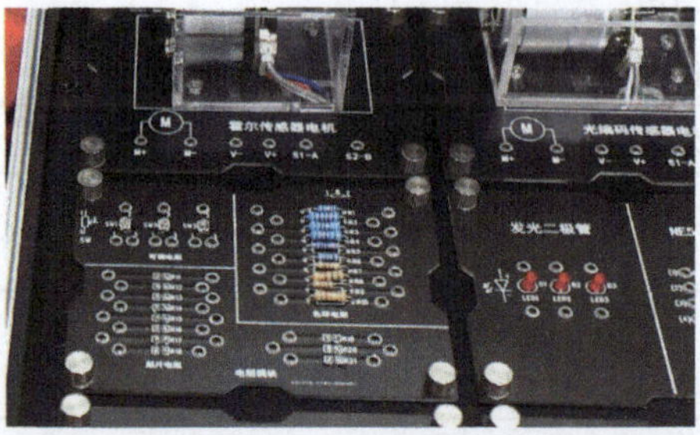	已完成□ 未完成□
2	打开智能电学套装的电源，直流电压档调至最小值。开始接电路，电源从正极出，接发光二极管的正极，发光二极管负极接电源负极 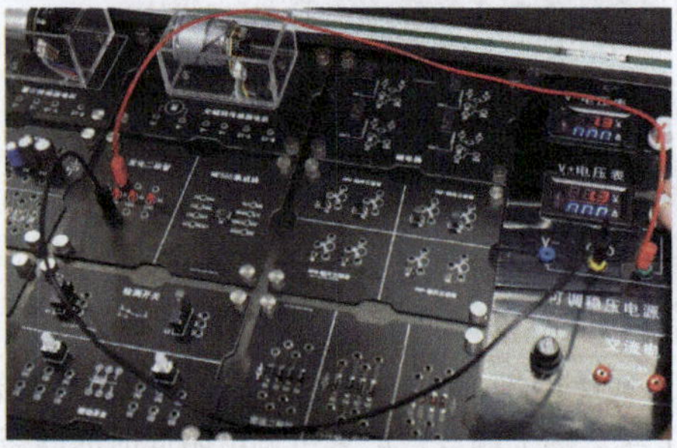	已完成□ 未完成□
3	缓慢调节增大电压，可见发光二极管较未调节前变亮 	已完成□ 未完成□
4	将直流可调稳压电源调至最小值，将电源正极接发光二极管负极，电源负极接发光二极管正极 	已完成□ 未完成□

（续）

序号	步骤和记录	完成情况
5	缓慢调节增大直流电压，可见发光二极管一直没有亮光 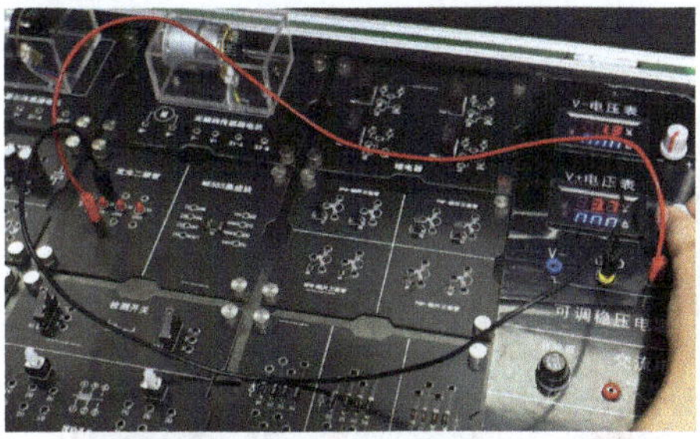	已完成□ 未完成□
6	得出结论，发光二极管具有单向导电性	已完成□ 未完成□
7	实训现场 7S 整理	已完成□ 未完成□
总结提升		已完成□ 未完成□
质检意见	原因：	已完成□ 未完成□

表 4-1-8　晶体管的测量

序号	步骤和记录	完成情况
1	打开智能电学套装，找到晶体管小面板，单独使用该面板进行测量也是可以的 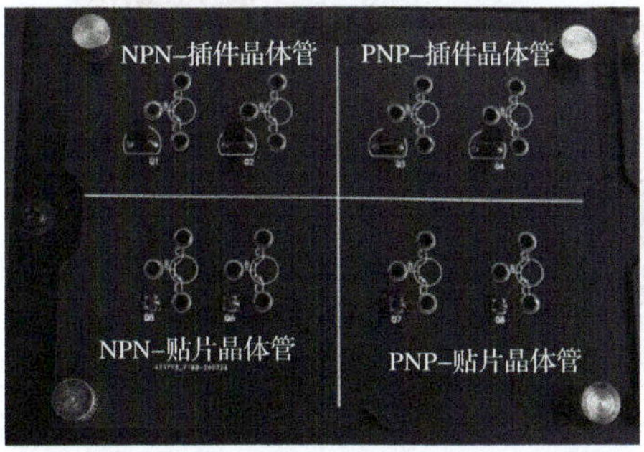	已完成□ 未完成□
2	万用表调至二极管档位，将红表笔搭在 E 端口上，黑表笔搭在 B 端口上，记录万用表上的数值 	已完成□ 未完成□

（续）

序号	步骤和记录	完成情况
3	保持黑表笔搭在 B 端口上，将红表笔搭在 C 端口上，记录万用表上显示的数值 	已完成□ 未完成□
4	将红表笔搭在 B 端口上，黑表笔搭在 E 端口上，记录万用表上显示的数值 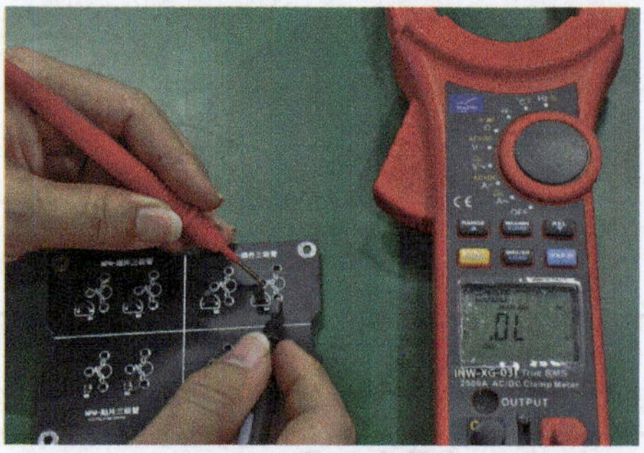	已完成□ 未完成□
5	将红表笔搭在 B 端口上，黑表笔搭在 C 端口上，记录万用表上显示的数值 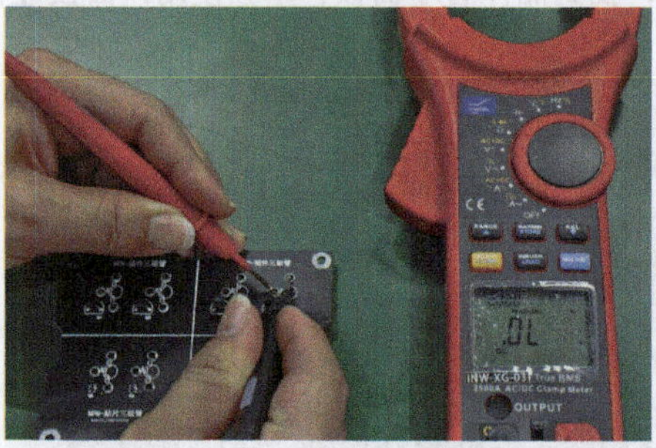	已完成□ 未完成□
6	对于晶体管的三个极（基极 B、集电极 C、发射极 E），正常情况下，B、E 极之间的电压应该和 B、C 极之间的电压相近，一般在 0.6~0.7V 之间，且 B、E 极之间的电压比 B、C 极之间的电压略高。反接 B、E 极和 B、C 极时，应是不导通的。可根据测量的情况，判断出晶体管的好坏	已完成□ 未完成□
7	实训现场 7S 整理	已完成□ 未完成□
总结提升		已完成□ 未完成□
质检意见	原因：	已完成□ 未完成□

| 姓名 | | 班级 | | 日期 | |

📝 评价反馈

1）各组代表展示汇报 PPT，介绍任务的完成过程。

2）请以小组为单位，对各组的操作过程与操作结果进行自评和互评，并将结果填入表 4-1-9 中的小组评价部分。

3）教师对学生工作过程与工作结果进行评价，并将评价结果填入表 4-1-9 中的教师评价部分。

表 4-1-9 综合评价表

班级			组别		姓名		学号	
实训任务								
	评价项目		评价标准				分值	得分
小组评价	计划决策		制定的工作方案合理可行，小组成员分工明确				10	
	任务实施		能够正确检查并设置实训工位，规范使用工具设备				5	
			能够正确完成可变电阻的调节				15	
			能够正确完成二极管的测量				15	
			能够正确完成晶体管的测量				15	
			能够规范填写任务工单				10	
	任务达成		能按照工作方案操作，按计划完成工作任务				10	
	工作态度		认真严谨，积极主动，安全生产，文明施工				10	
	团队合作		小组组员积极配合，主动交流，协调工作				5	
	7S 管理		完成竣工检验、现场恢复				5	
			小计				100	
教师评价	实训纪律		不出现无故迟到、早退、旷课现象，不违反课堂纪律				10	
	方案实施		严格按照工作方案完成任务实施				20	
	团队协作		任务实施过程互相配合，协作度高				20	
	工作质量		能准确完成实训任务				20	
	工作规范		操作规范，三不落地，无意外事故发生				10	
	汇报展示		能准确表达，总结到位，改进措施可行				20	
			小计				100	
综合评分			小组评价分 ×50% + 教师评价分 ×50%					
			总结与反思					

（学习过程中遇到什么问题→如何解决/解决不了的原因→心得体会）

任务二　常见电控元件认知及测量

学习目标

- 掌握PCB的定义、特点与功能作用，正确使用PCB进行电路的搭建。
- 掌握接触器的定义、装置作用和工作原理，并能通过万用表检测判断接触器好坏。
- 掌握变压器、变流器的定义和工作原理。
- 掌握继电器的定义、作用、主要技术参数和测试，并能独立进行继电器的检测。
- 培养学生动手操作的能力，提高获取新知识的能力。
- 培养学生沟通协助的能力以及7S管理能力。

知识索引

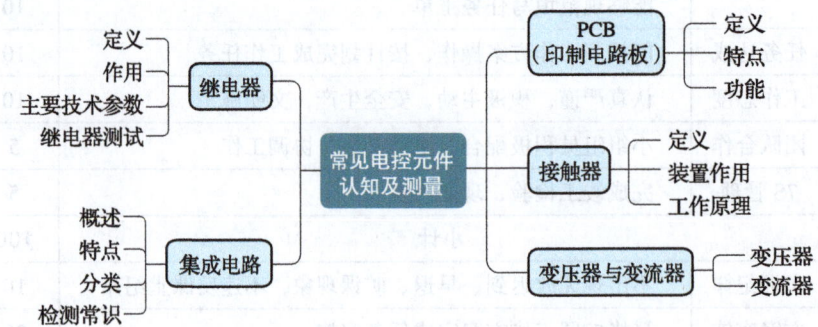

情境导入

　　小张对电工很感兴趣，目前已经认识了不少电气元件和基础的电子元器件，他在此前搭建电路的时候都是用导线进行连接，但是他发现如果电路的元器件多并且相对复杂的话，都使用导线进行电路搭建不仅操作不方便且很容易出错。他通过学习了解到，利用PCB实现电路功能非常方便。你知道什么是PCB吗？它具体有哪些特点呢？

姓名　　　班级　　　日期　　　　　　　能力模块四　常见元器件认知及测量

获取信息

引导问题 1

请查阅相关资料，简述 PCB 的定义、特点及功能。

_____

_____

_____

PCB（印制电路板）

（一）定义

PCB（Printed Circuit Board），中文名称为印制电路板，是电子元器件的支撑体，也是电子元器件相互电气连接的载体，如图 4-2-1 所示。

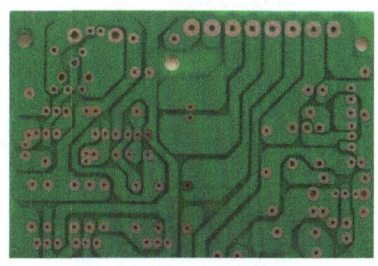

图 4-2-1　印制电路板

（二）特点

1）可高密度化：多年来，PCB 的高密度一直能够随着集成电路集成度的提高和安装技术的进步而相应发展。

2）高可靠性：通过一系列检查、测试和老化试验等技术手段，可以保证 PCB 长期（一般为 20 年使用期）而可靠地工作。

3）可设计性：对 PCB 的电气、物理、化学、机械等性能的要求，可以通过设计的标准化、规范化等来实现。这样设计时间短、效率高。

4）可生产性：PCB 采用现代化管理可实现标准化、规模（量）化、自动化生产，从而保证产品质量的一致性。

5）可测试性：人们对 PCB 建立了比较完整的测试方法、测试标准，可以通过各种测试设备与仪器等来检测并鉴定 PCB 产品的合格性和使用寿命。

6）可组装性：PCB 产品既便于各种元器件进行标准化组装，又可以进行自动化、规模化的批量生产。另外，将 PCB 与其他各种元器件进行整体组装，还可形成更大的部件、系统，直至整机。

7）可维护性：由于 PCB 产品与各种元器件整体组装的部件是标准化设计并规模化生产的，因此，这些部件也是标准化的。所以，一旦系统发生故障，可以快速、方便、灵活地进行更换，迅速恢复系统的工作。

（三）功能

1）PCB 提供了集成电路中各种电子元器件固定、装配的机械支撑，实现了集成电路中各种电子元器件之间的布线和电气连接或电绝缘，提供了所要求的电气特性。

2）PCB 为自动焊接提供阻焊图形，为元器件插装、检查、维修提供了识别字符和图形。

3）电子设备采用 PCB 后，同类 PCB 的一致性可以避免人工接线的差错，并可实现电子元器件自动插装或贴装、自动焊锡、自动检测，保证电子产品的质量，提高劳动生产率、降低成本，并便于维修。

4）PCB 在高速或高频电路中可为电路提供所需的电气特性、特性阻抗和电磁兼容特性。

5）内部嵌入无源元器件的 PCB，提供了部分电气功能，简化了电子安装程序，提高了产品的可靠性。

6）PCB 为电子元器件小型化的芯片封装提供了有效载体。

引导问题 2

请查阅相关资料，简述接触器的定义、装置作用及工作原理。

_____

_____

_____

接触器

（一）定义

接触器分为交流（AC）接触器和直流（DC）接触器，它应用于电力、配电与用电场合。接触器广义上是指工业中利用电流流过线圈产生磁场，使触点闭合，以实现控制负载的电器。图 4-2-2 所示为接触器实物。

图 4-2-2　接触器实物

（二）装置作用

在电工学上，因为接触器可快速切断交流与直流主回路，也可频繁地接通与关断大电流（达 800A）电路，所以经常用于控制电动机，也可用于控制工厂设备、电热器、工作母机和各种电力机组等电力负载。接触器不仅能接通和切断电路，而且具有低电压释放保护作用。

（三）工作原理

接触器的工作原理是：当电磁线圈通电后，流过电磁线圈的电流会产生磁场，该磁场使固定铁心产生电磁吸力，吸引可动铁心，并带动交流接触器触点动作，其中常闭触点断开，常开触点闭合，两者是联动的。当电磁线圈断电时，电磁吸力消失，可动铁心在释放弹簧的作用下释放，使触点复原，其中常开触点断开，常闭触点闭合。

接触器结构如图 4-2-3 所示。

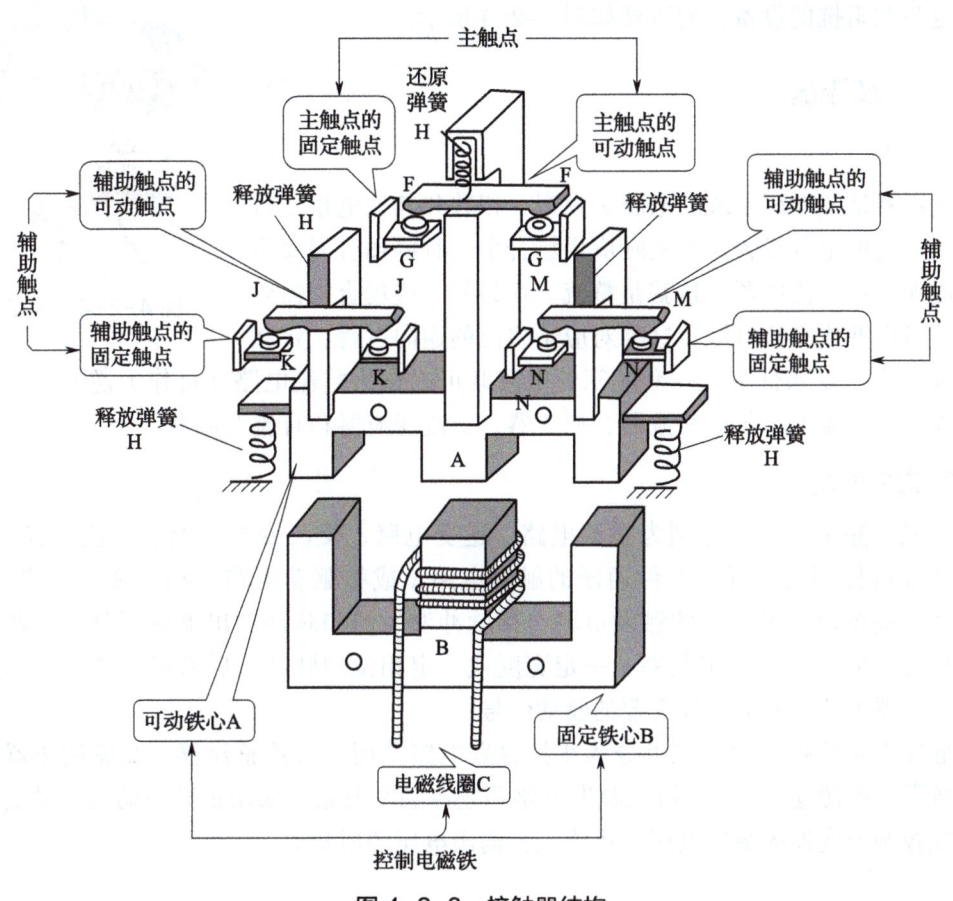

图 4-2-3　接触器结构

> **引导问题 3**
>
> 请查阅相关资料，简述对变压器和变流器的认知。
>
> _____
>
> _____
>
> _____

变压器与变流器

（一）变压器

变压器是变换交流电压、电流和阻抗的设备，当一次绕组中通有交流电流时，铁心中便产生交流磁通，使二次绕组中感应出电压（或电流）。变压器由铁心和绕组组成，其中接电源的绕组叫一次绕组，其余的绕组叫二次绕组。

在发电机中，不管是绕组运动通过磁场或磁场运动通过固定绕组，均能在绕组中感应电动势。磁通的值与以上两种运动方式无关，但与绕组相交链的磁通数量有关，这便是互感的原理。变压器就是一种利用互感效应，变换电压、电流和阻抗的设备。变压器如图 4-2-4 所示。

（二）变流器

1. 定义

变流器是使电源系统的电压、频率、相数和其他电量或特性发生变化的电气设备。在实际应用场合中，有些场合需要将交流电源变成直流电源，这就是整流。在另外一些场合则需要将直流电源变成交流电源，这种对应于整流的逆向过程，定义为逆变。在一定条件下，一套晶闸管电路既可以作为整流电路又可作为逆变电路，这种装置称为变流器，包括整流器、逆变器、交流变流器和直流变流器。

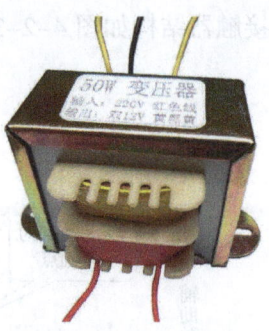

图 4-2-4　变压器

2. 构成原理

变流器除主电路（分别为整流电路、逆变电路、交流变换电路和直流变换电路）外，还需有控制功率开关器件通断的触发电路（或称驱动电路）和实现对电能调节、控制的控制电路。变流器的触发电路包括脉冲发生器和脉冲输出器两部分。前者根据控制信号的要求产生一定频率、一定宽度或一定相位的脉冲，后者将此脉冲的电平放大为变流器中功率开关器件需要的驱动信号。

触发电路按控制的功能可分为相控触发电路（用于可控整流器、交流调压器、直接降频器和有源逆变器）、斩控触发电路和频控触发电路。采用正弦波的频控触发电路不仅能控制逆变器的输出电压，还能改善输出电压的质量。

> **引导问题 4**
>
> 请查阅相关资料，简述继电器的定义、作用及主要技术参数。
>
> _____
>
> _____

继电器

（一）定义

继电器（Relay）是一种电控制元件，也是具有隔离功能的自动开关器件。当输入量（激励量）的变化达到规定要求时，继电器可在电气输出回路中使被控量发生预定的阶跃变化。

继电器具有输入回路和输出回路间的互动关系。通常应用于自动化的控制回路中，它实际上是用小电流去控制大电流运作的一种"自动开关"。故在电路中起着自动调节、安全保护、转换电路等作用。图 4-2-5 所示为继电器结构原理，图 4-2-6 所示为智能电学套装中的继电器电路板，此板上含有 4 个完全相同的继电器。

当 D、E 通电时，电磁铁吸下衔铁，B、C 间接通。当 D、E 断电时，电磁铁磁性消失，衔铁弹起，A、B 间接通。

对于图 4-2-5 所示继电器，用万用表的电阻档测量常闭触点 A 与动点 B 间的电阻时，其阻值应为 0，而常开触点 C 与动点 B 间的阻值为无穷大。由此可以区别出哪个是常闭触点，哪个是常开触点。

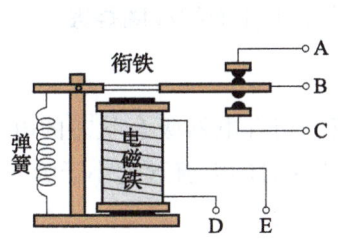

图 4-2-5 继电器结构原理

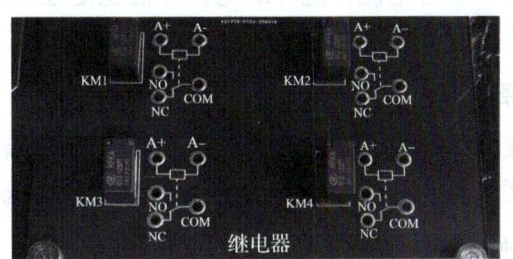

图 4-2-6 继电器电路板

（二）作用

继电器一般具有能反映一定输入变量（如电流、电压、功率、阻抗、频率、温度、压力、速度、光等）的感应机构（输入部分），且有能对被控电路实现"通""断"控制的执行机构（输出部分）。在继电器的输入部分和输出部分之间，还有对输入量进行耦合隔离、功能处理和对输出部分进行驱动的中间机构（驱动部分）。继电器有如下几种作用：

1. 扩大控制范围

多触点继电器控制信号达到一定值时，可以按触点组的不同形式，同时换接、开断、接通多路电路。

2. 放大

灵敏型继电器、中间继电器等，可用一个很微小的控制量，控制大功率电路。

3. 综合信号

当多个控制信号按规定的形式输入多线圈继电器时，经过比较综合，可达到预定的控制效果。

4. 自动、遥控、监测

自动装置上的继电器可以与其他电器一起组成程序控制电路，从而实现自动化运行。继电器实物如图 4-2-7 所示。

图 4-2-7 继电器实物

（三）主要技术参数

1. 额定工作电压

额定工作电压是指继电器正常工作时线圈所需要的电压。根据继电器的型号不同可以是交流电压，也可以是直流电压。

2. 直流电阻

直流电阻是指继电器中线圈的直流电阻，可以通过万用表测量。

3. 吸合电流

吸合电流是指继电器能够产生吸合动作的最小电流。在正常使用时，给定的电流必须略大于吸合电流，这样继电器才能稳定地工作。而对于线圈所加的工作电压，一般不要超过额定工作电压的 1.5 倍，否则会产生较大的电流而把线圈烧毁。

4. 释放电流

释放电流是指继电器产生释放动作的最大电流。当继电器吸合状态的电流减小到一定程度时，继电器就会恢复到未通电的释放状态，这时的电流远远小于吸合电流。

5. 触点切换电压和电流

触点切换电压和电流是指继电器允许加载的电压和电流。它决定了继电器能控制的电压和电流的大小，使用时不能超过此值，否则很容易损坏继电器的触点。

（四）继电器测试

1. 测触点电阻

如图 4-2-5 所示，用万用表电阻档测量常闭触点 A 与动点 B 间的电阻时，其阻值应为 0，而常开触点 C 与动点 B 间的阻值应为无穷大。由此可以区分出哪个是常闭触点，哪个是常开触点。

2. 测线圈电阻

图 4-2-5 中，D、E 为电磁铁线圈的两端，可用万用表 $R \times 10$ 档从这两端测量电磁铁线圈的阻值，从而判断该线圈是否存在开路现象。

3. 测量吸合电压和吸合电流

吸合电压是指继电器能够产生吸合动作的最小电压。吸合电流是指继电器能够产生吸合动作的最小电流。用可调稳压电源和电流表，给继电器输入一组电压，且在供电回路中串联电流表进行监测。慢慢调高电源电压，听到继电器的吸合声时，记录吸合电压和吸合电流。为求准确，可以尝试多次求平均值。

4. 测量释放电压和释放电流

释放电压是指继电器产生释放动作时的最大电压，释放电流是指继电器产生释放动作时的最大电流。当继电器吸合后，再逐渐降低供电电压，当听到继电器发出释放声音时，记下此时的电压和电流，亦可尝试多次而取得平均的释放电压和释放电流。一般情况下，继电器的释放电压为吸合电压的 10%~50%，如果释放电压太小（小于 10% 吸合电压），则继电器不能正常使用，否则会对电路的稳定性造成威胁，使工作不可靠。

> **引导问题 5**
>
> 请查阅相关资料，简述集成电路的定义、特点和分类。
>
> _____
>
> _____
>
> _____

集成电路

（一）概述

集成电路（Integrated Circuit）采用一定的工艺，把一个电路中所需的晶体管、电阻、电容和电感等元器件及布线互连在一起，制作在一小块或几小块半导体晶片或介质基片上，然后封装在一个外壳内，成为具有所需电路功能的微型结构，其中所有元器件在结构上已组成一个整体，使电子元器件向着微型化、低功耗、智能化和高可靠性方面迈进了一大步。集成电路用字母"IC"表示。

（二）特点

集成电路具有体积小，质量小，引出线和焊接点少，寿命长，可靠性高，性能好等优点，同时成本低，便于大规模生产。它不仅在民用电子设备如手机、电视机、计算机等方面得到广泛的应用，同时在军事、通信、遥控等方面也得到广泛的应用。用集成电路来装配电子设备，其装配密度比使用分立式晶体管可提高几十倍至几千倍，设备的稳定工作时间也可大大提高。但集成电路的缺点是修理成本增加、故障判断不便、电路拆卸困难等，不过整体来说，集成电路优点的数量远远超过了缺点。

（三）分类

1. 按功能结构分

集成电路按其功能、结构的不同，可以分为模拟集成电路、数字集成电路和数/模混合集成电路三大类。

模拟集成电路又称线性电路，用来产生、放大和处理各种模拟信号（指幅度随时间变化的信号）。例如半导体收音机的音频信号、录放机的磁带信号等，其输入信号和输出信号成比例关系。而数字集成电路用来产生、放大和处理各种数字信号（指在时间上和幅度上离散取值的信号），例如5G手机、数码相机、计算机CPU等。

2. 按制作工艺分

集成电路按制作工艺可分为半导体集成电路和膜集成电路。膜集成电路又分为厚膜集成电路和薄膜集成电路。

3. 按集成度高低分

集成电路按集成度高低的不同可分为：

1）小规模集成电路（Small Scale Integrated Circuits，SSIC）。
2）中规模集成电路（Medium Scale Integrated Circuits，MSIC）。
3）大规模集成电路（Large Scale Integrated Circuits，LSIC）。
4）超大规模集成电路（Very Large Scale Integrated Circuits, VLSIC）。
5）特大规模集成电路（Ultra Large Scale Integrated Circuits，ULSIC）。
6）巨大规模集成电路，也被称作极大规模集成电路或超特大规模集成电路（Giga Scale Integration Circuits，GSIC）。

4. 按导电类型分

集成电路按导电类型可分为双极型集成电路和单极型集成电路，它们都是数字集成电路。双极型集成电路的制作工艺复杂，功耗较大，如：TTL、ECL、HTL、LST-TL、STTL 等类型。单极型集成电路的制作工艺简单，功耗也较低，易于制成大规模集成电路，如：CMOS、NMOS、PMOS 等类型。

5. 按用途分

集成电路按用途可分为电视机用集成电路、音响用集成电路、影碟机用集成电路、录像机用集成电路、计算机（微机）用集成电路、通信用集成电路、专业控制集成电路，图 4-2-8 所示为集成电路。

1）电视机用集成电路包括行、场扫描集成电路、中放集成电路、伴音集成电路、彩色解码集成电路、AV/TV 转换集成电路、开关电源集成电路、遥控集成电路、丽音解码集成电路、画中画处理集成电路、中央处理器（CPU）集成电路、存储器集成电路等。

图 4-2-8　集成电路

2）音响用集成电路包括 AM/FM 高中频电路、立体声解码电路、音频前置放大电路、音频运算放大集成电路、音频功率放大集成电路、环绕声处理集成电路、电平驱动集成电路、电子音量控制集成电路、延时混响集成电路、电子开关集成电路等。

3）影碟机用集成电路有系统控制集成电路、视频编码集成电路、MPEG 解码集成电路、音频信号处理集成电路、音响效果集成电路、RF 信号处理集成电路、数字信号处理集成电路、伺服集成电路、电动机驱动集成电路等。

4）录像机用集成电路有系统控制集成电路、伺服集成电路、驱动集成电路、音频处理集成电路、视频处理集成电路。

5）计算机用集成电路，包括中央处理器（CPU）、内存储器、外存储器、I/O 控制电路等。

6）通信用集成电路用于通信设备中，如服务器、天线等。

7）专业控制集成电路用于航天、军事等一些专业领域。

6. 按应用领域分

集成电路按应用领域可分为标准通用集成电路和专用集成电路。

7. 按外形分

集成电路按外形可分为圆形（金属外壳晶体管封装型，一般适合用于大功率场合）、扁平型（稳定性好，体积小）和双列直插型。

（四）检测常识

1）检测前要了解集成电路及其相关电路的工作原理。

检查和修理集成电路前，首先要熟悉该集成电路的功能、内部电路、主要电气参数、各端子的作用以及端子的正常电压、波形与外围元器件组成电路的工作原理。

2）测试应避免造成引脚间短路。

测量电压或用示波器探头测试波形时，应避免造成端子间短路，最好在与端子直接连通的外围电路上进行测量。任何瞬间的短路都容易损坏集成电路，尤其在测试扁平型 CMOS 集成电路时更要小心。

3）严禁在无隔离变压器的情况下，用已接地的测试设备去接触底板带电的电视、音响、录像等设备。

虽然一般的电视、音响、录像等设备都具有隔离变压器，但当接触到较特殊的，尤其是输出功率较大或对采用的电源性质不太了解的设备时，首先要确认其底板是否带电，若带电，则已接地的测试设备极易与底板带电的设备造成电源短路，波及集成电路，造成故障的进一步扩大。

4）要注意电烙铁的绝缘性能。

不允许对带电物体使用电烙铁焊接，要确认被焊接物体不带电，最好将电烙铁外壳接地。对 MOS 电路更应小心，能采用 6~8V 的低压电烙铁就更安全。

5）要保证焊接质量。

焊接时，应确实焊牢，焊锡的堆积、气孔容易造成虚焊。焊接时间一般不超过 3s，电烙铁应使用内热式 25W 左右的。已焊接好的集成电路要仔细查看，最好测量各端子间有无短路，确认无焊锡粘连现象再接通电源。

6）不要轻易断定集成电路的损坏。

因为集成电路绝大多数为直接耦合的，一旦某一电路不正常，可能会导致多处电压变化，而这些变化不一定是集成电路损坏引起的。

7）测量仪表内阻要大。

测量集成电路引脚直流电压时，应选用表头内阻大于 $20k\Omega/V$ 的万用表，否则对某些引脚的电压测量会有较大的测量误差。

8）要注意功率集成电路的散热。

功率集成电路应散热良好，不允许不带散热器而处于大功率的状态下工作。

9）引线要合理。

如需要加接外围元器件代替集成电路内部已损坏部分，应选用小型元器件，且接线要合理，以免造成不必要的寄生耦合，尤其是要处理好音频功放集成电路和前置放大电路之间的接地端。

📖 拓展阅读

  2022年9月，由中国电子技术标准化研究院牵头，联合中国汽车技术研究中心有限公司、中芯国际集成电路制造有限公司等40余家单位组建的中国电子工业标准化技术协会-汽车电子元器件标准工作委员会成立仪式正式在北京举行。

  工业和信息化部电子信息司杨旭东副司长在成立仪式上表示，以芯片为代表的元器件是汽车电子系统的关键、核心，也是汽车产业实现智能化转型的重要基础。与消费类和工业类芯片和元器件相比，汽车芯片和元器件对环境的适应性、可靠性和安全性要求程度更高，需要达到相应的检测标准、验证标准才能实现上车应用。

  杨旭东表示，我国汽车电子产业相对来说起步比较晚，进口依赖度比较高，标准化工作也相对滞后。目前国内汽车和元器件行业企业在评估产品的依据方面，还有一些标准和检测上的欠缺，国内检测机构参考的检测规范主要还是欧美国家的标准。

  "近年来受全球汽车芯片短缺的影响，国内的芯片和元器件企业也在不断加大核心产品的研发，整车企业也在工信部的推动下，逐渐对国内产品和创新企业增大了支持的力度，上车应用不断加快，"杨旭东强调，"在整个局势下，业界急需基于当前汽车和元器件行业的现状，建立适用于我国汽车芯片和元器件技术及产品需求的相关标准体系，引导和推动我国汽车芯片和元器件技术的发展和产品应用，支撑汽车芯片和元器件产业链的健康可持续发展。"

  同时，杨旭东表示将不断深化开放合作，产学研用协同推进，以开放兼容的视野建立并完善汽车芯片和元器件标准，发挥汽电标委的作用，强化产学研用等各方面的力量协同，注重国家标准、行业标准与国外标准的协调统一，行业企业要深度参与国内国际的标准合作交流，形成标准对技术进步和产业发展的有效支撑。

  中国电子技术标准化研究院副院长陈大纪表示，在完善标准体系，加强标准的研制的过程中，要以产业需求为导向，聚焦核心技术问题，夯实产业基础，推动汽车电子重点标准研制，加快共性技术突破，支撑产业应用。要不断优化完善标准体系，提高标准的供给质量，持续推出高质量的国家标准，加快制定行业标准，优先推出一批团体标准，同时要积极推进标准验证、检验检测、认证认可及质量评价的一体化运营体系，促进良好的汽车电子标准化生态。

  总之，元器件技术需要鼓励创业创新，只有这样才能够推动行业的发展，实现更加美好的未来。同时需要具备全球视野，只有这样才能够更好地把握市场机遇，实现更加快速的发展。

| 姓名 | | 班级 | | 日期 | |

能力模块四　常见元器件认知及测量

👥 任务分组

表 4-2-1　学生任务分配表

班级		组号		指导教师	
组长		学号			
组员角色分配					
信息员		学号			
操作员		学号			
记录员		学号			
安全员		学号			
任务分工					
（就组织讨论、工具准备、数据采集、数据记录、安全监督、成果展示等工作内容进行任务分工）					

📋 工作计划

按照前面所了解的知识内容和小组内部讨论的结果，制定工作方案，落实各项工作负责人，如任务实施前的准备工作、实施中主要操作及协助支持工作、实施中相关要点及数据的记录工作等。

表 4-2-2　工作计划表

步骤	工作内容	负责人
1		
2		
3		
4		
5		
6		

🧍 进行决策

1）各组派代表阐述资料查询结果。

2）各组就各自的查询结果进行交流，并分享技巧。

3）教师对各组的计划方案进行点评。

4）各组长对组内成员进行任务分工，教师确认分工是否合理。

任务实施

引导问题 6

扫描二维码观看视频，了解如何完成继电器的测试。

_____

_____

_____

电控元件继电器的测量

参考操作视频，按照规范作业要求学习继电器的测试，并完成数据采集和记录。

表 4-2-3 设备及工具准备

序号	设备及工具名称	数量	设备及工具是否完好
1	智能电学套装	1 套	□是 □否
2	导线	若干	□是 □否
3	绝缘台	1 台	□是 □否
质检意见	原因：		□是 □否

表 4-2-4 场地及安全防护准备

序号	场地及安全防护项目	项目是否完成
1	任务实施前，需要做好场地防护准备，并且须检查实训场地和设备设施是否存在安全隐患	□是 □否
2	绝缘桌面无多余物体摆放	□是 □否
3	检查智能电学套装外表是否完好	□是 □否
质检意见	原因：	□是 □否

表 4-2-5 继电器的测试

序号	步骤和记录	完成情况
1	打开智能电学套装，连接电源	已完成□ 未完成□
2	打开电源开关，将电压调节到最小，将电阻 R_1 与继电器串联到电路中，搭建完成电路	已完成□ 未完成□

（续）

序号	步骤和记录	完成情况
3	给继电器线圈通入额定的电流，看是否能正常吸合。正常吸合的时候，可以听到轻微的"啪"的一声 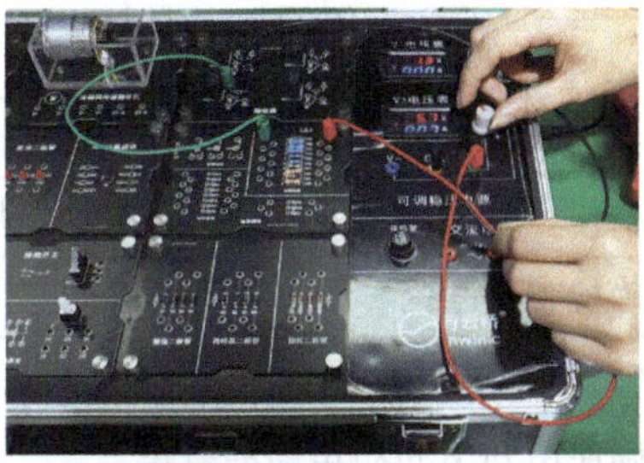	已完成☐ 未完成☐
4	可以正常吸合的话，在继电器吸合的同时，用万用表测量常开触点，此时常开触点能够导通，说明常开触点正常 	已完成☐ 未完成☐
5	继电器通电吸合状态下，用万用表测量继电器的常闭触点，如果不导通，且断开线圈电源时，用万用表测量继电器的常闭触点发现可以导通，说明常闭触点正常 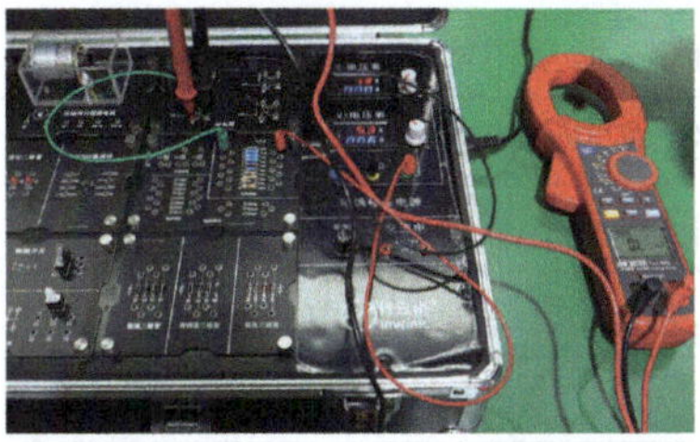	已完成☐ 未完成☐
6	在以上各部分检测都正常的情况下，可以判断继电器是正常的。反之，可以得出继电器已经损坏的结论	已完成☐ 未完成☐
7	实训现场 7S 整理	已完成☐ 未完成☐
总结提升		已完成☐ 未完成☐
质检意见	原因：	已完成☐ 未完成☐

评价反馈

1）各组代表展示汇报 PPT，介绍任务的完成过程。

2）请以小组为单位，对各组的操作过程与操作结果进行自评和互评，并将结果填入表 4-2-6 中的小组评价部分。

3）教师对学生工作过程与工作结果进行评价，并将评价结果填入表 4-2-6 中的教师评价部分。

表 4-2-6 综合评价表

班级		组别		姓名		学号	
实训任务							
评价项目		评价标准				分值	得分
小组评价	计划决策	制定的工作方案合理可行，小组成员分工明确				10	
	任务实施	能够正确检查并设置实训工位				5	
		能够准备和规范使用工具设备				5	
		能够正确使用 PCB 进行电路的搭建				20	
		能够正确完成继电器的测量				20	
		能够规范填写任务工单				10	
	任务达成	能按照工作方案操作，按计划完成工作任务				10	
	工作态度	认真严谨，积极主动，安全生产，文明施工				10	
	团队合作	小组组员积极配合，主动交流，协调工作				5	
	7S 管理	完成竣工检验、现场恢复				5	
		小计				100	
教师评价	实训纪律	不出现无故迟到、早退、旷课现象，不违反课堂纪律				10	
	方案实施	严格按照工作方案完成任务实施				20	
	团队协作	任务实施过程互相配合，协作度高				20	
	工作质量	能准确完成实训任务				20	
	工作规范	操作规范，三不落地，无意外事故发生				10	
	汇报展示	能准确表达，总结到位，改进措施可行				20	
		小计				100	
综合评分		小组评价分 ×50% + 教师评价分 ×50%					
总结与反思							

（如：学习过程中遇到什么问题→如何解决/解决不了的原因→心得体会）

新能源汽车电学基础与高压安全

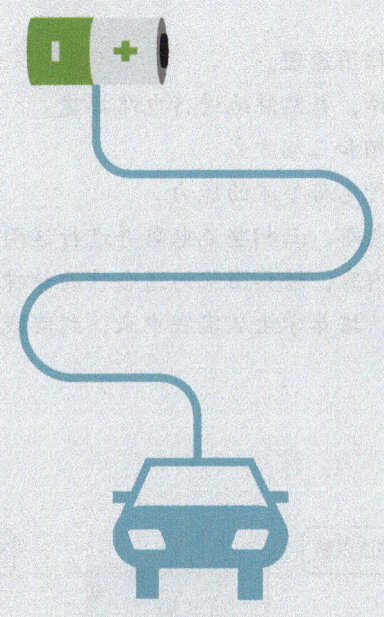

能力模块五
典型电路认知及检测

任务一　整流电路认知及测量

学习目标

- 掌握整流电路的定义和作用原理。
- 掌握整流电路的器件选择，并熟练地进行电路搭建。
- 掌握相控整流电路的单相和三相方式。
- 具备正确使用二极管进行电路整流的能力。
- 具备正确搭建单相整流电路、三相整流电路并进行这两种电路的测量的能力。
- 通过分组合作完成实训内容，培养团队沟通合作的精神。
- 增强动手搭建电路能力，培养学生从实践中来，到实践中去的践行能力。
- 培养学生7S管理能力。

知识索引

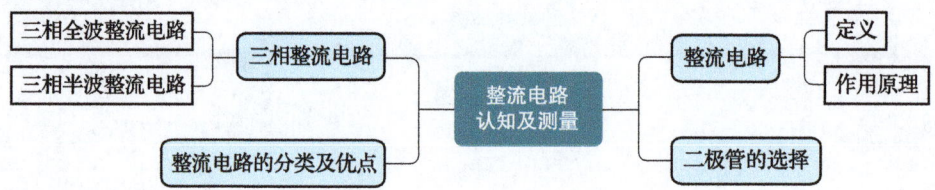

情境导入

小张对整流这个概念有很浓厚的兴趣，目前已经认识了电路基础元件、常见的电子元器件、常见的电控元件以及一些电学基础理论。他想进一步了解关于整流电路的内容，你知道整流电路的哪些知识？可以给小张提供一些帮助吗？

获取信息

引导问题1

请查阅相关资料，简述整流电路的定义和作用原理。

_____
_____

整流电路

(一) 定义

整流电路 (Rectifying Circuit) 是把交流电能转换为直流电能的电路。大多数整流电路由变压器、整流主电路和滤波器等组成。它在直流电动机调速、发电机励磁调节、电解、电镀等领域得到广泛应用。20 世纪 70 年代以后,整流主电路多由硅整流二极管和晶闸管组成。滤波器接在整流主电路与负载之间,用于滤除脉动直流电压中的交流成分。变压器设置与否视具体情况而定。变压器的作用是实现交流输入电压与直流输出电压间的匹配以及交流电网与整流电路之间的电气隔离。

经过整流电路之后的电压已经不是交流电压,而是一种含有直流电压和交流电压的混合电压,习惯上称为单向脉动性直流电压。

(二) 作用原理

电力网供给用户的是交流电,而各种无线电装置需要用直流电。整流,就是把交流电变为直流电的过程。利用具有单向导电特性的器件,可以把方向和大小随时间改变的交流电变换为直流电。下面介绍利用二极管组成的各种整流电路。

1. 半波整流电路

半波整流电路是一种最简单的整流电路。它由电源变压器 T、整流二极管 VD 和负载电阻 R_{fz} 组成。变压器把市电电压 (220V) 变换为所需要的交变电压 U_2,VD 再把交流电变换为脉动直流电,如图 5-1-1 所示。

变压器二次电压 U_2,是一个方向和大小都随时间变化的正弦波电压,它的波形如图 5-1-2a 所示。在 0~π 时间内,U_2 为正半周,即变压器二次侧上端为正、下端为负。此时二极管承受正向电压而导通,U_2 通过它加在负载电阻 R_{fz} 上,在 π~2π 时间内,U_2 为负半周,变压器二次侧下端为正、上端为负。此时二极管承受反向电压而不导通,R_{fz} 上无电压。在 2π~3π 时间内,重复 0~π 时间内的过程,而在 3π~4π 时间内,又重复 π~2π 时间内的过程……这样反复下去,交流电的负半周就被"削"掉了,只有正半周通过 R_{fz},在 R_{fz} 上获得了一个单一方向(上正下负)的负载电压 U_{sc},如图 5-1-2b 所示,达到了整流的目的,但是,负载电压以及负载电流的大小此时还随时间而变化,因此,通常称它为脉动直流。

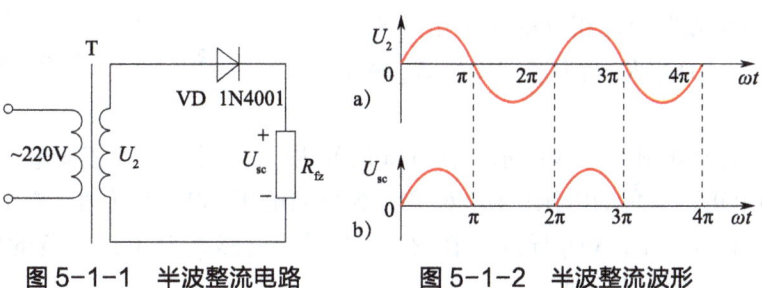

图 5-1-1 半波整流电路　　图 5-1-2 半波整流波形

这种除去半周,留下半周的整流方法,叫半波整流。当标准交流波形通过半波整流电路时,只剩下一半的交流波形。半波整流电路仅允许交流电压的半个周期(正半周期或负半周期)通过,并将阻止直流侧的另一个半周期。

1)负载上的电压平均值和电流平均值。负载 R_{fz} 上得到的整流电压极性虽然是单向的,但其大小是变化的。常用一个周期的平均值来衡量这种单向脉动电压的大小。半波整流电压的平均值为

$$U_{sc,AV} = \frac{1}{2\pi}\int_0^\pi \sqrt{2}U_2\sin\omega t\,d(\omega t) = \frac{\sqrt{2}}{\pi}U_2 = 0.45U_2$$

流过负载电阻 R_{fz} 的电流平均值为

$$I_{sc,AV} = \frac{U_{sc,AV}}{R_{fz}} = 0.45\frac{U_2}{R_L}$$

2)整流二极管的电流平均值和承受的最高反向电压。流经整流二极管的电流平均值就是流经负载电阻 R_{fz} 的电流平均值,即

$$I_{D,AV} = I_{sc,AV} = \frac{U_{sc,AV}}{R_{fz}} = 0.45\frac{U_2}{R_{fz}}$$

整流二极管截止时承受的最高反向电压 U_{DRM} 就是变压器二次电压 U_2 的最大值,即

$$U_{DRM} = U_{2M} = \sqrt{2}U_2$$

在实际应用中,应根据 I_D 和 U_{DRM} 选择合适的整流二极管。整流二极管实际选用时,由于存在外部的噪声和冲击,因此元器件的参数必须留有较大裕量,其最大整流电流一般应选为 I_D 的 1.5~2 倍,整流二极管的反向电压大致为 U_{DRM} 的 2 倍。

2. 全波整流电路

如果把整流电路的结构做一些调整,可以得到一种能充分利用电能的全波整流电路,如图 5-1-3 所示。

全波整流电路可以看作是由两个半波整流电路组合成的。变压器二次绕组中间需要引出一个抽头,把二次绕组分成两个对称的绕组,从而引出大小相等但极性相反的两个电压 U_{2a}、U_{2b},构成 U_{2a}、VD_1、R_{fz} 与 U_{2b}、VD_2、R_{fz} 两个通电回路。

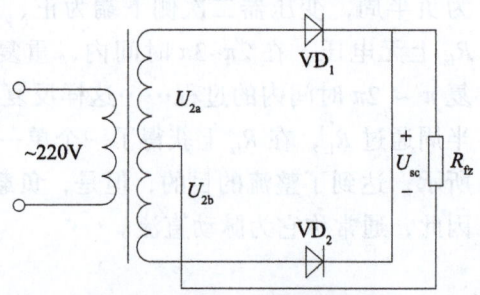

图 5-1-3 全波整流电路

全波整流波形如图 5-1-4 所示。在 0~π 时间内,U_{2a} 对 VD_1 为正向电压,VD_1 导通,在 R_{fz} 上得到上正、下负的电压;U_{2b} 对 VD_2 为反向电压,VD_2 不导通。在 π~2π 时间内,U_{2b} 对 VD_2 为正向电压,VD_2 导通,在 R_{fz} 上得到的仍然是上正、下负的电压;U_{2a} 对 VD_1 为反向电压,VD_1 不导通。

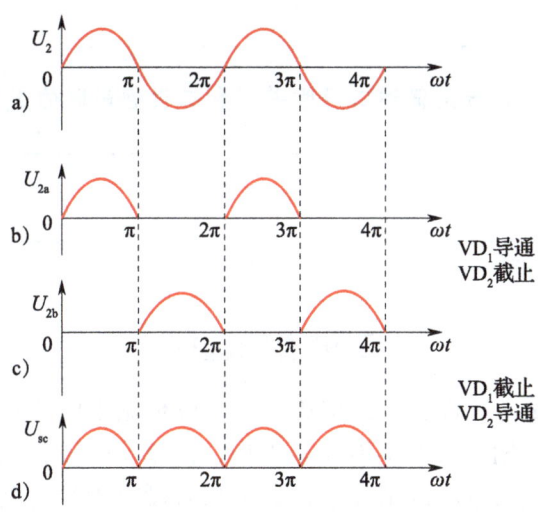

图 5-1-4　全波整流波形

3. 桥式整流电路

桥式整流电路是使用最多的一种整流电路。这种电路只要增加两只二极管连接成桥式结构，便具有全波整流电路的优点，而同时在一定程度上克服了它的缺点。

桥式整流电路的工作原理如下：

U_2 为正半周时，对 VD_1、VD_3 加正向电压，VD_1、VD_3 导通；对 VD_2、VD_4 加反向电压，VD_2、VD_4 截止，电路中构成 U_2、VD_1、R_{fz}、VD_3 通电回路，在 R_{fz} 上形成上正下负的半波整流电压，如图 5-1-5a 所示。

U_2 为负半周时，对 VD_2、VD_4 加正向电压，VD_2、VD_4 导通；对 VD_1、VD_3 加反向电压，VD_1、VD_3 截止。电路中构成 U_2、VD_2、R_{fz}、VD_4 通电回路，同样在 R_{fz} 上形成上正下负的另外半波整流电压，如图 5-1-5b 所示。

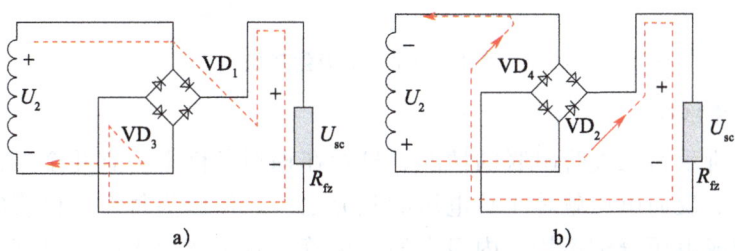

图 5-1-5　桥式整流电路

如此重复下去，结果在 R_{fz} 上便得到全波整流电压。其波形图和全波整流波形图是一样的。从图 5-1-5 中可以看出，桥式整流电路中每只二极管承受的反向电压等于变压器二次电压的最大值，是全波整流电路的 1/2。图 5-1-6 所示为智能电学套装中的整流桥，它相当于图 5-1-5 中的四只二极管连接起来的功能。

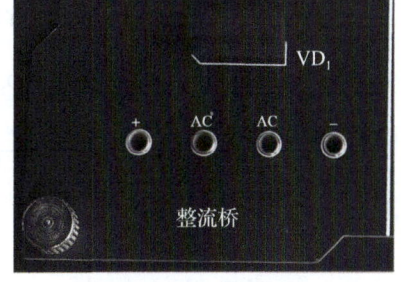

图 5-1-6　整流桥

> **引导问题 2**
>
> 请查阅相关资料，分别简述二极管并联和二极管串联的工作原理。
> _____
> _____
> _____

二极管的选择

需要特别指出的是，二极管作为整流器件，应根据不同的整流方式和负载大小加以选择。若选择不当，则二极管不能安全工作，甚至会烧毁，或者大材小用，造成浪费。另外，在高电压或大电流的情况下，如果临时没有承受高电压或大电流的整流器件，可以把二极管串联或并联起来使用。

（1）二极管并联

如图 5-1-7 所示，两个二极管并联时，每个分担电路总电流的一半；三个二极管并联时，每个分担电路总电流的三分之一。总之，有几个二极管并联，流经每个二极管的电流就等于总电流的几分之一。但是，在实际并联运用时，由于各二极管特性不完全一致，不能均分所通过的电流，会使有的二极管因为负担过重而烧毁。因此需在每个二极管上串联一个阻值相同的小电阻器，使各并联二极管流过的电流接近一致。这种均流电阻 R 一般选用零点几欧至几十欧的电阻器。电流越大，R 应选得越小。

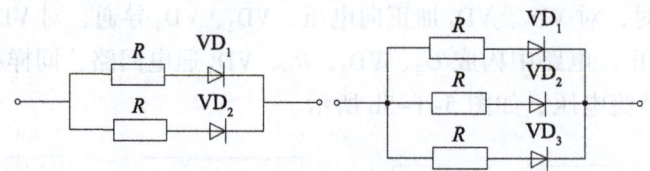

图 5-1-7　二极管并联

（2）二极管串联

图 5-1-8 所示为二极管串联的情况。显然在理想条件下，有几个二极管串联，每个二极管承受的反向电压就等于总电压的几分之一。但因为每个二极管的反向电阻不尽相同，会造成电压分配不均。内阻大的二极管，有可能由于电压过高而被击穿，并由此引起连锁反应，逐个把二极管击穿。在二极管上并联电阻 R，可以使电压分配均匀。均压电阻要取阻值比二极管反向电阻值小的电阻器，各个电阻器的阻值要相等。

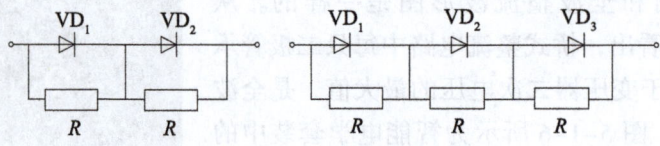

图 5-1-8　二极管串联

> **引导问题 3**
>
> 请查阅相关资料，简述单相整流电路和三相整流电路的分类。
>
> _____
>
> _____
>
> _____

三相整流电路

当整流电路的功率进一步增加或由于其他原因要求多相整流时，三相整流电路就被提了出来。三相整流桥是将数个整流管封在一个壳内，从而构成的一个完整三相整流电路。三相整流桥分为三相整流全桥和三相整流半桥两种。选择整流桥要考虑整流电路和工作电压。对输出电压要求高的整流电路需要装电容器，对输出电压要求不高的整流电路的电容器可装可不装。

（一）三相全波整流电路

三相全波整流电路是一种将三相交流电转换为直流电的电路。与三相半波整流电路相比，三相全波整流电路能够充分利用三相交流电的正负半周，因此具有更高的电源利用率和更稳定的输出电流。

三相全波整流电路通常包含 6 个整流二极管，分为正组和负组，每组包含 3 个整流二极管。这些二极管以特定的方式连接，使得在每个相位的正负半周内都有电流流过负载，从而实现全波整流。

三相全波整流电路的基本构成包括三相交流电源、整流器件（如整流二极管）和负载。在三相全波整流电路中，每个相位的交流电都在正半周和负半周内被整流，从而得到更加稳定的直流输出。图 5-1-9 所示为三相全波整流的电路图。图 5-1-10 所示为三相交流电压波形和三相全波整流电压波形的对比。

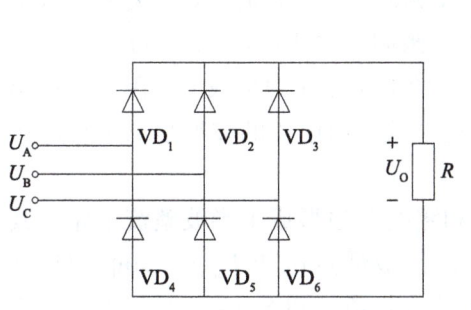

图 5-1-9　三相全波整流的电路图

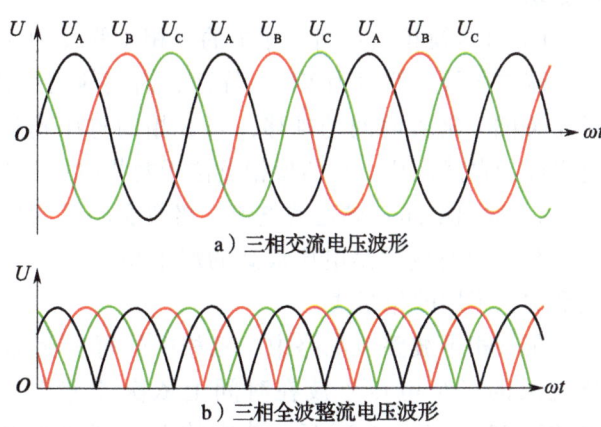

图 5-1-10　三相交流电压波形和三相全波整流电压波形

（二）三相半波整流电路

三相半波整流电路通常由 3 个整流二极管和负载组成，如图 5-1-11 所示。每个整流二极管分别接入一个相位的交流电源，并将负载连接到 3 个整流二极管的共同负极上。

具体连接方式为：将 3 个整流二极管的正极分别连接到三相交流电源的三个相位上，即 A 相、B 相和 C 相。然后将 3 个整流二极管的负极连接起来，形成一个公共点，这个公共点就是三相半波整流电路的输出端，连接到负载上。

在电路中，当某个相位的交流电处于正半周时，相应的整流二极管导通，电流从该相位的电源经过整流二极管流向负载，然后回到电源。这样，在每个相位的正半周内，都有电流流过负载，从而实现整流功能。

需要注意的是，三相半波整流电路只能利用每个相位的正半周进行整流，因此电源利用率相对较低。此外，由于输出电流的稳定性较差，容易产生高频电流，可能对电路中其他元器件产生干扰。因此，在实际应用中，三相全波整流电路或三相桥式整流电路等更高效、稳定的整流电路更为常见。

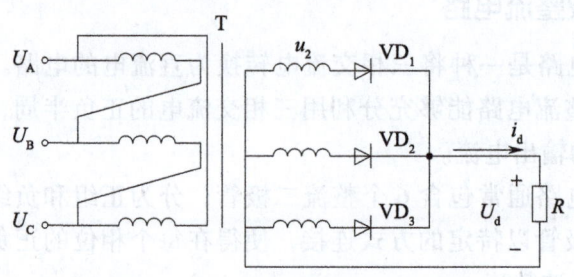

图 5-1-11　三相半波整流的电路图

在三相交流电源中，每一相的电压都以 120° 的相位差相互错开。这种配置意味着在任何给定的时间点，总有一相的电压高于其他两相的电压。三相半波整流电路利用了这一点，通过 3 个整流二极管的单向导电性质，允许电流仅在整流二极管正向偏置时流动。

1）自然换相点：当三相中的一相（假设为 A 相）电压高于其他两相时，A 相对应的整流二极管（假设为 VD_1）导通，而其他两个整流二极管（VD_2 和 VD_3）因为反向偏置而关闭。随着时间的推移，当 B 相的电压超过 A 相时，VD_2 导通，VD_1 关闭，这个过程称为自然换相。自然换相点位于两相电压交叉的瞬间，这些点是 ωt_1、ωt_2、ωt_3。

2）输出电压：导通的整流二极管会将其对应相的电压传递到负载上。因此，输出电压在任何时刻都是电压最高的那个相的电压。这导致输出电压的波形是三个相电压波形的正半周的包络线。

在三相半波整流电路中，三相中的每一相都和零线单独形成了半波整流电路，其整流出的三个电压半波在时间上依次相差叠加，其最低点电压 $U_{min}=U_p\sin[(1/2)\times(180°-120°)]=(1/2)U_p$。式中的 U_p 是交流电压输入幅值。图 5-1-12 所示为三相交流电压波形和三相半波整流电压波形的对比。

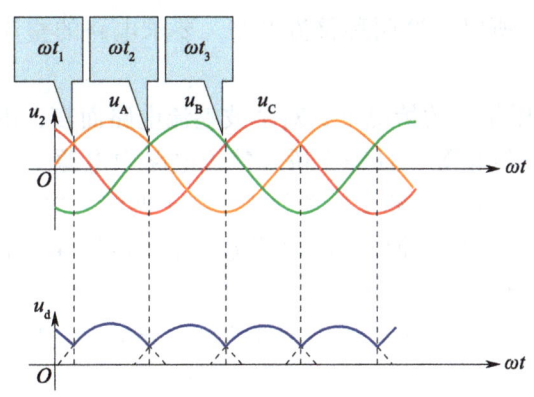

图 5-1-12　三相交流电压波形和三相半波整流电压波形

由于三相半波整流在一个周期中有三个宽度为 120° 的整流半波,因此它的滤波电容器的电容量可以比单相半波整流和单相全波整流时的电容量都小。

> **引导问题 4**
>
> 请查阅相关资料,简述整流电路的分类及优点。
> _____
> _____
> _____

整流电路的分类及优点

1)电源电路中的整流电路主要有半波整流电路、全波整流电路和桥式整流电路三种,倍压整流电路是一种特殊的整流电路,很少用于电源电路中作为整流电路,而主要用于对交流信号的整流。倍压整流电路有多种,如二倍压、三倍压、四倍压整流电路等,常见的是二倍压整流电路。

2)半波整流电路输出的电压只有半周,所以这种单向脉动性直流电主要成分仍然是 50Hz 的,因为输入交流市电的频率是 50Hz,半波整流电路去掉了交流电的负半周,但没有改变单向脉动性直流电中交流成分的频率。倍压整流电路利用二极管的整流和导引作用,将电压分别储存到一些电容上,然后把它们按极性相加的原理串接起来,输出高于输入电压的高压。这种电路一般用于需要高电压、小电流的地方,其带负载的能力较差。

3)在电源电路的三种整流电路中,单相半波整流电路有 1 个整流二极管,三相半波整流电路有 3 个整流二极管;单相全波整流电路有 2 个整流二极管,三相全波整流电路有 6 个整流二极管;桥式整流电路一般包含 4 个整流二极管。可以根据上述特点方便地分辨出整流电路的类型。

4)在半波整流电路中,当整流二极管截止时,交流电压峰值全部加到二极管两端。对于全波整流电路而言也是这样,当一个二极管导通时,另一个二极管截止,承受全部交流电压峰值。所以对这两种整流电路，要求电路的整流二极管承受反向电压峰值的能力较强。

5）在要求直流电压相同的情况下，对全波整流电路而言，电源变压器二次绕组抽头到上、下端的交流电压相等，且等于桥式整流电路中电源变压器二次绕组的输出电压，这样在全波整流电路中的电源变压器相当于绕了两组二次绕组。

6）在整流电路中，输入交流电压的幅值远大于二极管导通的管压降，所以可将整流二极管的管压降忽略不计。

7）分析上述整流电路时，主要用二极管的单向导电性，整流二极管的导通电压由输入交流电压提供。

任务分组

表 5-1-1 学生任务分配表

班级		组号		指导教师	
组长		学号			
组员角色分配					
信息员		学号			
操作员		学号			
记录员		学号			
安全员		学号			
任务分工					
（就组织讨论、工具准备、数据采集、数据记录、安全监督、成果展示等工作内容进行任务分工）					

工作计划

按照前面所了解的知识内容和小组内部讨论的结果，制定工作方案，落实各项工作负责人，如任务实施前的准备工作、实施中主要操作及协助支持工作、实施中相关要点及数据的记录工作等。

姓名　　　　班级　　　　日期　　　　　　　　　能力模块五　典型电路认知及检测

表 5-1-2　工作计划表

步骤	工作内容	负责人
1		
2		
3		
4		
5		
6		

进行决策

1）各组派代表阐述资料查询结果。
2）各组就各自的查询结果进行交流，并分享技巧。
3）教师对各组的计划方案进行点评。
4）各组长对组内成员进行任务分工，教师确认分工是否合理。

任务实施

引导问题 5

扫描二维码观看视频，了解如何完成整流电路的搭建与测量。

_____
_____
_____

整流电路搭建与测量

参考操作视频，按照规范作业要求学习整流电路的搭建与测量，并完成数据采集和记录。

表 5-1-3　设备及工具准备

序号	设备及工具名称	数量	设备及工具是否完好
1	智能电学套装	1 套	□是　□否
2	导线	若干	□是　□否
3	绝缘台	1 台	□是　□否
质检意见	原因：		□是　□否

表 5-1-4　场地及安全防护准备

序号	场地及安全防护项目	项目是否完成
1	任务实施前，需要做好场地防护准备，并且须检查实训场地和设备设施是否存在安全隐患	□是　□否

序号	场地及安全防护项目	项目是否完成
2	绝缘桌面无多余物体摆放	□是　□否
3	检查智能电学套装外表是否完好	□是　□否
质检意见	原因：	□是　□否

表 5-1-5　整流电路的搭建与测量

序号	步骤和记录	完成情况
1	打开智能电学套装，连接电源，但先不打开接电开关 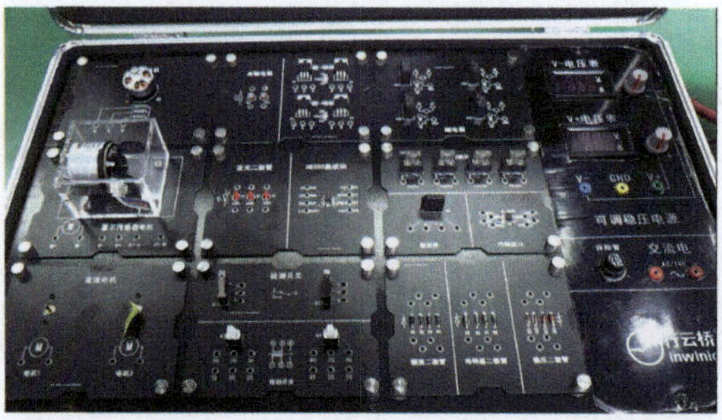	已完成□ 未完成□
2	按照事先准备好的电路图，开始连接电路。注意：整流电路在连接时，需要使用交流电源 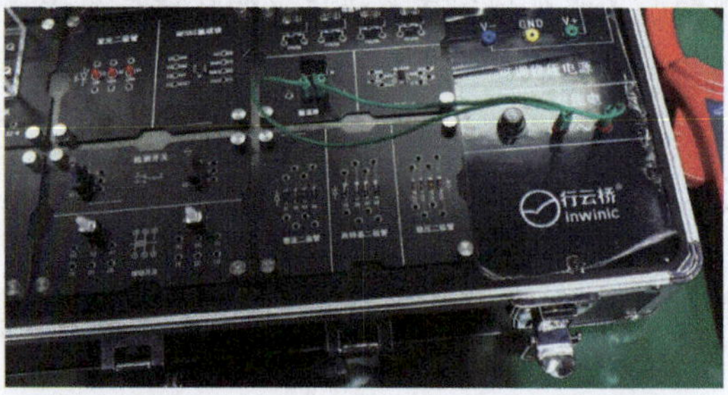	已完成□ 未完成□
3	电路连接完毕后，检查电路的连接是否正确。确认电路连接正确后，打开接电开关，旋转交流电旋钮进行通电。将万用表调至交流电压档，测量输入的交流电压数值并记录下来 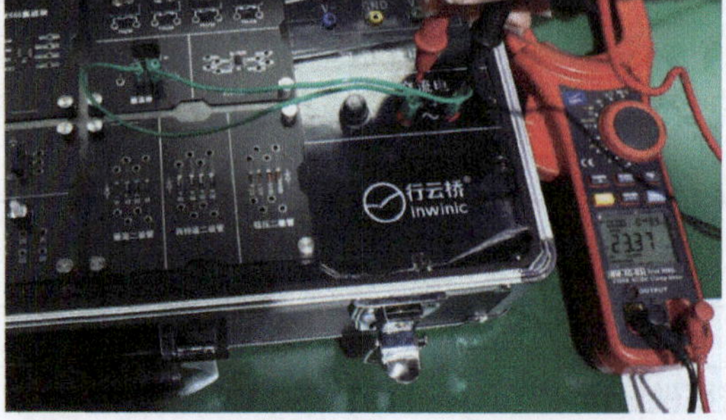	已完成□ 未完成□

(续)

序号	步骤和记录	完成情况
4	由于交流电压通过整流电路的整流后，输出的为直流电压，所以测量整流电路整流后的电压时，要使用直流电压档。将万用表调至直流电压档，测量整流后的电压并记录其数值	已完成□ 未完成□
5	测量完成后，断电，整理智能电学套装并放到规定位置	已完成□ 未完成□
6	实训现场 7S 整理	已完成□ 未完成□
总结提升		已完成□ 未完成□
质检意见	原因：	已完成□ 未完成□

评价反馈

1）各组代表展示汇报 PPT，介绍任务的完成过程。

2）请以小组为单位，对各组的操作过程与操作结果进行自评和互评，并将结果填入表 5-1-6 中的小组评价部分。

3）教师对学生工作过程与工作结果进行评价，并将评价结果填入表 5-1-6 中的教师评价部分。

表 5-1-6　综合评价表

班级		组别		姓名		学号	
实训任务							
评价项目		评价标准				分值	得分
小组评价	计划决策	制定的工作方案合理可行，小组成员分工明确				10	
	任务实施	能够正确检查并设置实训工位				5	
		能够准备和规范使用工具设备				5	
		能够搭建半波整流电路、全波整流电路和桥式整流电路				20	
		能够正确进行整流电路的搭建与测量				20	
		能够规范填写任务工单				10	

(续)

评价项目		评价标准	分值	得分
小组评价	任务达成	能按照工作方案操作，按计划完成工作任务	10	
	工作态度	认真严谨，积极主动，安全生产，文明施工	10	
	团队合作	小组组员积极配合，主动交流，协调工作	5	
	7S 管理	完成竣工检验、现场恢复	5	
		小计	100	
教师评价	实训纪律	不出现无故迟到、早退、旷课现象，不违反课堂纪律	10	
	方案实施	严格按照工作方案完成任务实施	20	
	团队协作	任务实施过程互相配合，协作度高	20	
	工作质量	能准确完成实训任务	20	
	工作规范	操作规范，三不落地，无意外事故发生	10	
	汇报展示	能准确表达，总结到位，改进措施可行	20	
		小计	100	
综合评分		小组评价分 ×50% ＋教师评价分 ×50%		
总结与反思				

（如：学习过程中遇到什么问题→如何解决/解决不了的原因→心得体会）

任务二　高压互锁电路认知及测量

学习目标

- 掌握高压互锁常见电路及其原理。
- 掌握高压互锁电路的相关测量方法，并能正确对其进行测量。
- 具备正确使用继电器搭建高压互锁电路的能力。
- 具备正确搭建高压互锁电路以及画出对应的电路图的能力。
- 通过分组合作完成实训内容，培养团队沟通合作的精神。
- 增强动手搭建电路的能力，鼓励学生从实践中来，到实践中去。
- 培养汲取新知识、动手操作的能力。
- 培养 7S 管理能力。

知识索引

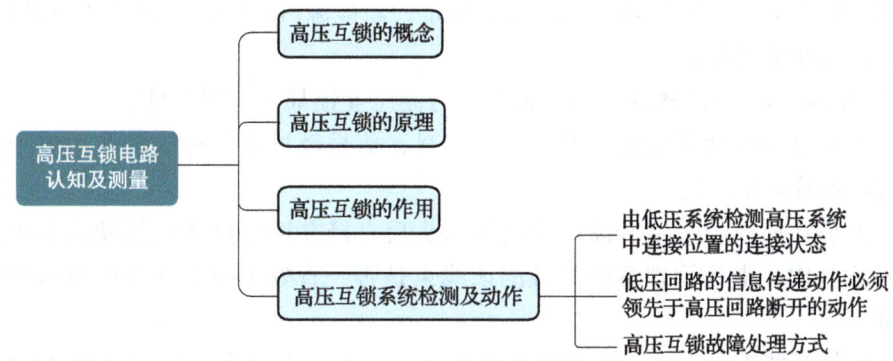

情境导入

小王是一位高职学校的学生，在前面已经学习了不少电学的基础知识，他现在想利用所学的电学元器件，搭建一个低压控制高压的互锁电路。对此，他还需要学习哪些知识？又如何进行具体的电路搭建呢？

获取信息

引导问题 1

请查阅相关资料，简述高压互锁的概念。

_____
_____
_____

高压互锁的概念

高压互锁（HVIL），也叫危险电压互锁，是指通过使用低压信号来检查新能源汽车上所有与高压母线相连的分路，包括整个电池系统、导线、插接器、DC-DC 变换器、电机控制器、高压盒及保护盖等的电气连接完整性（连续性）。当整个动力系统高压回路连接断开或者完整性受到破坏的时候，就需要启动安全措施，如发出警告或断开高压回路等。由于新能源汽车动力系统由多个子系统组成，它们两两之间都靠高压插接器相互连接，同时运行环境十分恶劣，大多数工况处在振动与冲击条件下，因此高压互锁设计是确保人员安全和车辆设备安全运行的关键。

在新能源汽车高压回路中，要求具备高压互锁功能的电气元件主要是高压插接器、维修开关（MSD）等。ISO 6469 国际标准规定，新能源汽车的高压部件（及其插接件）都应具有高压互锁装置。

初步理解高压互锁的概念之后，再来学习高压互锁都分为哪几种：

第一种是电池管理系统向外发送一个信号，信号经过多个插头以及用电负载后还要返回到电池管理系统内。

第二种是互锁线经过用电设备及高压插头后直接在用电设备内搭铁而不再返回到电池管理系统内。电池管理系统只检测该线束是否一直处于拉低状态即可检测该线路是否正常。

第三种是有些用电设备上没有可插拔的高压插头，电池管理系统只通过 CAN 线与该设备通信，当检测到高压用电设备没有高压电压时电池管理系统也会报高压互锁或其他故障。

引导问题 2

请查阅相关资料，简述高压互锁的原理。

_____
_____
_____

高压互锁的原理

新能源汽车中的高压互锁回路，又称控制互锁回路，是用低压信号监视高压回路完整性的一种安全设计方法。通过使用低压信号来检查新能源汽车上所有与高压线束相连的组件，并检测各个高压系统回路的电气连接完整性及连续性。互锁开关控制，如图 5-2-1 所示。

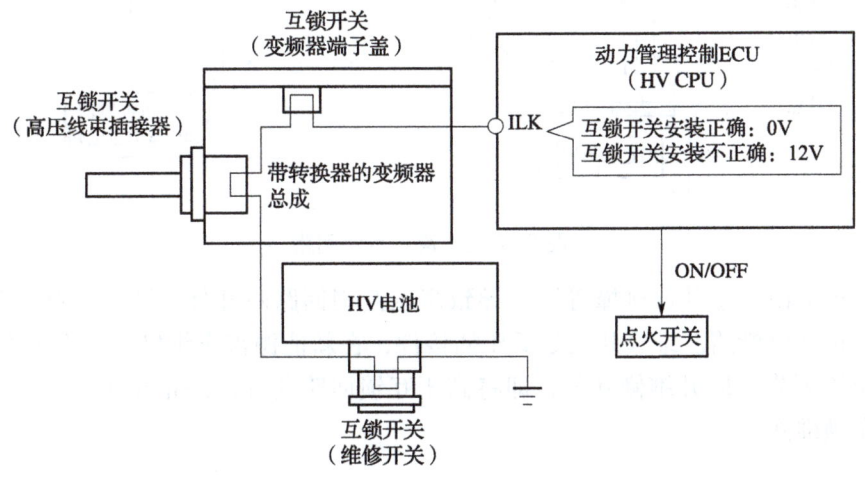

图 5-2-1 互锁开关控制

理论上，低压回路要比高压回路先断开、后接通，且间隔一定的时长（比如 150ms）。具体的高压互锁实现形式，不同项目有不同设计，如图 5-2-2 所示。

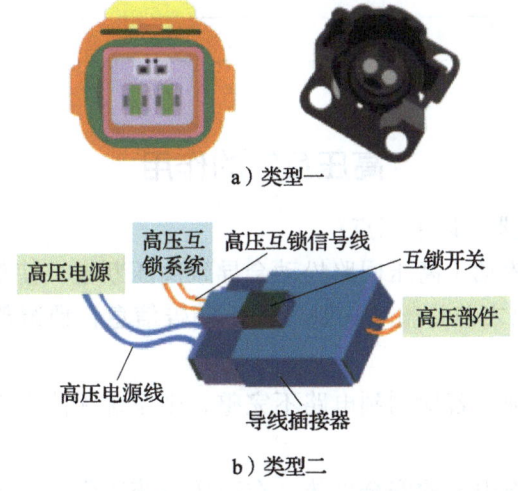

图 5-2-2 高压互锁实现形式

高压互锁回路如图 5-2-3 所示。只有当高压互锁回路形成了一个完整的闭环，电池管理系统认为车辆的高压部件状态正常，才会允许接通高压电源。当回路被断开时，会触发高压互锁的断开信号，电池管理系统将在毫秒级时间内断开高压电，确保用户安全。

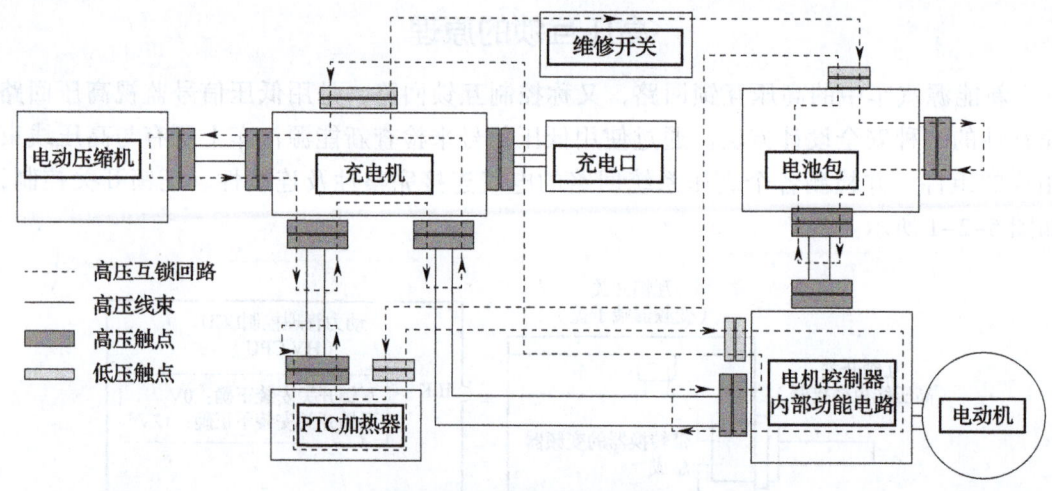

图 5-2-3　高压互锁回路

除了车辆由于意外或碰撞等因素导致高压互锁回路断开外，断开维修开关也会导致高压互锁回路断路。维修开关是低压插接件，在新能源汽车维修时，作为安全保障，维修人员需要先行断开维修开关，即将高压互锁回路断开，停止高压电的输出后，才能进行车辆维修。

引导问题 3

请查阅相关资料，简述高压互锁的作用。

高压互锁的作用

高压互锁的作用主要有以下三点：

1）检测高压回路松动（高压回路松动会导致高压断电，使整车失去动力，影响行车安全）并在高压断电之前给整车控制器提供警告信息，预留整车控制器采取应对措施的时间。

2）在车辆上电之前，若检测到电路不完整，则系统无法上电，避免因为虚接等问题造成事故。

3）防止人为误操作引发的安全事故。在高压系统工作过程中，如果没有高压互锁设计的存在，则手动断开高压连接点时，在断开的瞬间，整个回路的电压将会全部加在断点两端，此时电压会击穿空气并在断点两端拉弧，可能对断点周围的人员和设备造成伤害。

> **引导问题 4**
>
> 请查阅相关资料，简述高压互锁系统检测及动作。
>
> _____
>
> _____
>
> _____

高压互锁系统检测及动作

（一）由低压系统检测高压系统中连接位置的连接状态

在高压系统中，高压回路 A 和高压回路 B 构成一个完整回路。但高压互锁可能给 A 设置一个单独的互锁信号回路，同时给 B 也设置一个单独的互锁信号回路；还可能把 A 和 B 的互锁信号串联在一个回路中。高压端子和互锁端子的连接与断开过程，如图 5-2-4 所示。高压端子和互锁端子的连接与断开状态，如图 5-2-5 所示。

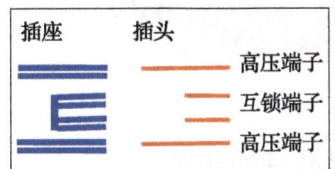
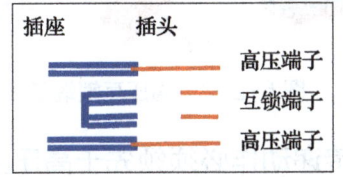
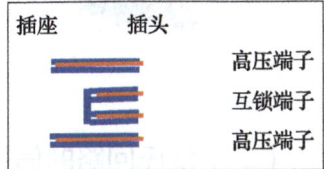

a）高压端子和互锁端子连接过程示意图

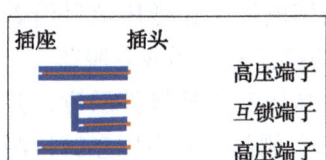
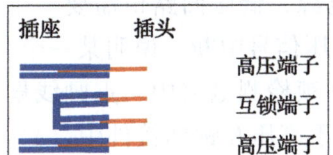
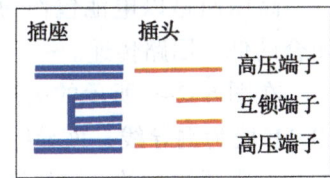

b）高压端子和互锁端子断开过程示意图

图 5-2-4　高压端子和互锁端子的连接与断开过程

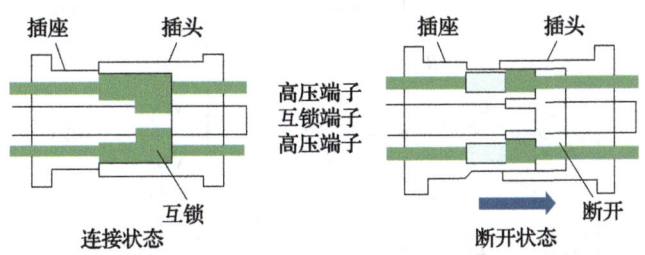

图 5-2-5　高压端子和互锁端子的连接与断开状态

另一种高压互锁插接件如图 5-2-6 所示。高压互锁结构独立于塑壳内或有一个单独的小插接器连接，通过 2 个插接器的先后安装关系保证断开高压插头时，高压互锁端子先断开，连接上高压插头时，高压互锁端子后结合。此设计的优点是方便主体塑壳结构扩展定制，缺点是设计复杂。高压及互锁端子断开顺序如图 5-2-7 所示。图 5-2-8 所示为高压互锁端子。

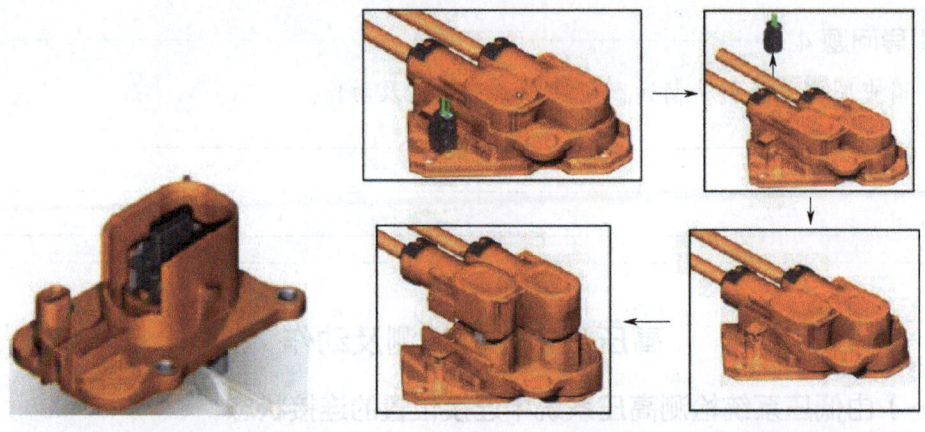

图 5-2-6 高压互锁插接件　　图 5-2-7 高压及互锁端子断开顺序

图 5-2-8 高压互锁端子

（二）低压回路的信息传递动作必须领先于高压回路断开的动作

高压回路以电池包作为电源，低压回路也需要一个检测用电源，让低压信号沿着闭合的低压回路传递。一旦低压信号中断，说明某一个高压插接器有松动或者脱落。

在图 5-2-9 所示的高压互锁检测电路中，点画线框内为高压互锁插接件示意，其中 AB 段为铜导线，该导线位于高压互锁插接件中，A′ 与 B′ 右侧部分为高压互锁检测电路，需要注意的是该检测电路并不包含 AB 段导线。

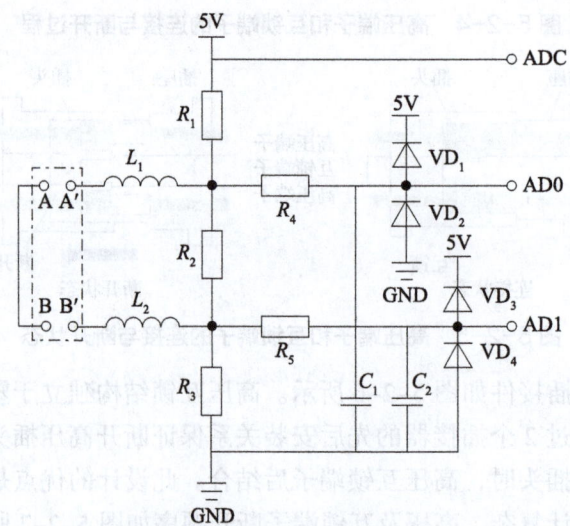

图 5-2-9 高压互锁检测电路

该检测电路中各元器件的参数如下：R_1 为阻值 3.0kΩ 的电阻，R_2 为阻值 6.2kΩ 的电阻，R_3 为阻值 3.0kΩ 的电阻，R_4 为阻值 1.0kΩ 的电阻，R_5 为阻值 1.0kΩ 的电阻，C_1、C_2 均为电容量 10nF 的电容，L_1 与 L_2 为电感线圈，其电感量均为 100μH，VD_1、VD_2、VD_3、VD_4 为二极管。

图 5-2-10 所示为高压互锁插接件的局部剖面示意图（对应图 5-2-9 中点画线框内部分），当高压互锁插接件插紧后，高压插接件中的直流母线 +、- 极连线导通，同时低压信号触点 A–A′、B–B′ 闭合形成回路（与图 5-2-9 相对应）。

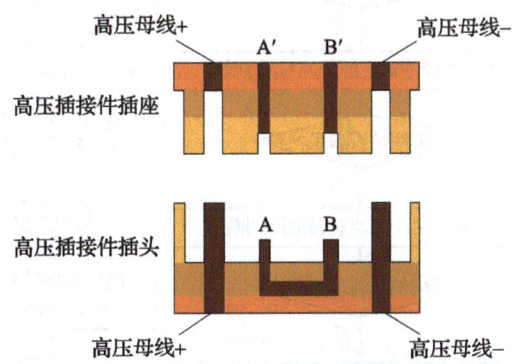

图 5-2-10　高压互锁插接件的局部剖面示意图

在图 5-2-9 所示高压互锁检测电路的基础上，给出一种高压互锁故障检测方法，图 5-2-11 所示为高压互锁故障检测逻辑实现框图，其中包含 1 种正常状态和 6 种故障状态，故障状态分别为：①高压插接件断开故障；②高压插接件对电源短路故障；③高压插接件对地短路故障；④高压插接件接触电阻大故障；⑤高压插接件虚接故障；⑥高压插接件其他故障。

根据图 5-2-11，在一个检测周期中首先进行高压插接件连接良好条件判断，若条件满足，则表明车辆无高压互锁故障；若条件不满足，则进行高压插接件断开故障判断。在之后的故障判断过程中，依次进行以上 6 种故障的判断，当故障判断条件得到满足，则进入相应故障处理环节。

高压互锁故障检测有 6 种：

1）高压插接件断开故障检测。
2）高压插接件对电源短路故障检测。
3）高压插接件对地短路故障检测。
4）高压插接件接触电阻大故障检测。
5）高压插接件虚接故障检测。
6）高压插接件其他故障检测。

（三）高压互锁故障处理方式

根据高压互锁故障所引起的安全风险采取不同的处理方式，实现故障的精细化处理，见表 5-2-1，在保证车辆及人员安全的前提下，尽可能地减少由于故障处理对车上人员驾驶感受造成的不良影响。

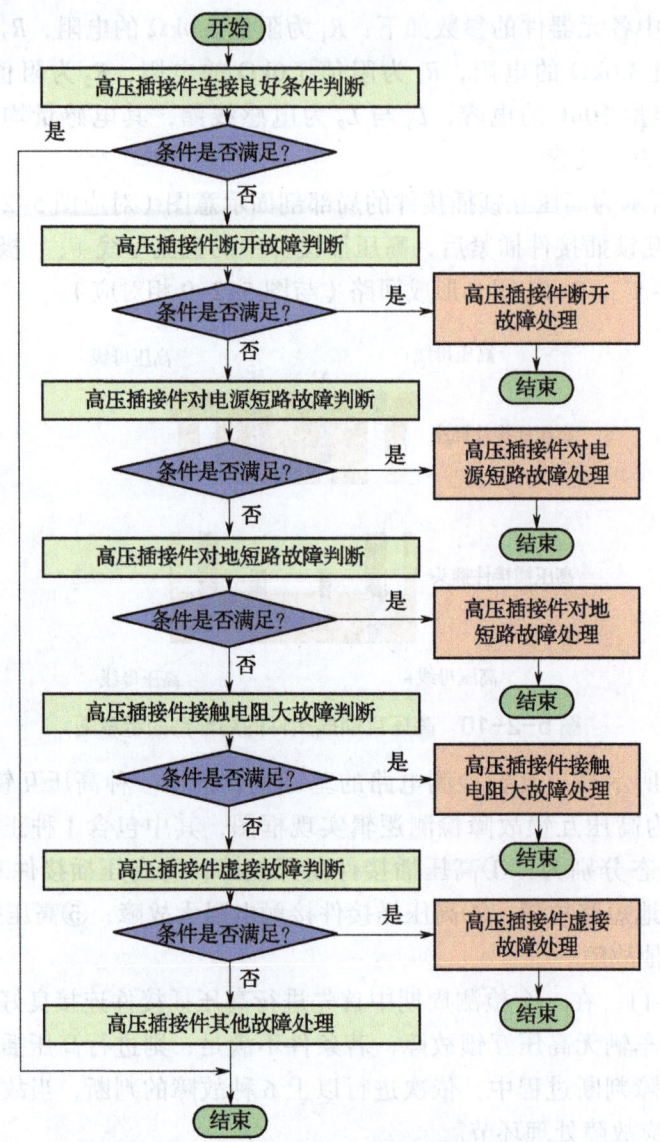

图 5-2-11 高压互锁故障检测逻辑实现框图

表 5-2-1 高压互锁故障处理方式

序号	故障分类	高压暴露风险	处理方式
1	高压插接件断开故障	是	高压下电
2	高压插接件对电源短路故障	否	上报不处理
3	高压插接件对地短路故障	否	上报不处理
4	高压插接件接触电阻大故障	否	上报不处理
5	高压插接件虚接故障	否	上报不处理
6	高压插接件其他故障	否	上报不处理

具体的故障处理方法如下：

1）当车速 >5km/h 时，仅上报不处理。

2）当车速 ≤5km/h 时，根据是否允许高压互锁故障整车下电/禁止高压上电采用不同的故障处理方式：

①允许由于该故障执行整车下电/禁止高压上电，则立即整车下电/禁止高压上电，仪表点亮整车系统故障灯，发出警告声。

②禁止由于该故障执行整车下电/禁止高压上电，则仅上报不处理。

根据以上故障处理方法，首先按车速条件区分故障的处理方式。考虑到车辆在非静止状态下即使发生高压插接件断开也不会对车辆及人员造成安全风险（在有车速的状态下车辆不会处于维修状态，因此不会造成车辆维修人员的触电事故，同时在有车速的状态下车内人员不会有机会接触到高压插接件，因此不存在触电风险），所以此时高压互锁故障采用仅上报不处理的方法。

当车速 ≤5km/h 时，根据高压互锁故障分类实施不同的处理方法，当发生允许整车下电的高压互锁故障（如高压插接件断开故障）时，则采取立即整车下电/禁止高压上电，仪表点亮整车系统故障灯，鸣报警声的故障处理措施，达到故障警示的目的。当发生禁止整车下电的高压互锁故障（如高压插接件对电源短路故障、高压插接件对地短路故障、高压插接件接触电阻大故障等）时，考虑到故障不会引起安全隐患，此时采用仅上报不处理的方法。

任务分组

表 5-2-2 学生任务分配表

班级		组号		指导教师	
组长		学号			
组员角色分配					
信息员		学号			
操作员		学号			
记录员		学号			
安全员		学号			
任务分工					

（就组织讨论、工具准备、数据采集、数据记录、安全监督、成果展示等工作内容进行任务分工）

📋 工作计划

按照前面所了解的知识内容和小组内部讨论的结果，制定工作方案，落实各项工作负责人，如任务实施前的准备工作、实施中主要操作及协助支持工作、实施中相关要点及数据的记录工作等。

表 5-2-3　工作计划表

步骤	工作内容	负责人
1		
2		
3		
4		
5		
6		

🧍 进行决策

1）各组派代表阐述资料查询结果。
2）各组就各自的查询结果进行交流，并分享技巧。
3）教师对各组的计划方案进行点评。
4）各组长对组内成员进行任务分工，教师确认分工是否合理。

🙇 任务实施

> ❓ **引导问题 5**
>
> 查阅相关资料，了解如何完成高压互锁电路的测量。
>
> _____
> _____
> _____

参考以下内容，按照规范作业要求学习高压互锁电路的测量，并完成数据采集和记录。

表 5-2-4　设备及工具准备

序号	设备及工具名称	数量	设备及工具是否完好
1	动力电池 PACK 台架	1 张	□是　□否
2	绝缘手套	1 双	□是　□否
质检意见	原因：		□是　□否

姓名　　　班级　　　日期　　　　　　　能力模块五　典型电路认知及检测

表 5-2-5　场地及安全防护准备

序号	场地及安全防护项目	项目是否完成
1	任务实施前，需要做好场地防护准备，必须检查实训场地和设备设施是否存在安全隐患	□是　□否
2	检查动力电池 PACK 台架上电情况	□是　□否
3	检测绝缘手套有无破损、漏气等	□是　□否
质检意见	原因：	□是　□否

表 5-2-6　高压互锁电路的测量

序号	步骤和记录	完成情况
1	拉开隔离带，放置安全警示牌 	已完成□ 未完成□
2	打开台架高压互锁界面，观察互锁系统的组成 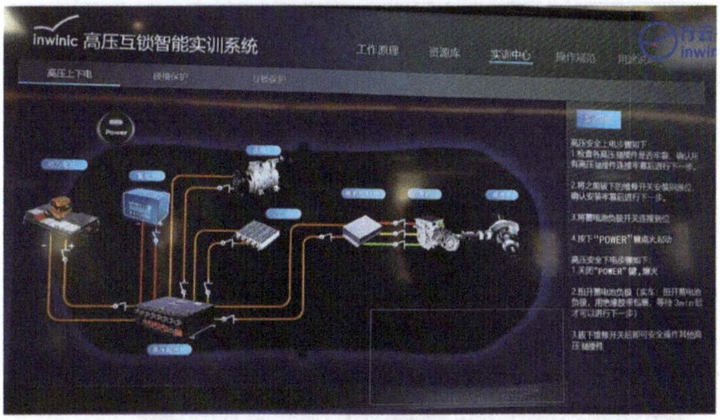	已完成□ 未完成□
3	检查绝缘手套外观有无破损、漏气，耐压等级 1000V 以上，如都正常，佩戴好绝缘手套 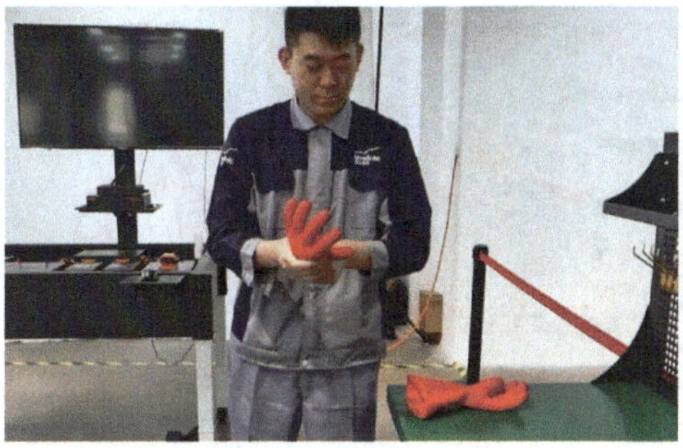	已完成□ 未完成□

231

（续）

序号	步骤和记录	完成情况
4	断开蓄电池负极，断开维修开关  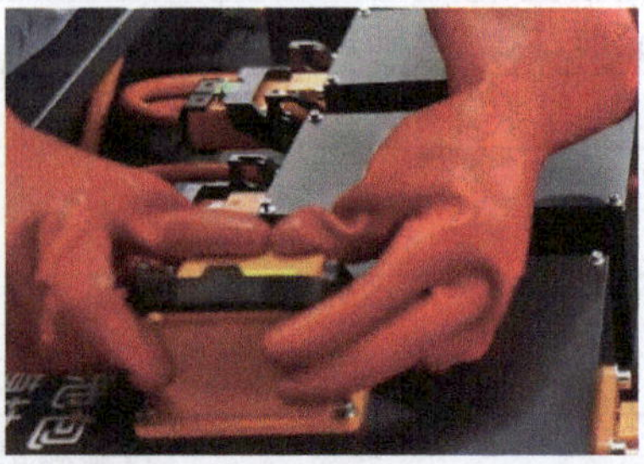	已完成□ 未完成□
5	拔下高压配电箱 PTC 高压电源输出插接件 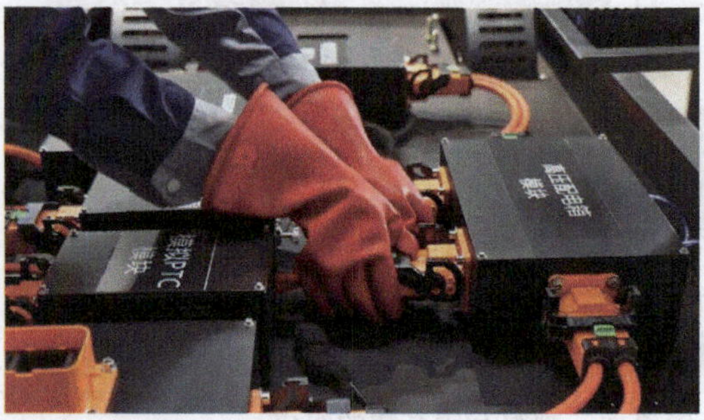	已完成□ 未完成□
6	观察 PTC 高压互锁结构，内有 U 形针 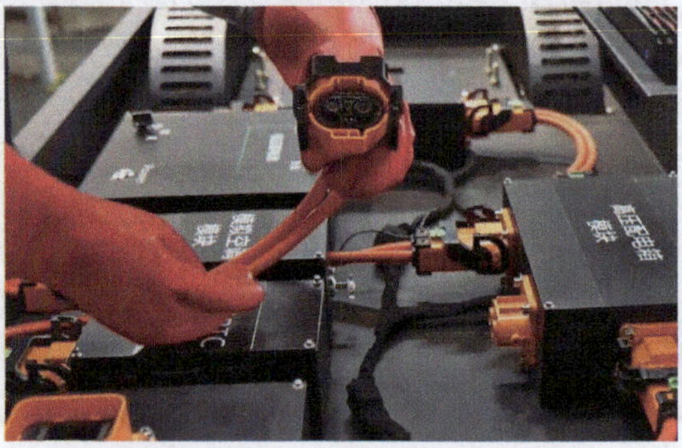	已完成□ 未完成□
7	直接接回负极，台架警告灯亮起。互锁结构界面显示高压互锁断开 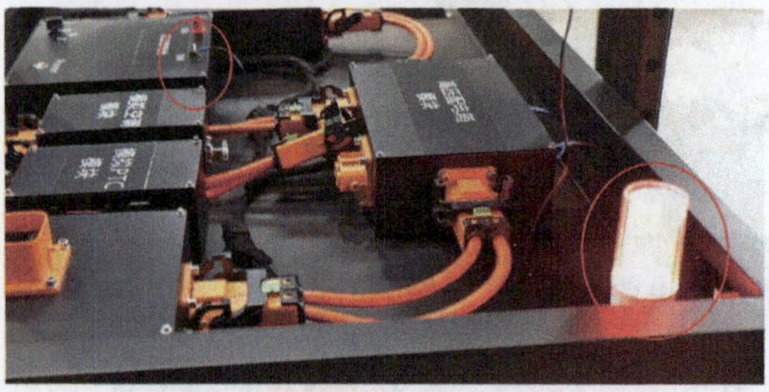	已完成□ 未完成□

（续）

序号	步骤和记录	完成情况
7	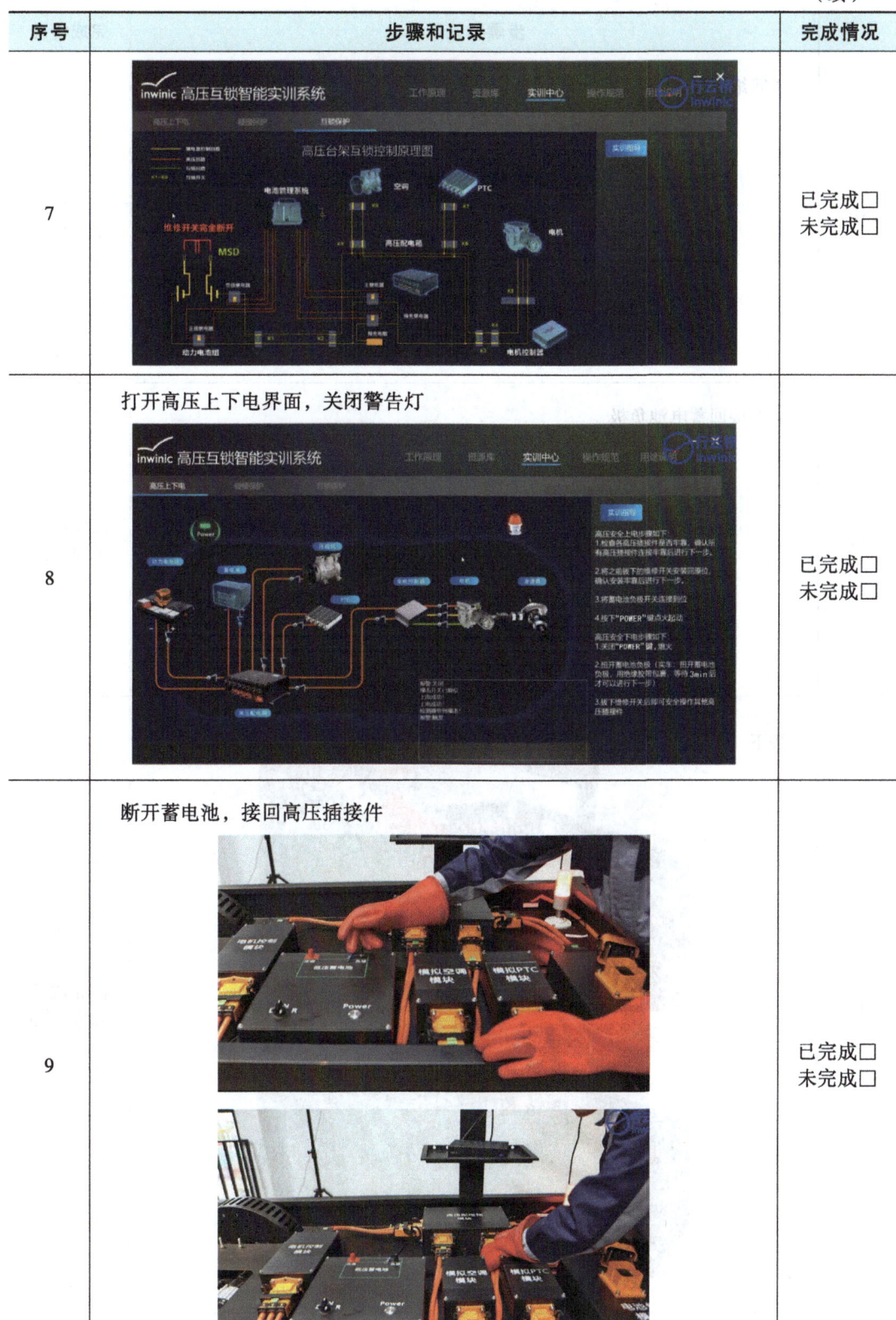	已完成□ 未完成□
8	打开高压上下电界面，关闭警告灯	已完成□ 未完成□
9	断开蓄电池，接回高压插接件	已完成□ 未完成□

（续）

序号	步骤和记录	完成情况
10	装回维修开关 	已完成□ 未完成□
11	再次接回蓄电池负极 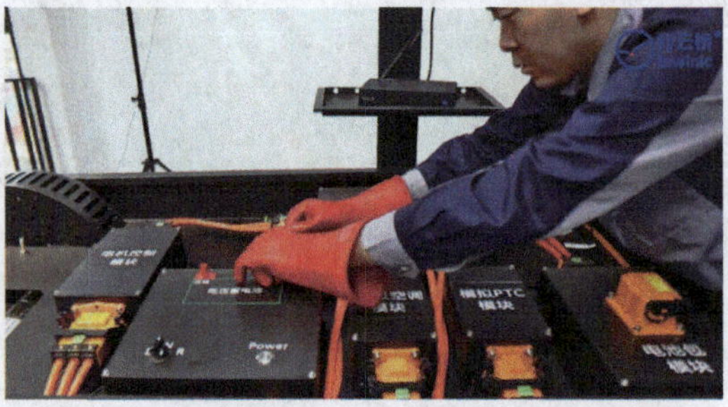	已完成□ 未完成□
12	按下"POWER"键，旋转档位到 D 位，轻踩加速踏板，电机运转正常 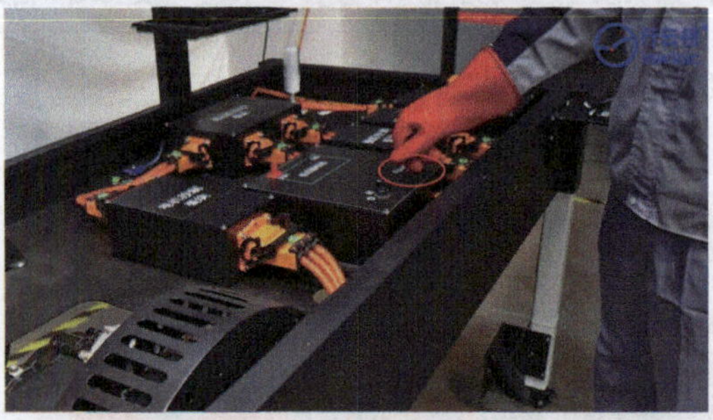 	已完成□ 未完成□

（续）

序号	步骤和记录	完成情况
13	松开加速踏板，转回 N 位，关闭 "POWER" 灯 	已完成□ 未完成□
14	切断电源 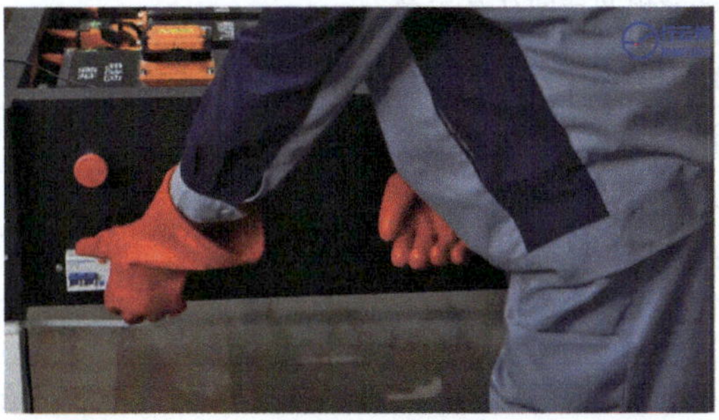	已完成□ 未完成□
15	实训结束，清洁台面 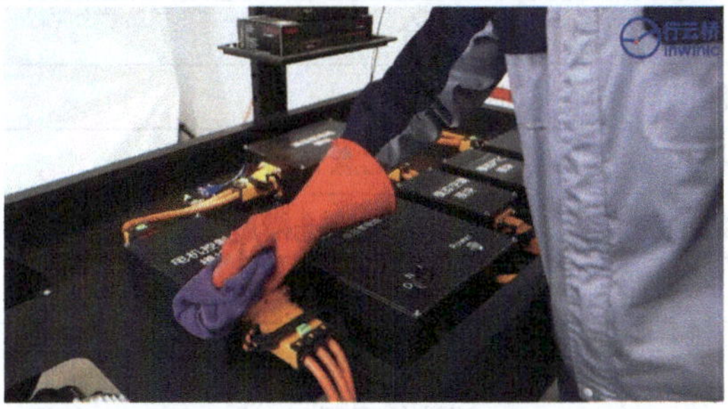	已完成□ 未完成□
16	实训现场 7S 整理	已完成□ 未完成□
总结提升		已完成□ 未完成□
质检意见	原因：	已完成□ 未完成□

📝 评价反馈

1）各组代表展示汇报 PPT，介绍任务的完成过程。

2）请以小组为单位，对各组的操作过程与操作结果进行自评和互评，并将结果填入表 5-2-7 中的小组评价部分。

3）教师对学生工作过程与工作结果进行评价，并将评价结果填入表 5-2-7 中的教师评价部分。

表 5-2-7　综合评价表

班级		组别		姓名		学号	
实训任务							
评价项目		评价标准				分值	得分
小组评价	计划决策	制定的工作方案合理可行，小组成员分工明确				10	
	任务实施	能够正确检查并设置实训工位				5	
		能够准备和规范使用工具设备				5	
		能够搭建正确的高压互锁电路以及画出对应的电路图				20	
		能够正确完成高压互锁电路的搭建与测量				20	
		能够规范填写任务工单				10	
	任务达成	能按照工作方案操作，按计划完成工作任务				10	
	工作态度	认真严谨，积极主动，安全生产，文明施工				10	
	团队合作	小组组员积极配合，主动交流，协调工作				5	
	7S 管理	完成竣工检验、现场恢复				5	
		小计				100	
教师评价	实训纪律	不出现无故迟到、早退、旷课现象，不违反课堂纪律				10	
	方案实施	严格按照工作方案完成任务实施				20	
	团队协作	任务实施过程互相配合，协作度高				20	
	工作质量	能准确完成实训任务				20	
	工作规范	操作规范，三不落地，无意外事故发生				10	
	汇报展示	能准确表达，总结到位，改进措施可行				20	
		小计				100	
综合评分		小组评价分 ×50% + 教师评价分 ×50%					
		总结与反思					
（如：学习过程中遇到什么问题→如何解决 / 解决不了的原因→心得体会）							

任务三　电机正反转控制电路认知及检测

学习目标

- 掌握不同电机正反转控制的控制电路。
- 掌握永磁同步电机和异步电机的特点及区别。
- 能根据实物电路，画出电机控制电路。
- 具备独立完成电机正反转电路的搭建和测量的能力。
- 培养学生汲取新知识、对比归纳、实践动手的能力。
- 培养7S管理能力。

知识索引

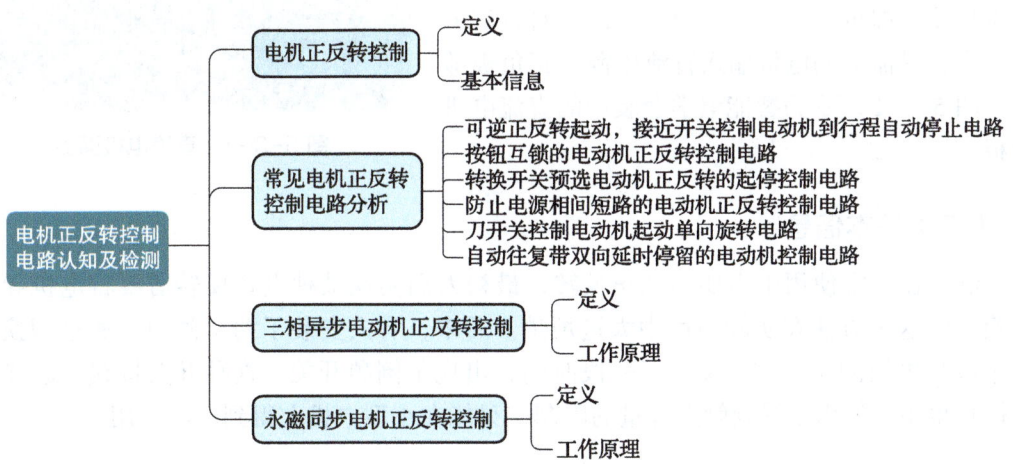

情境导入

小张是一名高职学校的学生，他已经学过一些电学的基础知识并清楚一些基本电路的搭建原理和方法，他现在想搞清楚电机正反转控制电路的工作原理以及如何进行电机正反转控制电路的搭建，你能帮助一下他吗？

获取信息

引导问题 1

请查阅相关资料，简述电机正反转控制的定义和基本信息。

_____
_____
_____

电机正反转控制

（一）定义

电机正反转是指电机顺时针转动和逆时针转动。电机顺时针转动是电机正转，电机逆时针转动是电机反转。根据正反转控制电路图及其原理分析，要实现电机的正反转，对三相交流电机而言只要将接至电机的三相电源进线中的任意两相对调接线，即可达到改变转向的目的。对直流电机而言，只需对调电机输入直流电源的正负极即可。图 5-3-1 所示为智能电学套装中的直流电机面板。

图 5-3-1　直流电机面板

（二）基本信息

电机在日常使用中需要实现正反转，最初人们实现某种设备反转需要将电机导线拆换，但这种方法在实际使用中太过烦琐。后来，有人安装了两个闸刀，通过切换闸刀来改变电机的正反转。又过了一段时间，出现了倒顺开关，这种开关接线比较简单且体积也小，但由于受到触点容量的限制，只能在小型电机上得到广泛使用。

引导问题 2

请查阅相关资料，分析常见电机正反转控制电路。

_____
_____
_____

常见电机正反转控制电路分析

电路分析如图 5-3-2 所示。

1）正向起动：①合上断路器 QF 接通三相电源；②按下正转起动按钮 SB3，KM1

通电吸合并通过辅助触点自锁，主触点闭合接通电机，电机这时的相序是 L1、L2、L3，即正向旋转。

2）反向起动：①合上断路器 QF 接通三相电源；②按下反转起动按钮 SB2，KM2 通电吸合并通过辅助触点自锁，常开主触点闭合，换接了电机的三相电源相序，这时电机的相序是 L1、L3、L2，即反向旋转。

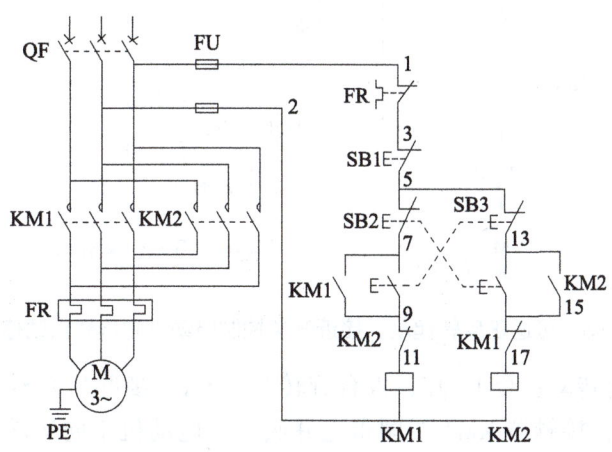

图 5-3-2　电机正反转控制电路

3）互锁环节：具有禁止功能，在电路中起安全保护作用。

①接触器互锁：KM1 线圈回路串联 KM2 的常闭辅助触点，KM2 线圈回路串联 KM1 的常闭辅助触点。当正转接触器 KM1 线圈通电动作后，KM1 的常闭辅助触点断开了 KM2 线圈回路，若使 KM1 得电吸合，必须先使 KM2 断电释放，其常闭辅助触点复位，这就防止了 KM1、KM2 同时吸合造成电源相间短路，这一电路环节称为互锁环节。

②按钮互锁：在电路中采用了按钮来操作正反转控制，按钮 SB2、SB3 都具有一个常开触点和一个常闭触点，这两个触点分别与 KM1、KM2 线圈回路连接。例如按钮 SB2 的常开触点与接触器 KM2 线圈串联，而常闭触点与接触器 KM1 线圈串联。按钮 SB3 的常开触点与接触器 KM1 线圈串联，而常闭触点与 KM2 线圈串联。这样，当按下 SB2 时，只能有接触器 KM2 的线圈可以通电而 KM1 断电；按下 SB3 时，只能有接触器 KM1 的线圈可以通电而 KM2 断电；如果同时按下 SB2 和 SB3，则两只接触器线圈都不能通电。这样就起到互锁的作用。

4）电机正向（或反向）起动运转后，不必先按停止按钮使电机停止，可以直接按反向（或正向）起动按钮，使电机变为反方向旋转。

5）电机的过载保护由热继电器 FR 承担。

（一）可逆正反转起动，接近开关控制电动机到行程自动停止电路

图 5-3-3 所示是一款可控制电动机正反转起动方向、用接近开关自动停止的具备行程控制功能的电路。接近开关是一种非接触式的开关装置，只要当运动的金属物体接近它到一定距离时，它就能发出接近信号，接近开关内的触点就会动作，以控制运动物体的位置，而不用直接碰撞它。采用了晶体管的接近开关（无触点开关）比机械

式的接近开关可靠而且寿命长。

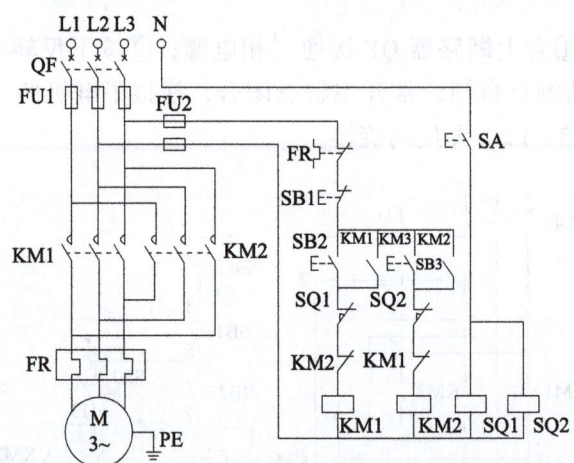

图 5-3-3　可逆正反转起动，接近开关控制电动机到行程自动停止电路

1）电动机正向转动：合上 QF，扳合旋转开关 SA，接近开关 SQ1、SQ2 线圈得电。按下起动按钮 SB2，接触器 KM1 线圈得电并吸合，电动机正向运转并带动金属体做一个方向（定为正方向）的运动，当金属体接近到规定的位置时，接近开关 SQ1 的常闭触点 SQ1 动作，切断了正向控制电路，使电动机停止。

2）电动机反向转动：按下反向起动按钮 SB3，接触器 KM2 线圈得电并吸合，电动机反向运转，并带动金属体向反方向运动，当金属体接近到规定的位置时，接近开关 SQ2 的常闭触点 SQ2 动作，切断了反向控制电路，使电动机停止。

（二）按钮互锁的电动机正反转控制电路

图 5-3-4 所示是一款按钮互锁的电动机正反转控制电路，其实它是将接触器互锁的电动机正反转控制电路中两个接触器的常闭触点去掉，换上复合按钮的常闭触点，来实现正反转互锁控制的。

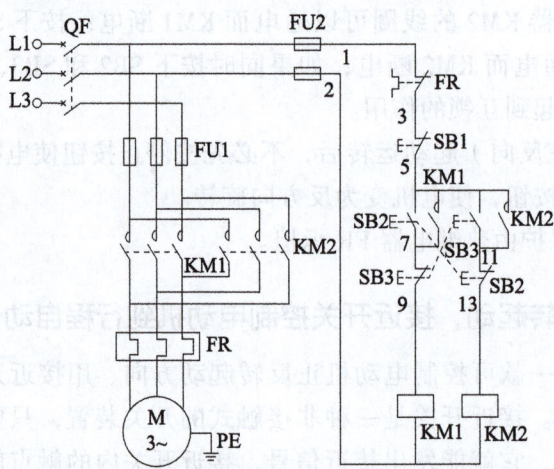

图 5-3-4　按钮互锁的电动机正反转控制电路

1）正转控制：合上 QF，按下正转按钮 SB2，接触器 KM1 线圈通电并吸合，其主触点闭合、常开辅助触点闭合并自锁，电动机正转。这时电动机所接电源相序为 L1-L2-L3。

2）反转控制：按下反向起动按钮 SB3，此时 SB3 的常闭触点先断开正转接触器 KM1 的线圈电源，按钮 SB3 的常开触点才闭合，接通反转接触器 KM2 线圈的电源，使 KM2 吸合，常开辅助触点闭合并自锁，主触点闭合，电动机反转。这时电动机所接电源相序为 L3-L2-L1。如需要电动机停止，按下停止按钮 SB1 即可。

（三）转换开关预选电动机正反转的起停控制电路

图 5-3-5 所示的电路可实现电动机的正反转控制。起动电动机之前，先用转换开关 SA 预选电动机的旋转方向，然后由起动按钮控制接触器，再由接触器主触点来接通和断开电动机三相电源，实现电动机的起动和停止。

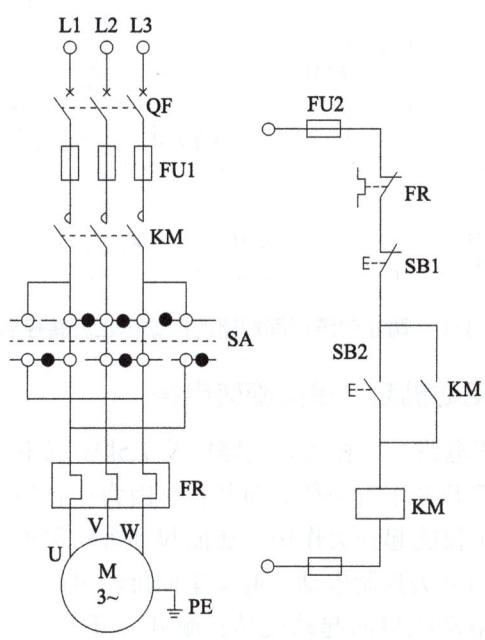

图 5-3-5　转换开关预选电动机正反转的起停控制电路

转换开关 SA 有 4 对触点，3 个位置，当 SA 在上方位置时，合上 QF，电动机三相绕组按 L1-L2-L3 的相序接入电源，按下起动按钮 SB2，可实现电动机正转；当 SA 在中间位置时，电动机三相电源断开，按下 SB2 时，电动机不转；当 SA 在下方位置时，电动机三相绕组按 L3-L2-L1 的相序接入电源，按下起动按钮 SB2，可实现电动机反转。

（四）防止电源相间短路的电动机正反转控制电路

图 5-3-6 所示电路是利用联锁继电器延长转换时间来防止电源相间短路的。按下按钮 SB3 时，正转接触器 KM1 得电吸合并自锁，电动机正向起动运转，同时 KM1

的常开辅助触点 KM1（1-2）闭合，使联锁继电器 K 得电吸合并自锁，串联在 KM1、KM2 电路中的常闭触点 K（3-4）、K（5-6）断开，使 KM2 不能得电，实现互锁。按下反转按钮 SB2 时，首先断开 KM1 控制电路，KM1 断电释放，当其主触点断开，待电弧完全熄灭后，联锁继电器 K 断电释放，这时 K 的常闭触点 K（5-6）闭合，KM2 才能得电吸合并自锁，电动机才能反向转动。这种电路能完全防止正反转转换过程中的电弧短路，适用于转换时间小于灭弧时间的场合。

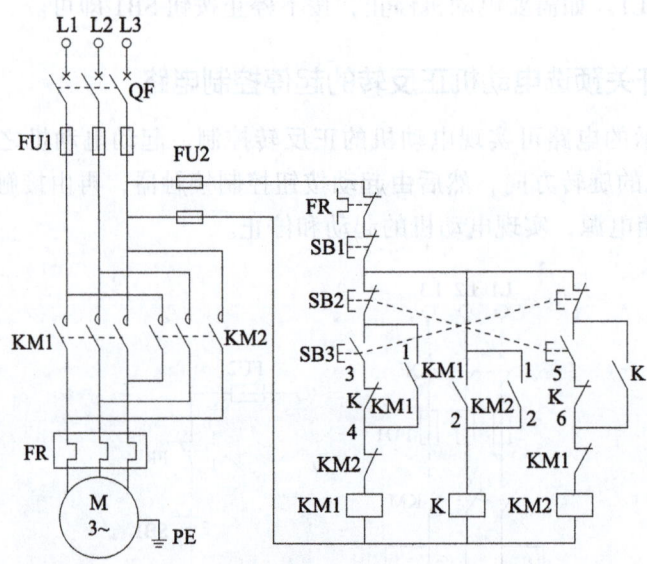

图 5-3-6　防止电源相间短路的电动机正反转控制电路

（五）刀开关控制电动机起动单向旋转电路

刀开关主要用在照明电路、三相动力电路以及 7.5kW 以下电动机的起动电路中。刀开关作为一种通断装置，因为在它的下面接有熔断器，所以不仅能起开关作用，还能起到短路保护作用。图 5-3-7 所示为刀开关控制电动机起动单向旋转电路。

当合上刀开关时，电动机单向起动旋转；断开刀开关时，电动机停止转动。刀开关下接有熔断器 FU，一旦发生电路短路事故，熔断器会熔断，切断电动机电源，防止电动机烧坏，从而起到保护作用。

此电路具有结构简单、维修方便、造价低廉的优点，但是它带电拉合闸的灭弧能力较弱，因此只适用于不频繁起动的小容量电动机，并且不能实现远距离控制。

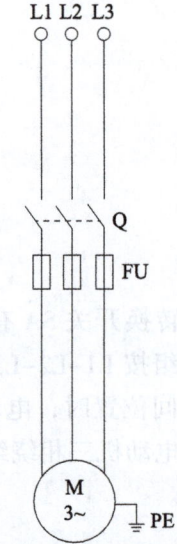

图 5-3-7　刀开关控制电动机起动单向旋转电路

（六）自动往复带双向延时停留的电动机控制电路

图 5-3-8 所示是一种自动往复带双向延时停留的电动机控制电路。该电路还具有点动控制功能。在不按 SB2 的情况下，

按下 SB3 或 SB4 可分别实现正转和反转点动操作。SB2 是自动往复起动按钮。SQ1 是正转变反转行程开关，SQ2 是反转变正转行程开关。

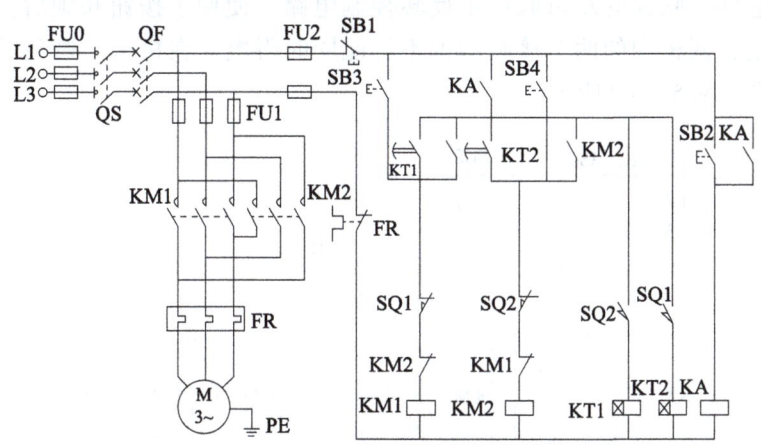

图 5-3-8　自动往复带双向延时停留的电动机控制电路

按下 SB2，使中间继电器 KA 得电并自锁，其接于接触器线圈回路的常开触点闭合，为自动循环做好准备。然后按下 SB3，KM1 得电吸合并自锁，电动机正转，当工作台正向到达极限位置，压下行程开关 SQ1，使其常闭触点断开，KM1 失电，切断电动机正向电源，电动机停转。同时 SQ1 常开触点闭合，KT2 得电，经一段延时停留，KT2 常开延时闭合触点闭合，KM2 得电吸合并自锁，电动机反向起动运转。行程开关 SQ1 复位，其常开触点断开，使 KT2 失电，常闭触点闭合，为 KM1 得电做准备。

当工作台反向运行到极限位置，压下行程开关 SQ2，使其常闭触点断开，KM2 失电，切断电动机反向电源，电动机停转。同时 SQ2 常开触点闭合，KT1 得电，经一段延时停留，KT1 常开延时闭合触点闭合，KM1 又得电吸合并自锁，电动机又开始正向起动运转。如此周而复始，实现自动往复循环工作。

> **引导问题 3**
>
> 请查阅相关资料，简述三相异步电动机正反转控制的定义和工作原理。
> _____
> _____
> _____

三相异步电动机正反转控制

（一）定义

三相异步电动机要实现正反转控制，将其电源的相序中任意两相对调即可（称为换相），通常是 V 相不变，将 U 相与 W 相对调，为了保证两个接触器动作时能够可靠调换电动机的相序，接线时应使接触器的上口接线保持一致，在接触器的下口调相。

由于将两相相序对调，故应确保正反转两个接触器的线圈不能同时得电，否则会发生严重的电源相间短路故障，因此必须采取联锁。安全起见，常采用按钮（机械）联锁与接触器（电气）联锁的双重联锁正反转控制电路。使用了按钮联锁后，即使同时按下正反转按钮，调相用的两个接触器也不可能同时得电，在机械上避免了电源相间短路。控制电路如图 5-3-9 所示。

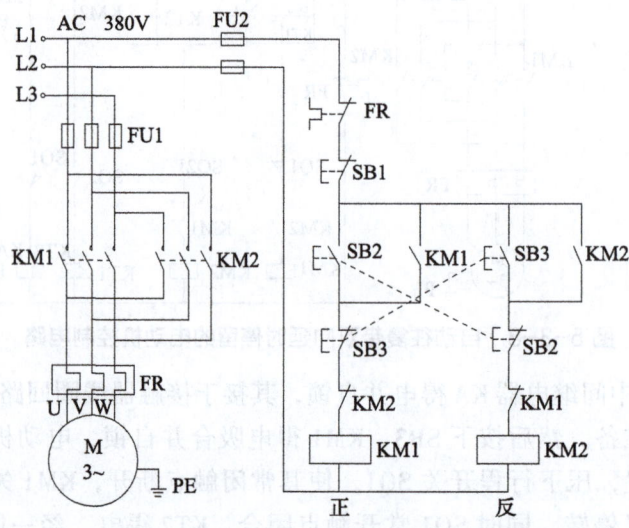

图 5-3-9　三相异步电动机正反转控制电路

（二）工作原理

1. 正向起动过程

按下起动按钮 SB2，接触器 KM1 线圈通电，与 SB2 并联的 KM1 的常开辅助触点闭合，以保证 KM1 线圈持续通电，串联在电动机主回路中的 KM1 的主触点持续闭合，电动机连续正向旋转。

2. 停止过程

按下停止按钮 SB1，接触器 KM1 线圈断电，与 SB2 并联的 KM1 的辅助触点断开，以保证 KM1 线圈持续失电，串联在电动机主回路中的 KM1 的主触点持续断开，切断电动机定子电源，电动机停转。

3. 反向起动过程

按下起动按钮 SB3，接触器 KM2 线圈通电，与 SB3 并联的 KM2 的常开辅助触点闭合，以保证 KM2 线圈持续通电，串联在电动机主回路中的 KM2 的主触点持续闭合，电动机连续反向旋转。

图 5-3-9 中使用了 2 个分别用于正转和反转的电磁接触器 KM1、KM2，对该电动机进行电源电压换相。此时，如果正转用 KM1，电源和电动机通过 KM1 主触点，使 L1 相和 U 相、L2 相和 V 相、L3 相和 W 相对应连接，所以电动机正向转动。如果 KM2 动作，电源和电动机通过 KM2 主触点使 L1 相和 W 相、L2 相和 V 相、L3 相和 U 相分

别对应连接，因为 L1 相和 L3 相交换，所以电动机反向转动。

4. 正反转控制的安全措施

电动机的正反转控制操作中，三相电源的 L1 相和 L3 相的线间电压，可能通过反转接触器 KM2 的主触点形成完全短路的状态，此时会有大的短路电流流过并烧坏电路。所以为了防止两相电源短路事故，接触器 KM1 和 KM2 的主触点不允许同时闭合。

图 5-3-10 所示为三相异步电动机接触器联锁的正反转控制电路，为了保证一个接触器得电动作时，另一个接触器不会得电动作，避免电源的相间短路，在正转控制电路中串联了反转接触器 KM2 的常闭辅助触点，而在反转控制电路中串联了正转接触器 KM1 的常闭辅助触点。当接触器 KM1 得电动作时，串联在反转控制电路中的 KM1 的常闭触点分断，切断了反转控制电路，保证了 KM1 主触点闭合时，KM2 的主触点不能闭合。同样，当接触器 KM2 得电动作时，KM2 的常闭触点分断，切断了正转控制电路，可靠地避免了电源两相短路事故的发生。

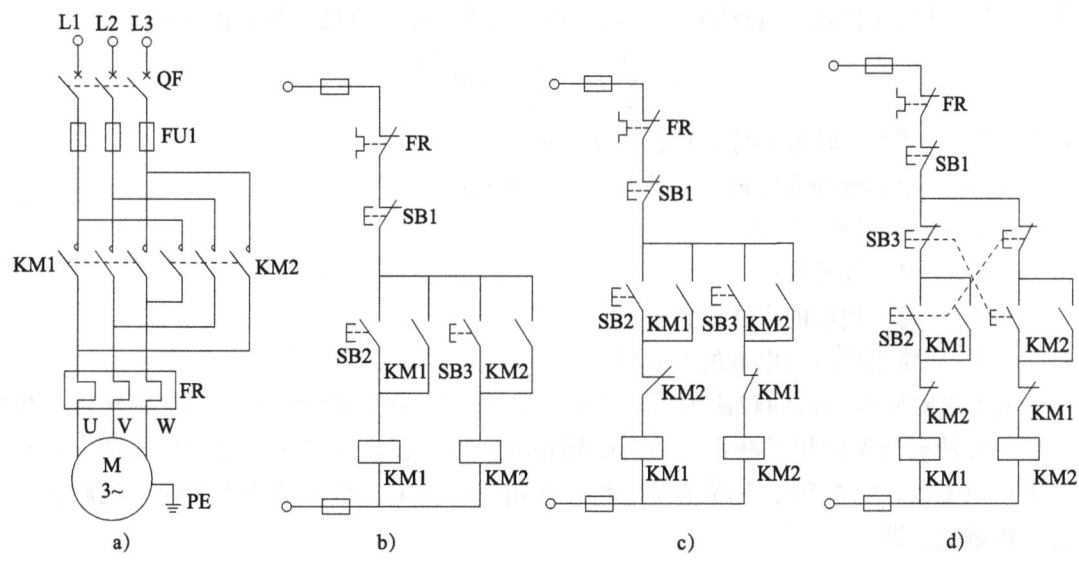

图 5-3-10　三相异步电动机接触器联锁的正反转控制电路

在一个接触器得电动作时，通过其常闭辅助触点使另一个接触器不能得电动作的作用叫联锁（或互锁）。实现联锁作用的常闭触点称为联锁触点（或互锁触点）。

引导问题 4

请查阅相关资料，简述永磁同步电机正反转控制的定义和工作原理。

永磁同步电机正反转控制

（一）定义

和电励磁交流同步电机相比，永磁同步电机以永磁体提供励磁，使电动机结构较为简单，降低了加工和装配费用，省去了容易出问题的集电环和电刷，提高了电机运行的可靠性，又因无需励磁电流，没有励磁损耗，提高了电动机的效率和功率密度。永磁同步电机由定子、转子和端盖等部件组成。其定子与普通感应电机的定子基本相同，定子铁心采用叠片结构以减小电机运行时的铁损耗。转子可做成实心的，也可用叠片叠压。电枢绕组可采用集中整距绕组，也可采用分布短距绕组和非常规绕组。

（二）工作原理

当三相电流通入永磁同步电机定子的三相对称绕组中时，电流产生的磁动势合成一个幅值大小不变的旋转磁动势。由于其幅值大小不变，这个旋转磁动势的轨迹便形成一个圆，称为圆形旋转磁动势。其大小正好为单相磁动势最大幅值的1.5倍，即

$$F = \frac{3}{2} F_{\varphi 1} = \frac{3}{2} \times 0.9 k \frac{NI}{p}$$

式中　　F——圆形旋转磁动势，单位为 T·m；

　　　　$F_{\varphi 1}$——单相磁动势的最大幅值，单位为 T·m；

　　　　k——基波绕组系数；

　　　　p——电机极对数；

　　　　N——每一绕组的串联匝数；

　　　　I——绕组中流过电流的有效值。

由于永磁同步电机的转速恒为同步转速，因此转子主磁场和定子圆形旋转磁动势产生的旋转磁场保持相对静止。两个磁场相互作用，在定子与转子之间的气隙中形成一个合成磁场，它与转子主磁场发生相互作用，产生了一个推动或者阻碍电机旋转的电磁转矩 T_e，即

$$T_e = k B_R B_{net} \sin\theta$$

式中　　T_e——电磁转矩，单位为 N·m；

　　　　θ——功率角，单位为 rad；

　　　　B_R——转子主磁场，单位为 T；

　　　　B_{net}——气隙合成磁场，单位为 T。

由于气隙合成磁场与转子主磁场位置关系的不同，永磁同步电机既可以运行于电动机状态，也可以运行于发电机状态。当气隙合成磁场滞后于转子主磁场时，产生的电磁转矩与转子旋转方向相反，这时电机处于发电状态；相反，当气隙合成磁场超前于转子主磁场时，产生的电磁转矩与转子旋转方向相同，这时电机处于电动状态。转子主磁场与气隙合成磁场之间的夹角称为功率角。

永磁同步电机由两个关键部件组成，即一个多极化永磁转子和带有适当设计的绕

| 姓名 | 班级 | 日期 |

组的定子。在操作过程中，旋转的多极化永磁转子在转子与定子的气隙中形成一个随时间变化的磁通。这个磁通在定子绕组端子上产生交流电压，从而形成用于发电的基础。此处所讨论的永磁同步电机使用一个安装在铁心上的环形永磁体。内部永磁同步电机不在这里考虑。因永磁体嵌入到一个电镀的铁心内是非常困难的，通过使用适当厚度的永磁体（500μm）以及在转子和定子铁心上使用高性能磁材料，气隙可以做得非常大（300~500μm）而没有明显的性能损失，这使得定子绕组在气隙中占据一定的空间，从而大大简化了永磁同步电机的制造过程。

根据不同的控制目标，永磁同步电机矢量控制算法可以分为以下几种：$i_d=0$ 控制、最大转矩/电流控制、弱磁控制等。这些性能指标均可以通过对直轴励磁电流和交轴转矩电流的独立控制来实现。

任务分组

表 5-3-1 学生任务分配表

班级		组号		指导教师	
组长		学号			
组员角色分配					
信息员		学号			
操作员		学号			
记录员		学号			
安全员		学号			
任务分工					

（就组织讨论、工具准备、数据采集、数据记录、安全监督、成果展示等工作内容进行任务分工）

工作计划

按照前面所了解的知识内容和小组内部讨论的结果,制定工作方案,落实各项工作负责人,如任务实施前的准备工作、实施中主要操作及协助支持工作、实施中相关要点及数据的记录工作等。

表 5-3-2　工作计划表

步骤	工作内容	负责人
1		
2		
3		
4		
5		
6		

进行决策

1)各组派代表阐述资料查询结果。
2)各组就各自的查询结果进行交流,并分享技巧。
3)教师对各组的计划方案进行点评。
4)各组长对组内成员进行任务分工,教师确认分工是否合理。

任务实施

引导问题 5

查阅相关资料,了解如何完成电机正反转控制电路搭建与测量。

_____
_____
_____

参考以下内容,按照规范作业要求学习电机正反转控制电路搭建与测量,并完成数据采集和记录。

表 5-3-3　设备及工具准备

序号	设备及工具名称	数量	设备及工具是否完好
1	智能电学套装	1 套	□是　□否
2	导线	若干	□是　□否
3	绝缘台	1 张	□是　□否
质检意见	原因:		□是　□否

姓名　　　　班级　　　　日期　　　　　　　　　能力模块五　典型电路认知及检测

表 5-3-4　场地及安全防护准备

序号	场地及安全防护项目	项目是否完成
1	任务实施前，需要做好场地防护准备，必须检查实训场地和设备设施是否存在安全隐患	□是　□否
2	绝缘桌面无多余物体摆放	□是　□否
3	检查智能电学套装外表是否完好	□是　□否
质检意见	原因：	□是　□否

表 5-3-5　电机正反转控制电路搭建与测量

序号	步骤和记录	完成情况
1	打开智能电学套装，连接电源，但先不打开接电开关 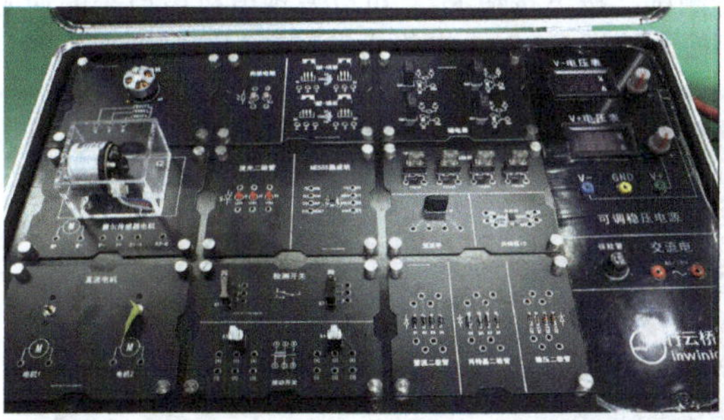	已完成□ 未完成□
2	按照事先准备好的电路图，开始连接电路 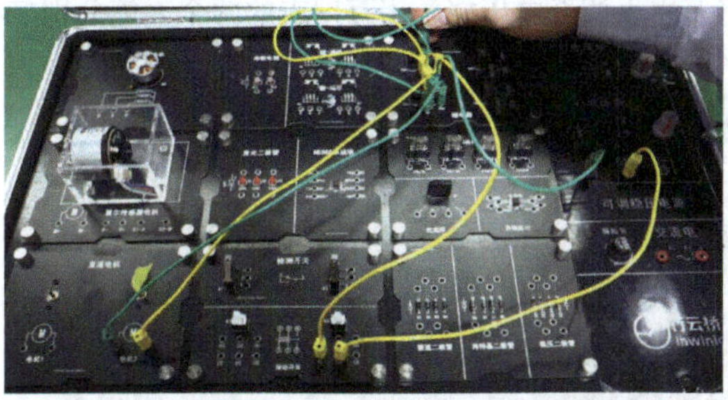	已完成□ 未完成□
3	电路连接完成后，要先进行电路检查，确认电路连接正确，避免错误的连接造成短路的情况 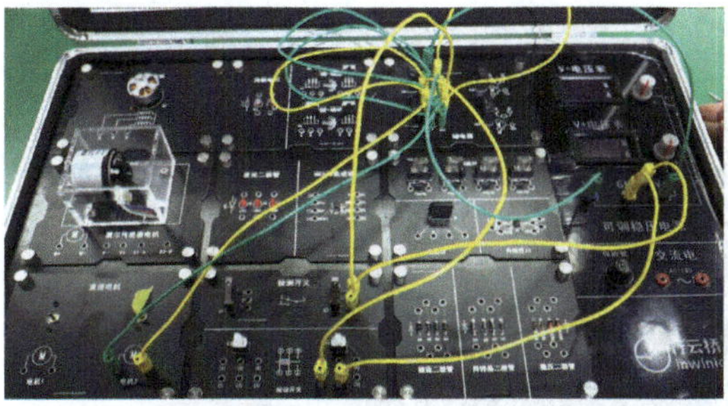	已完成□ 未完成□

(续)

序号	步骤和记录	完成情况
4	确认电路连接正确后,打开接电开关,调整电压至 7.8V,按下起动按钮 K4,此时电机是逆时针转动的 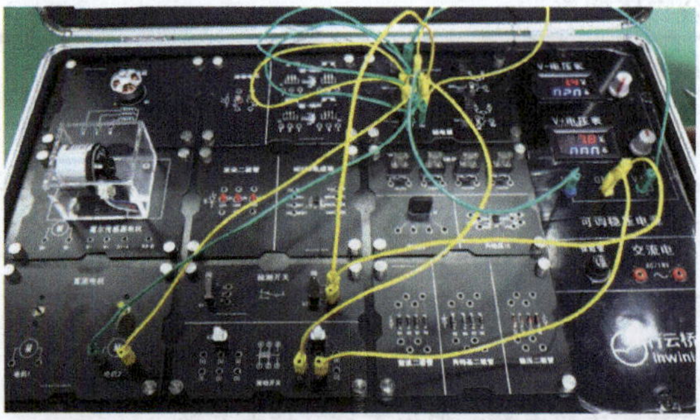	已完成□ 未完成□
5	开始对电路进行测试,按下按钮 K2,可以发现电机由原来的逆时针旋转,变成顺时针旋转。松开按钮 K2 时,电机由顺时针旋转,变成逆时针旋转 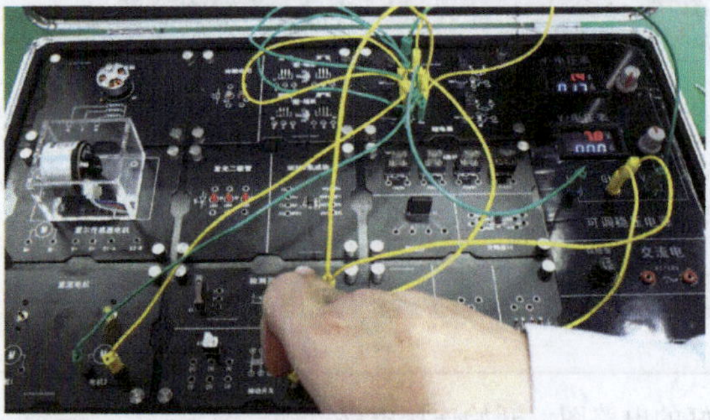	已完成□ 未完成□
6	打开万用表,将万用表调至电压档,用万用表的两个表笔分别接在电机的两端,读取万用表上的示数,看其示数为正还是负 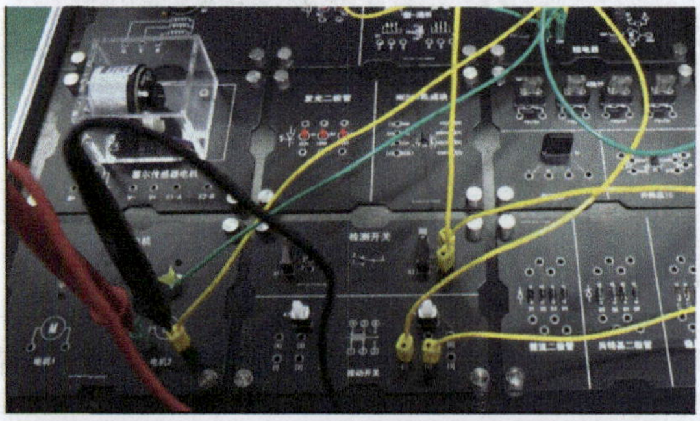 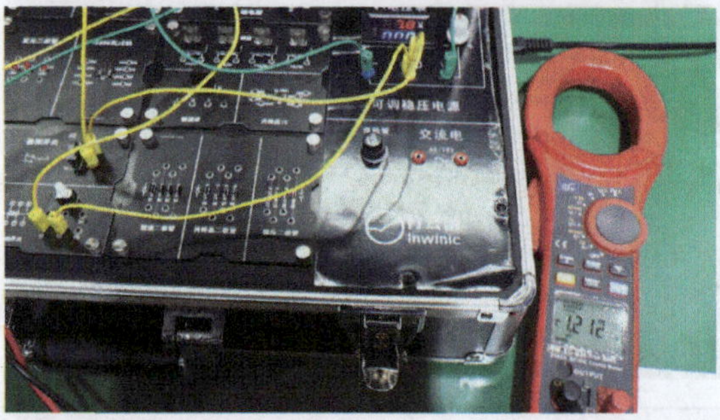	已完成□ 未完成□

（续）

序号	步骤和记录	完成情况
7	继续保持万用表连接电机两端的状态，此时按下按钮 K2，观察万用表示数的变化。正常情况下，如果步骤 6 中，万用表的示数为负，则此步骤中，万用表的示数应该为正，反之亦然。无论正负，它们示数的绝对值会基本接近	已完成□ 未完成□
8	实训现场 7S 整理	已完成□ 未完成□
总结提升		已完成□ 未完成□
质检意见	原因：	已完成□ 未完成□

评价反馈

1）各组代表展示汇报 PPT，介绍任务的完成过程。

2）请以小组为单位，对各组的操作过程与操作结果进行自评和互评，并将结果填入表 5-3-6 中的小组评价部分。

3）教师对学生工作过程与工作结果进行评价，并将评价结果填入表 5-3-6 中的教师评价部分。

表 5-3-6　综合评价表

班级		组别		姓名		学号	
实训任务							
评价项目		评价标准				分值	得分
小组评价	计划决策	制定的工作方案合理可行，小组成员分工明确				10	
	任务实施	能够正确检查并设置实训工位				5	
		能够准备和规范使用工具设备				5	
		能够根据实物电路，正确画出电机控制电路				20	
		能够正确进行电机正反转控制电路搭建与测量				20	
		能够规范填写任务工单				10	
	任务达成	能按照工作方案操作，按计划完成工作任务				10	

（续）

评价项目		评价标准	分值	得分
小组评价	工作态度	认真严谨，积极主动，安全生产，文明施工	10	
	团队合作	小组组员积极配合，主动交流，协调工作	5	
	7S 管理	完成竣工检验、现场恢复	5	
		小计	100	
教师评价	实训纪律	不出现无故迟到、早退、旷课现象，不违反课堂纪律	10	
	方案实施	严格按照工作方案完成任务实施	20	
	团队协作	任务实施过程互相配合，协作度高	20	
	工作质量	能准确完成实训任务	20	
	工作规范	操作规范，三不落地，无意外事故发生	10	
	汇报展示	能准确表达，总结到位，改进措施可行	20	
		小计	100	
综合评分		小组评价分 ×50% ＋教师评价分 ×50%		
		总结与反思		

（如：学习过程中遇到什么问题→如何解决 / 解决不了的原因→心得体会）

任务四　光感前照灯原理电路认知及检测

学习目标

- 掌握光传感器的定义、分类。
- 能识别各种光传感器及其原理。
- 掌握光感前照灯的定义、原理及特点。
- 能独立完成光感前照灯电路的相关测量。
- 能进行光感前照灯基础电路的搭建。
- 培养学生汲取新知识、团队沟通合作、实践动手的能力。
- 培养 7S 管理能力。

知识索引

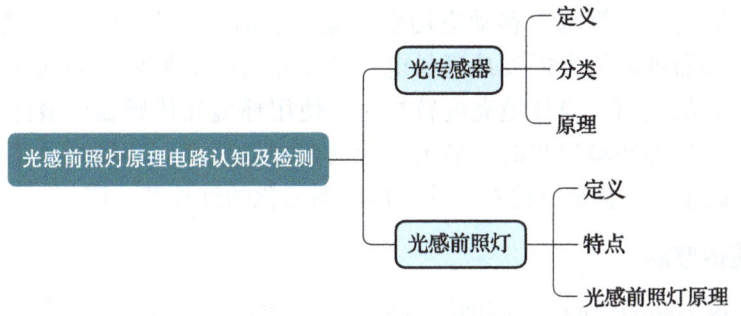

情境导入

小陈最近想购买一辆新能源汽车,他通过各个渠道了解到,有些车型具有光感前照灯的功能,他认为这个功能非常实用。但是小陈不清楚光感前照灯的原理,他想了解这是不是一项很复杂的技术,以后如果出了问题会不会很难进行维修处理。如果你是一名 4S 店工作人员,请问你该如何向小陈介绍光感前照灯呢?

获取信息

引导问题 1

请查阅相关资料,简述光传感器的定义、分类及原理。

_____
_____
_____

光传感器

(一) 定义

光传感器是一种传感装置,主要由光电器件组成,分为环境光传感器、红外线传感器、紫外线传感器、太阳光传感器四类,主要应用在车身电子系统和智能照明系统等领域。

(二) 分类

1. 环境光传感器

在手机、笔记本计算机等移动应用中,显示器消耗的电量占电池总电量的30%,采用环境光传感器可以最大限度地延长电池的工作时间。另外,环境光传感器有助于显示器提供柔和的画面。当环境亮度较高时,使用环境光传感器的液晶显示器会自动调成高亮度。当外界环境较暗时,显示器就会调成低亮度。环境光传感器需要在芯片上贴一个红外截止膜,甚至直接在硅片上镀制图形化的红外截止膜。

2. 红外线传感器

人们把波长 760nm~1mm 之间的辐射称为红外线,红外线是肉眼看不到的,但通过一些特殊的光学设备可以感受到。红外线同样具有光线的所有特性。红外线传感器是利用红外线为介质来进行数据处理的一种传感器。

3. 紫外线传感器

紫外线传感器使用一个滤光片测量紫外线波段(315~400nm)。除去滤光片,紫外线传感器可同时感应可见光。紫外线传感器包括紫外线滤光片、一个瞄准仪和传感器手柄。

4. 太阳光传感器

太阳光传感器可用于航天器、地面气象站和太阳跟踪系统,以及包括气球和无人机在内的空中飞行器等。聚光太阳能设备与跟踪式太阳能电池板都要用到太阳光传感器,太阳光传感器基本原理是利用对太阳光的遮挡变化引起光电器件的输出变化得到跟踪的方向。太阳位置传感器也是一种太阳光传感器,主要包括隔板式太阳位置传感器、金字塔式太阳位置传感器、光筒式太阳位置传感器等。

（三）原理

光传感器主要利用半导体材料制成的光敏电阻、光电二极管等光电器件，可用于光控电路，如光控路灯电路，如图 5-4-1 所示。

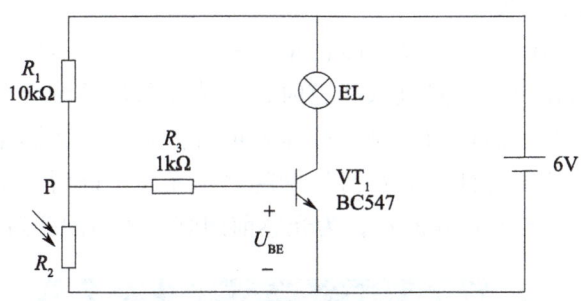

图 5-4-1　光控路灯电路

引导问题 2

请查阅相关资料，简述光感前照灯的定义、特点和原理。

_____
_____
_____

光感前照灯

（一）定义

光感前照灯使用中央智能控制盒根据位于内后视镜后方的光传感器来判断光亮度变化，并自动点亮或熄灭示宽灯和近光灯。光感前照灯如图 5-4-2 所示。

光感前照灯的工作原理其实很简单，就是在原有前照灯开关的基础上，增加一个自动（AUTO）开关，这个开关不仅和手动控制的开关相连，还和一个光传感器串联在一起，当有足够多光线照射时，就会处于断路的状态，这个时候前照灯是关闭的，如果光线暗到一定的程度，光传感器就会发出电信号，让开关处于闭合状态，前照灯开启。光感前照灯自动开关位置标示，如图 5-4-3 所示。

图 5-4-2　光感前照灯

图 5-4-3　光感前照灯自动开关位置标示

（二）特点

光感前照灯可自动适应外部光线强度的变化，在视线因光线受影响之前（比如进入隧道和地下车库时）就可自动提供额外的照明，不必进行任何操作，不会分散驾驶人的注意力，可保证行车安全。

光感前照灯最大的优点是可以提高行车的安全性。光感前照灯可以自动控制灯光的开启和关闭，比如在白天突然进入隧道时，光感前照灯系统会感知光线的变化，自动调节灯光的亮度，照亮前行的道路，这样就可省去驾驶人在黑暗中寻找灯光开关的麻烦，进而提高行车的安全性。而在清晨傍晚之类光线不好时，前照灯自动开启照亮前路，也能安全不少。图 5-4-4 所示，为光感前照灯在较暗的隧道中自动亮起。

图 5-4-4　光感前照灯在较暗的隧道中自动亮起

（三）光感前照灯原理

光感前照灯原理简单来说就是：以光敏电阻等电子器件组成的光传感器（装在内后视镜后方等位置），向行车计算机发出感应电子信号，行车计算机根据预设数据实时分析处理这些信号。如果信号符合条件，就会发出指令给前照灯控制开关，开启或关闭前照灯、变换远近光等。这样在行车时遇到光线变暗或变亮，前照灯就会自动开启或关闭，还能在夜晚会车时自动改变远近光。

> 📖 **拓展阅读**
>
> 随着汽车行业的不断发展，LED 前照灯已经成为行业的新趋势。LED 前照灯被认为是未来主流的灯光技术，主要是因为其具备多方面的优势。
>
> **1. 低能耗是未来主流趋势**
>
> LED 灯光具有非常低的功率消耗量，这使得它们在汽车行业中得以广泛应用。与卤素前照灯相比，LED 前照灯可以节省 60% 以上的电能。这一点可以减少车辆的油耗和 CO_2 排放，实现节能减排的目标，符合一直提倡的节能环保的理念和追求卓越的精神，这也是 LED 前照灯受欢迎的原因之一。
>
> 此外，LED 前照灯具有结构简单、可靠性高、寿命长等优点，可以减少维修和更换成本。
>
> **2. 高亮度提供更安全的驾驶体验**
>
> 高亮度是 LED 前照灯的另一个突出优势，它可以有效提高行车安全。

LED 前照灯比传统的卤素前照灯明亮多了,这让驾驶人在夜间行车时可以清晰地看到路面情况,并更好地看到远处的危险。另外,LED 前照灯也能够快速响应,即在开关灯的过程中,LED 前照灯可以即刻亮起,这意味着驾驶人可以更快地看到前方的情况。

3. 车灯设计更加灵活

LED 前照灯已超越卤素前照灯的设计限制,成为一种更加灵活的光源设计。卤素前照灯光源只能呈现单一的发光形态。而 LED 前照灯可根据不同车型的形状、色彩、亮度等需要,设计出不同形式的灯光。此外,LED 前照灯还可以通过多色光源调整不同光谱,以增强可视性,减少视觉疲劳。

4. 驾驶体验升级

LED 灯光具有不发热和无污染的特点,可以更好地维护车辆的清洁度和乘客的健康,给驾驶人提供更优质的驾驶体验。

此外,LED 光源还可以实现智能化控制,例如当前的汽车行业统一采用光感自动开关技术,当夜间或光线不足时,LED 前照灯会自动开启,而在光线充足时,LED 前照灯会自动关闭。这种技术可以减少驾驶人的操作负担,提高驾驶时的舒适性。随着产品技术的不断改进,未来汽车将朝着安全和智能的方向发展。

任务分组

表 5-4-1 学生任务分配表

班级		组号		指导教师	
组长		学号			
组员角色分配					
信息员		学号			
操作员		学号			
记录员		学号			
安全员		学号			
任务分工					
(就组织讨论、工具准备、数据采集、数据记录、安全监督、成果展示等工作内容进行任务分工)					

新能源汽车电学基础与高压安全　　姓名　　班级　　日期

工作计划

按照前面所了解的知识内容和小组内部讨论的结果，制定工作方案，落实各项工作负责人，如任务实施前的准备工作、实施中主要操作及协助支持工作、实施中相关要点及数据的记录工作等。

表 5-4-2　工作计划表

步骤	工作内容	负责人
1		
2		
3		
4		
5		
6		

进行决策

1）各组派代表阐述资料查询结果。
2）各组就各自的查询结果进行交流，并分享技巧。
3）教师对各组的计划方案进行点评。
4）各组长对组内成员进行任务分工，教师确认分工是否合理。

任务实施

引导问题 3

查阅相关资料，了解如何完成光感前照灯电路的搭建与测量。
_____
_____
_____

参考以下内容，按照规范作业要求学习光感前照灯电路的搭建与测量，并完成数据采集和记录。

表 5-4-3　设备及工具准备

序号	设备及工具名称	数量	设备及工具是否完好
1	智能电学套装	1套	□是　□否
2	导线	若干	□是　□否
3	绝缘台	1张	□是　□否
质检意见	原因：		□是　□否

| 姓名 | 班级 | 日期 |

表 5-4-4 场地及安全防护准备

序号	场地及安全防护项目	项目是否完成
1	任务实施前,需要做好场地防护准备,必须检查实训场地和设备设施是否存在安全隐患	□是 □否
2	绝缘桌面无多余物体摆放	□是 □否
3	检查智能电学套装外表是否完好	□是 □否
质检意见	原因:	□是 □否

表 5-4-5 光感前照灯电路的搭建与测量

序号	步骤和记录	完成情况
1	打开智能电学套装,上电,电压调至最低值 	已完成□ 未完成□
2	根据事先准备好的电路图,进行电路的搭建 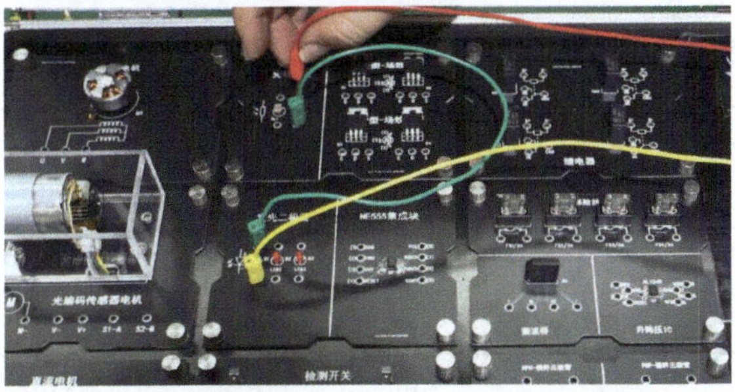	已完成□ 未完成□
3	电路搭建完成后,将电压调至 2.2V 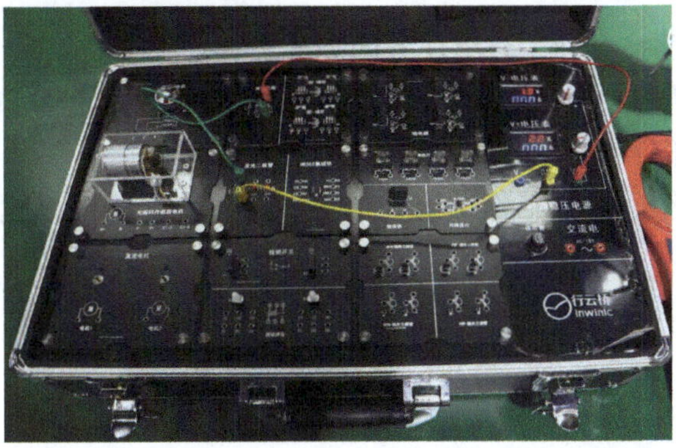	已完成□ 未完成□

（续）

序号	步骤和记录	完成情况
4	将万用表调至电压档，并联在发光二极管两端，准备测量其电压变化	已完成□ 未完成□
5	用手遮住光敏电阻的光线，观察万用表上的示数变化，并记录下来	已完成□ 未完成□
6	实训现场 7S 整理	已完成□ 未完成□
总结 提升		已完成□ 未完成□
质检 意见	原因：	已完成□ 未完成□

评价反馈

1）各组代表展示汇报 PPT，介绍任务的完成过程。

2）请以小组为单位，对各组的操作过程与操作结果进行自评和互评，并将结果填入表 5-4-6 中的小组评价部分。

3）教师对学生工作过程与工作结果进行评价，并将评价结果填入表 5-4-6 中的教师评价部分。

姓名		班级		日期	

表 5-4-6 综合评价表

班级		组别		姓名		学号	
实训任务							
评价项目		评价标准			分值		得分
小组评价	计划决策	制定的工作方案合理可行,小组成员分工明确			10		
	任务实施	能够正确检查并设置实训工位			5		
		能够准备和规范使用工具设备			5		
		能够正确读取各种光传感器的相关参数			20		
		能够正确进行光感前照灯电路的搭建与测量			20		
		能够规范填写任务工单			10		
	任务达成	能按照工作方案操作,按计划完成工作任务			10		
	工作态度	认真严谨,积极主动,安全生产,文明施工			10		
	团队合作	小组组员积极配合,主动交流,协调工作			5		
	7S 管理	完成竣工检验、现场恢复			5		
		小计			100		
教师评价	实训纪律	不出现无故迟到、早退、旷课现象,不违反课堂纪律			10		
	方案实施	严格按照工作方案完成任务实施			20		
	团队协作	任务实施过程互相配合,协作度高			20		
	工作质量	能准确完成实训任务			20		
	工作规范	操作规范,三不落地,无意外事故发生			10		
	汇报展示	能准确表达,总结到位,改进措施可行			20		
		小计			100		
综合评分		小组评价分 × 50% + 教师评价分 × 50%					
总结与反思							

(如:学习过程中遇到什么问题→如何解决/解决不了的原因→心得体会)